中国轻工业“十四五”规划教材
高等职业教育交通运输类专业系列教材
“互联网+”新形态一体化教学资源精品教材

城市轨道交通信号与通信

主　编　崔惠珊　谭红霞
副主编　徐晶晶　张海莹
主　审　王华颖　周　琳

中国轻工业出版社

图书在版编目（CIP）数据

城市轨道交通信号与通信/崔惠珊，谭红霞主编．—北京：中国轻工业出版社，2024.7
ISBN 978-7-5184-4605-6

Ⅰ.①城… Ⅱ.①崔… ②谭… Ⅲ.①城市铁路—交通信号—信号系统 Ⅳ.①U239.5

中国国家版本馆 CIP 数据核字（2024）第 036671 号

责任编辑：王　淳　　责任终审：李建华
文字编辑：宋　博　　责任校对：吴大朋　　封面设计：锋尚设计
策划编辑：宋　博　　版式设计：致诚图文　　责任监印：张　可
项目小组：宋　博　王翔宇　邓　晨　崔永庆　刘炫呈　寇　琛

出版发行：中国轻工业出版社（北京鲁谷东街 5 号，邮编：100040）
印　　刷：河北鑫兆源印刷有限公司
经　　销：各地新华书店
版　　次：2024 年 7 月第 1 版第 1 次印刷
开　　本：787×1092　1/16　印张：13.5
字　　数：311 千字
书　　号：ISBN 978-7-5184-4605-6　定价：49.80 元
邮购电话：010-85119873
发行电话：010-85119832　010-85119912
网　　址：http://www.chlip.com.cn
Email：club@chlip.com.cn

230292J2X101ZBW

前 言
Foreword

【课程背景】

习近平总书记提出“人才强国”战略，为全面推进中华民族伟大复兴指明了奋斗目标和努力方向。实施人才强国战略是加速中国经济社会发展的重要动力。高技能人才是技能强国的第一动力。

作为国民经济的基础性、先导性产业，我国轨道交通运输事业近年来取得了辉煌的成就，轨道交通运输体系不断完善，服务质量持续提高，为我国经济社会高质量发展提供了坚实支撑。在交通强国的发展背景下，培养一批服务轨道交通行业的优秀技能型人才极其重要。

随着轨道交通技术的迅速发展，从事现场通信信号设备维护保养、车站站务、乘务专业的人才需求量巨大。企业对员工的基本素质和职业道德都有着较高的要求：一是具备完善的专业知识和专业技能；二是具备职业综合素养，如安全理念、学习能力、实践能力、团结合作、自主创新等能力；三是具有爱岗敬业、诚实守信、遵纪守法、奉献社会等良好的职业道德。

培养复合型的轨道交通职业人才，需要通过多种途径实现。首先，需要建立完善的课程体系，让学生学习专业知识和技能。其次，需要组织学生进入企业实习实践，包括实地参观交流、现场观摩、实习实训等，加深学生对轨道交通行业岗位工作内容的理解。此外，还要营造良好的人才培养环境，搭建学习资源平台，为学生提供拓展知识范围的渠道。同时要鼓励学生多参加技能大赛等活动，使学生将理论应用于实践，为以后就业创业打下基础。

在人才培养的过程中，需要贯彻“创新驱动发展”理念，鼓励创新精神，加快高技能人才队伍培养与建设。加强城市轨道交通行业人才的培养和建设，是交通强国建设发展的重要保障。只有不断提高人才的素质和技能水平，才能推动中国轨道交通运输行业实现更快、更好发展。

【课程定位】

城市轨道交通信号与通信系统是保障行车安全、提高行车效率和运输能力的关键技术装备。城市轨道交通信号装备水平和技术标准是城市轨道交通先进程度的重要标志。

本教材编写团队结合轨道交通信号与通信发展现状及趋势，通过对轨道交通客运服务岗、司机岗、通信信号各工作岗位的调研，归纳总结了各岗位的职业知识和能力要求，分析了轨道交通岗位运营维护的典型职业活动、工作任务及职业能力，进行了教学项目设计。

通过学习本课程，学生能够对城市轨道交通信号与通信系统有全面的了解，为从事城市轨道交通运营及维护等工作储备专业知识和技能。

【特色创新】

1. 内容实用，紧贴岗位

本教材通过对轨道交通客运服务岗、司机岗、通信信号岗位典型工作任务的调研，归纳总结了七个项目的职业能力要求，本着“必需、够用、实用”的原则，以城市轨道交通信号与通信系统为主线，紧扣设备结构、原理及操作使用方法等编写，实用性强，能够满足轨道交通行业各岗位人才培养的要求。

2. 对标职业技能大赛

教材中的手信号实训、列车驾驶台认知与操作实训等模块的内容对标全国交通运输行业城市轨道交通列车司机（学生组）职业技能大赛考核基本要求。手摇道岔、ATS 工作站操作内容对标全国职业院校技能大赛城轨智能运输赛项考核的基本要求。

3. 对标 1+X 证书

教材中的识别继电器对标 1+X 城市轨道交通信号检修职业技能等级证书技能要求；手信号实训、手摇道岔、计算机联锁工作站操作、广播系统操作、闭路电视监控系统操作等对标 1+X 城市轨道交通站务职业技能等级证书技能要求；列车驾驶台认知与操作实训对标 1+X 城市轨道交通乘务职业技能等级证书技能要求。

4. “教学做评”一体

教材中每个项目都编写了技能训练部分，通过强化实训，打造“教、学、做、评”一体的教学模式，锻炼学生的实际动手能力，夯实专业技能。

5. 有机融入课程思政

教材编写融入思政元素，培养学生在建设交通强国背景下，爱行业、爱企业、爱专业的爱国情怀；加强轨道交通岗位职责意识，培养爱岗敬业、无私奉献的职业道德修养；融入了团结协作、安全意识、自主创新的职业素养。

6. 数字资源丰富

本教材配套有 PPT 课件、应知应会练习题、视频等丰富的教学资源。

【主要内容与编写团队】

全书分为七个项目。主要以轨道交通信号与通信系统为主线，包括认识城市轨道交通信号与通信、城市轨道交通信号基础设备、城市轨道交通联锁系统、城市轨道交通列车自动控制系统、城市轨道交通语音通信系统、城市轨道交通视频与图像通信系统、城市轨道交通传输与服务系统。各项目中设置项目导入、项目结构关系图分析、教学目标、理论知识、实践技能、思政课堂、应知应会试题。

北京交通职业技术学院崔惠珊、北京市昌平职业学校谭红霞担任本书主编，北京交通职业技术学院徐晶晶、北京市昌平职业学校张海莹担任本书副主编，北京市地铁运营有限公司通信信号分公司王华颖、周琳担任主审。其中崔惠珊负责制定编写大纲和全书统稿。

【致谢】

本书在编写过程中参考了大量的相关资料，在此一并向作者表示最诚挚的谢意。由于编者水平有限，书中难免有疏漏和不足之处，恳请广大读者批评指正。

编者

目 录
Contents

项目一　认识城市轨道交通信号与通信

配套课件

认识城市轨道交通信号与通信

项目导入

城市轨道交通信号是广大乘客能够乘坐地铁安全、快速出行的一道无形保护网。城市轨道交通信号系统是一个集行车指挥和列车运行控制于一体的重要系统，是指挥列车运行的“神经中枢”。信号系统可以控制列车方向、列车速度、列车开/关门等，保证列车在轨道上安全行驶。

城市轨道交通通信网是指专用于组织、指挥城市轨道交通运营行车的专用通信系统。通信设备可用于接收/发送语音、数据、图像、多媒体信息等，为指定的用户提供服务。城市轨道交通专用通信系统一般由数据传输、公务电话、专用有线调度电话、无线列车调度、闭路电视监控、车站广播、时钟、乘客信息向导等系统组成。通信系统是城市轨道交通运营生产的基础，是保证行车安全、提高运营效率、提升运营服务质量的重要设施。

本项目主要介绍城市轨道交通信号系统基础知识和城市轨道交通通信系统的组成及作用。

项目结构关系图

城市轨道交通信号与通信知识分析（图 1-1）。

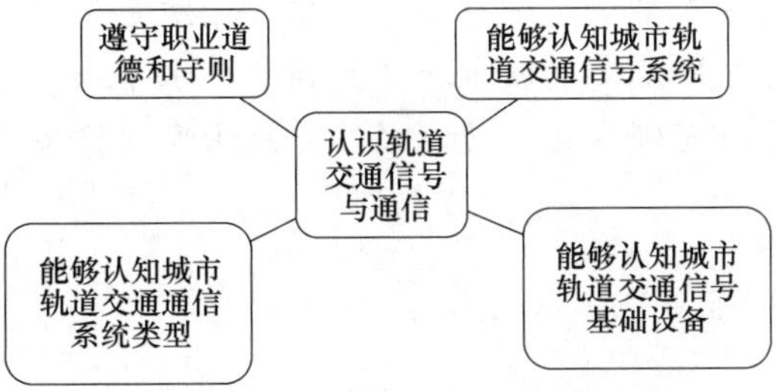

图 1-1　项目一结构关系图

项目一内容紧密对接城市轨道交通客运服务岗位、司机岗位、通信信号岗位的基本知识、能力和职业道德素养要求等内容，按照学生认知规律、职业成长规律，由浅入深、循序渐进地介绍轨道交通信号与通信基础知识。

教学目标

一、知识目标

（1）理解城市轨道交通信号系统基本概念、组成及作用。

（2）掌握城市轨道交通信号基础设备组成及位置分布。
（3）理解通信系统基础概念。
（4）掌握城市轨道交通通信子系统组成、作用及分类。

二、能力目标

（1）能够准确地说出城市轨道交通信号系统的组成及作用。
（2）能够准确地指明城市轨道交通信号基础设备的组成及地点分布。
（3）能够准确地说出模拟通信、数字通信、光纤通信的基本构成和相关设备。
（4）能够正确地描述轨道交通通信系统构成，明确主要设备的应用情况。

三、素质目标

（1）激发学生浓厚的学习兴趣，培养自主学习的良好习惯。
（2）培养学生理论联系实际的习惯。
（3）培养严谨的工作作风、良好的职业道德及创新意识。

理论知识

配套视频

城市轨道交通信号系统概述

任务一　城市轨道交通信号系统

任务引入

城市轨道交通运营的基本要求是运行安全，信号系统是保证运行安全最重要的基础设施。信号系统的质量和可靠性是衡量城市轨道交通装备水平和技术水准现代化程度的重要标志之一。那么，信号系统有哪些具体功能呢？系统由哪些设备组成呢？

知识课堂

一、信号系统功能

为了确保城市轨道交通运输的有效性及安全性，必须采用技术含量高的信号控制系统对城市轨道交通进行控制，城市轨道交通中先进的信号技术，大大提高了行车的安全性，使得因人为的疏忽、设备的故障而产生的事故发生概率降至最低。

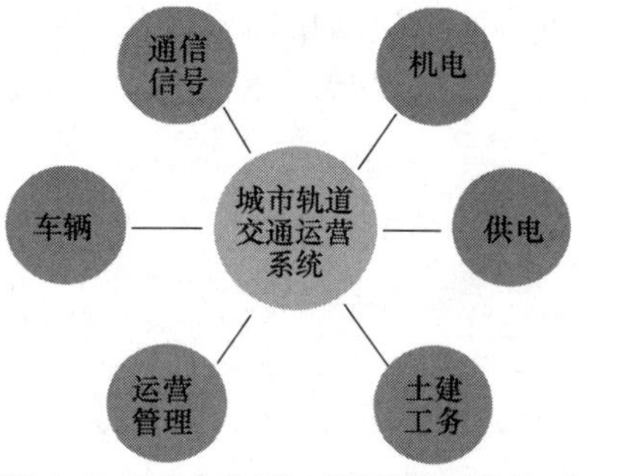

图 1-2　城市轨道交通运营系统构成

城市轨道交通运营系统主要包括通信信号、车辆、运营管理、土建工务、供电、机电几大部分，如图 1-2 所示。假如城市轨道交通运营系统是一个人的整体，那么信号系统就相当于是人的“神经中枢”。信号系统主要功能体现如下。

1. 保障列车运行安全

城市轨道交通在体系结构、关键设备、传输通道、信息传输等方面保证系统的可靠性和安全性。列车的运行安全不再依赖人的主观因素，而是依靠设备来保证，最大限度地减少了人为出错的概率。

2. 提高运输能力

传统的轨道交通以地面信号显示为依据，司机按行车规则操纵列车运行。装备了信号系统的现代轨道交通依靠先进的设备来进行控制和管理，可以更贴近土建限速运行，能够按要求的时间间隔运行，实现列车追踪间隔。

3. 实现快速、有序、高密度行车调度指挥

装备信号系统的轨道交通系统具备监督列车状态、产生列车时刻表、自动调整列车运行时刻和保证列车按时刻表正点运行、生成运行报告和统计报告、向旅客向导系统提供信息等功能，可实现快速、有序、高密度行车调度指挥。

二、信号系统基本构成

城市轨道交通信号系统主要包括列车运行自动控制系统（Automatic Train Control，ATC）和车辆段信号控制系统两大部分，如图 1-3 所示。其中列车自动控制系统又包括列车自动防护系统（Automatic Train Protection，ATP）、列车自动运行系统（Automatic Train Operation，ATO）和列车自动监控系统（Automatic Train Supervision，ATS）三大子系统。

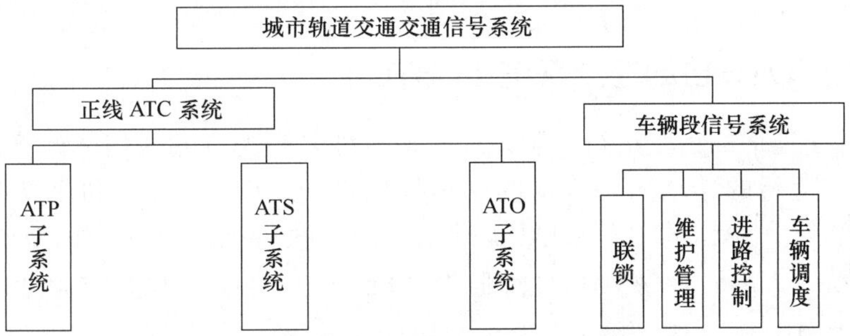

图 1-3 城市轨道交通信号系统基本构成

1. ATP 子系统

列车自动防护系统（ATP）为列车行驶提供安全保障，有效减轻列车驾驶员的劳动强度，提高行车效率。ATP 系统主要由三部分组成，即用以实现控制列车运行的车载设备、用以产生控制信息的轨旁设备、轨旁与车载互通信息的中间传输通道。ATP 车载设备组成，如图 1-4 所示。

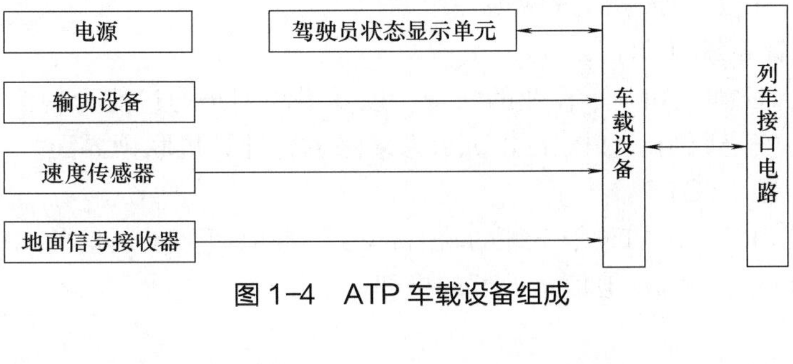

图 1-4 ATP 车载设备组成

2. ATO 子系统

列车自动运行系统（ATO）是提高城市轨道交通列车运行水平，如准点、平稳、节能的技术措施。ATO 系统实现正常情况下高质量的自动驾驶，提高列车运行效率，增强列车运行舒适度，节省能源。

3. ATS 子系统

列车自动监控系统（ATS）是整个城市轨道交通运行的重要组成部分，它需要 ATP 和 ATO 两个系统的支持，根据时刻表对全线列车监控，实现进路控制、运行图管理、列车移动监督、运行调整和仿真与培训等功能，如图 1-5 所示。

图 1–5　ATS 子系统

三、基于通信的列车自动控制系统（CBTC）

CBTC 是基于通信的列车运行控制系统，是一种采用先进的通信、计算机技术，连续控制、监测列车运行的移动闭塞方式的列车控制系统。CBTC 系统利用高精度的列车定位，实现双向连续、大容量的车-地数据通信，能够执行列车自动防护系统（ATP）、列车自动运行系统（ATO）以及列车自动监控系统（ATS）等。LCF-300 型 CBTC 系统构成，如图 1-6 所示。

1. 列车自动监控系统（ATS）

列车自动监控系统监督列车运行，根据列车时刻表为列车自动设定进路，并对列车运行状态进行自动调整，实施列车运行管理，从而保证列车按计划运行，使列车运行状态最佳化和稳定化。列车自动监控系统 ATS，如图 1-7 所示。

2. 数据通信系统（DCS）

数据通信系统可以实现地面设备、地车设备间的数据传输。数据通信系统的通信方式包括有线通信方式和无线通信方式两种。

3. 计算机联锁系统（CI）

联锁设备是保证列车和调车作业的安全，以及提高列车通过能力的信号设备，联锁设备必须符合故障-安全原则。如图 1-8 所示为某停车场计算机联锁界面。

4. 区域控制器（ZC）

ZC 子系统是 CBTC 中 ATP 子系统的轨旁部分，是地面基于通信的 CBTC 系统的 ATP 子系统核心控制设备，是车-地信息处理的枢纽。

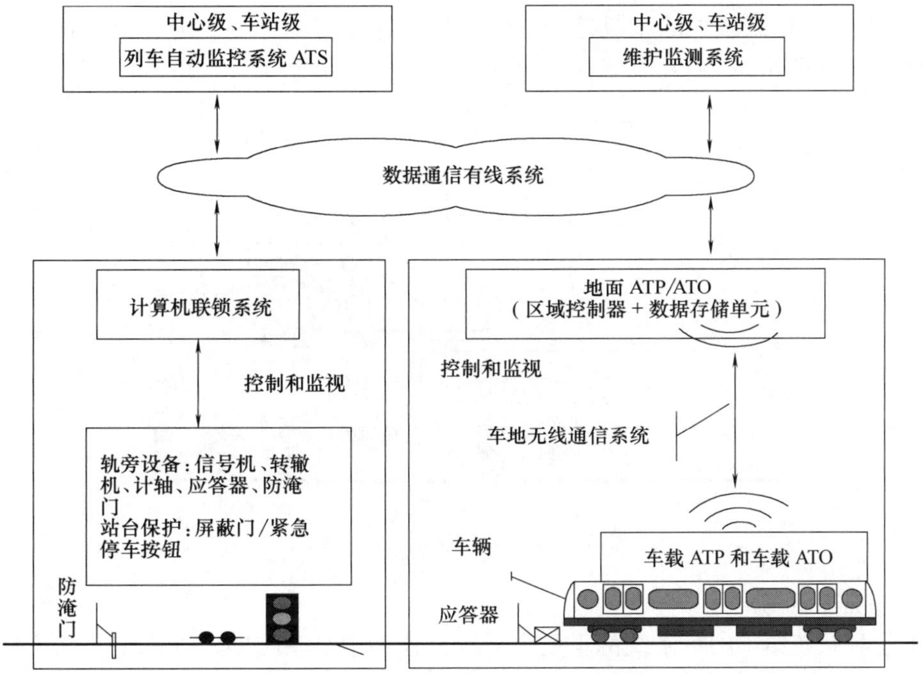

图 1-6　LCF-300 型 CBTC 系统

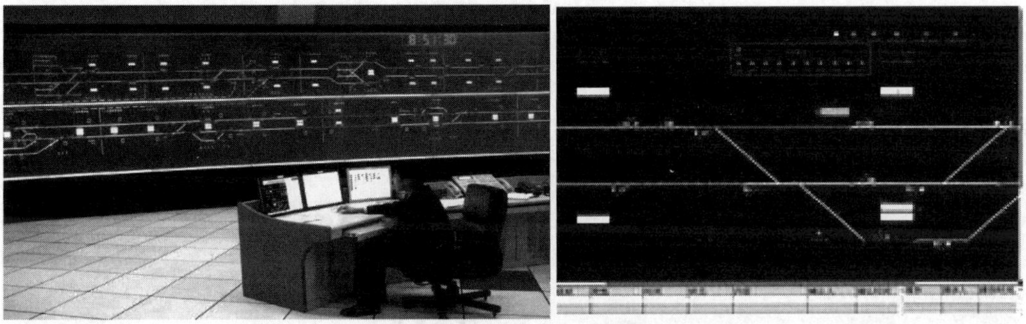

图 1-7　列车自动监控系统 ATS

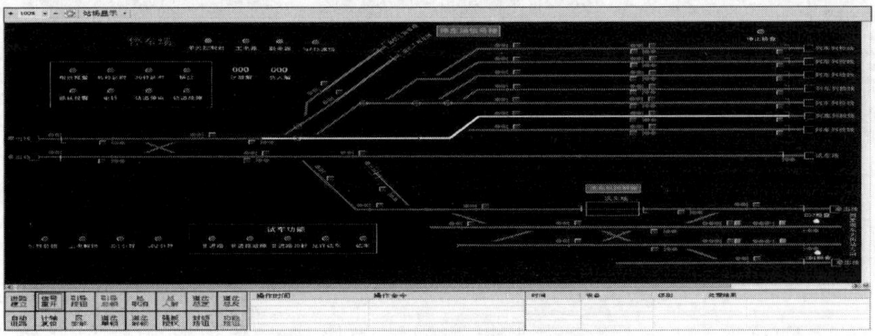

图 1-8　某停车场计算机联锁界面

5. 车载控制系统（VOBC）

VOBC 是 CBTC 系统中的车载控制系统，包含 ATP、ATO、车载查询器 BTM、车辆接口等，如图 1-9 所示。

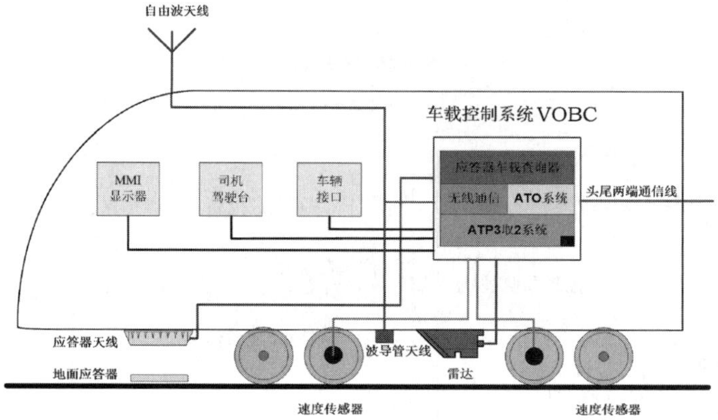

图 1-9　车载控制系统 VOBC

6. 微机监测系统

微机监测系统是 CBTC 系统的重要子系统，作为信号系统的辅助系统，在后期运营维护中为运营管理与维护人员提供强大的维护与管理信息功能。

四、全自动运行系统（FAO）

全自动运行系统（Fully Automatic Operation，FAO）是基于现代计算机、通信、控制和系统集成等技术，由信号、车辆、综合监控、通信、站台门等与列车运行相关的设备组成，实现列车运行全过程自动化的系统。2017 年 12 月，我国首条完全自主知识产权的全自动运行线路——北京燕房线正式投入运营，如图 1-10 所示。

图 1-10　北京地铁燕房线

任务总结

本任务主要概述城市轨道交通信号系统功能、信号系统的基本构成，CBTC 信号系统、全自动运行 FAO 系统。党的二十大报告强调加快建设交通强国，以高铁为代表的铁路系统和以地铁为代表的城轨信号系统迈入快速发展新阶段。

任务二　信号基础设备概述

任务引入

城市轨道交通信号基础设备一般包括信号继电器、信号机、转辙机、轨道电路、传感器与计轴设备、查询应答器和信号数据通信设备等。信号基础设备的正常运行为计算机联锁系统及列车运行自动控制系统提供了基础的、重要的数据依据。

知识课堂

如果把城市轨道交通信号总体构成分成四层，那么信号基础设备位于基础第一层，也就是最底层，如图 1-11 所示，为整个信号系统的正确运行提供重要支持。

一、信号继电器

信号继电器是信号设备的主要器件之一，它是一种电子控制器件，即电磁开关。轨道交通信号继电器种类繁多，如图 1-12 所示的 JPXC-1000 型继电器，是我国广泛应用在轨道交通中的偏极继电器。

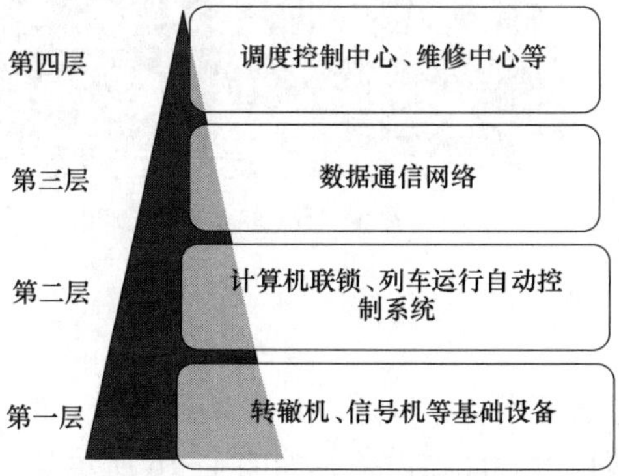

图 1-11　城轨信号系统层次构架

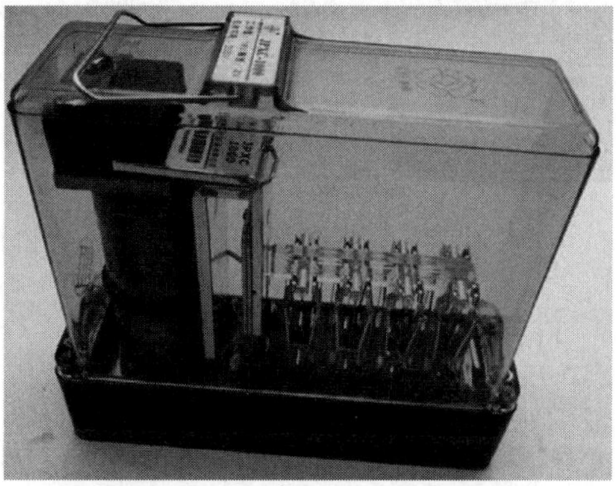

图 1-12　JPXC-1000 型继电器

二、信号机

轨道交通线路上装设信号。信号是一种指挥命令，相关行车工作人员必须严格执行，以便按照计划组织列车安全运行。如图 1-13 所示是目前地铁线路常用的二显示信号机和三显示信号机。

三、转辙机

转辙机是重要的信号基础设备，用于可靠地转换道岔位置，改变道岔开通方向，锁闭道岔尖轨，反映道岔位置，如图 1-14 所示。它对于保证行车安全、提高运输效率，改善行车人员的劳动强度起到了非常重要的作用。

四、轨道电路

轨道电路是轨道交通信号的重要基础设备，如图 1-15 所示。轨道电路不仅用来检查

图 1-13　二显示信号机和三显示信号机

空闲线路，还可以向列车传输信息，是信号和列控车载设备工作的基础，它的性能直接影响行车安全和运输效率。

图 1-14　转辙机

图 1-15　轨道电路

五、计轴设备

计轴技术是以计算机为核心，辅以外部传感器等设备，利用统计车辆通过某一轨道区段的轴数来检测相应轨道区段占用或空闲状态的技术。计轴设备，如图 1-16 所示。

六、查询应答器

查询应答器主要用于车地之间的数据交换，其交换的形式可以是单向的也可以是双向的。查询应答器可为列车 ATP 提供其所需的各种控车信息。查询应答器的地面设备，如图 1-17 所示。

图 1-16　计轴设备

图 1-17　查询应答器地面设备

任务总结

本任务主要概述城市轨道交通各种信号基础设备。信号设备质量和可靠性直接影响信号系统的稳定与效能的发挥。城市轨道交通运营管理与维护人员必须了解信号设备的基础知识，以保证城市轨道交通运输安全。

任务三　通信基础

任务引入

通信技术飞速发展，相继出现了模拟通信、数字通信、光纤通信、无线通信等各种通信方式。通信技术在电力、交通、自动化等各方面得到了广泛应用，提高了经济效益，深刻地改变了人们的生活方式。

知识课堂

一、通信基本概念

通信从本质上讲是通信双方或多方之间通过一定的传输媒介实现信息传输与交换过程的一门科学，它可以是单向的，如广播、电视通信；也可以是双向的，如对讲机通信和电话通信等。近年来，通信传送的信息更加丰富，从单一的语音、符号逐渐发展成为包括文字、数据、图像等各种类型。当前主要采用电缆通信、移动通信、微波接力通信、卫星通信、光纤通信和计算机通信等通信形式来传输信息。

二、模拟通信

模拟通信系统是利用模拟信号来传递信息的通信系统，其模型图如图 1-18 所示。发送设备主要是模拟调制器，接收设备是相应的解调器。表示各种消息的传输信号按其特点可以分为模拟信号和数字信号两类。模拟信号，它可以表达为时间连续函数的波形。模拟是指用电参量（电压、电流）的变化来模拟信源发出的信号。例如，话筒输出的话音信号、电视输出的图像信号等都是模拟信号。数字信号的特征是在时间上和幅度上的取值都是离散型的。

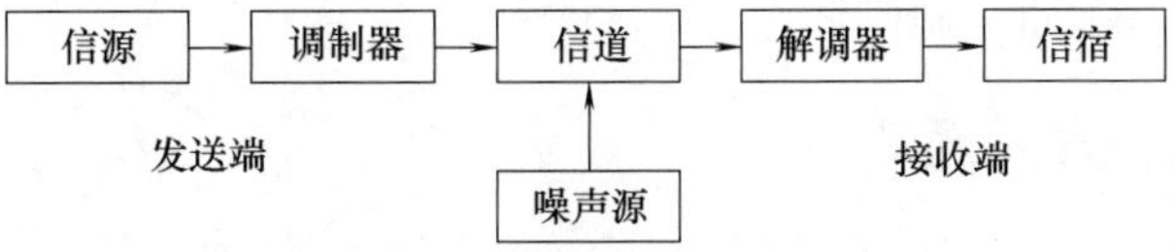

图 1-18　模拟通信系统基本模型

三、数字通信

数字通信是利用数字信号传递信息的通信系统，常见的有短距离基带传输、远距离频带传输和模拟信号数字化传输三种形式，其模型图如图 1-19 所示。图 1-19 与图 1-18 的区别是增加了信源编码、信源译码、信道编码及信道译码。调制器和解调器都是采用数字调制和解调技术。

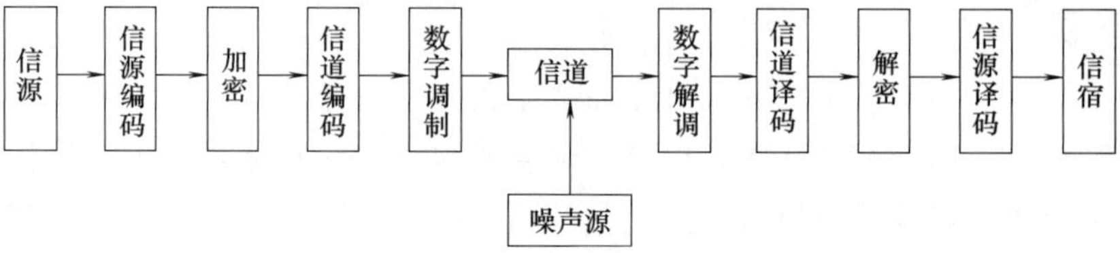

图 1-19　数字通信系统基本模型

1. 信源编码与信源译码

信源编码的作用是数据压缩，降低信息的冗余度，减少码元数目或降低码元速率。信源译码是信源编码的逆过程。

2. 信道编码与信道译码

信道编码又称为差错控制编码，作用是在信源编码输出的码流中，按一定规则人为地加入多余码元，以便在接收端信道译码时，发现错码或者纠正错码，从而提高通信的可靠性。信道译码器从解码过程中发现错误或纠正错误，从而提高通信系统的抗干扰能力。

3. 加密与解密

为了保证所传信息的安全，人为将被传输的数字序列扰乱，即加上密码，这种处理过程称为加密。在接收端利用与发送端相同的密码复制品对收到的数字序列进行解读，恢复原来信息，这个过程称为解密。

4. 数字调制与数字解调

数字调制就是把数字基带信号的频谱搬移到高频处，形成适合在信道中传输的频带信号。基本的数字调制方式有振幅键控（ASK）、频移键控（FSK）、绝对相移键控（PSK）、相对（差分）相移键控（DPSK）。这些信号可以采用相干解调或非相干解调还原为数字基带信号。

5. 同步与数字复接

同步是保证数字通信系统有序、准确、可靠工作的、不可缺少的前提条件。同步是使收、发两端的信号在时间上保持步调一致。按照功用不同，同步可分为载波同步、位同步、群同步和网同步。

四、光纤通信

光纤通信是以光波为载波，以光导纤维为传输介质的信息传输过程或方式。在光纤通信中起主导作用的是产生光波的激光器和传输光波的光导纤维。如图 1－20 所示为光信号传输。

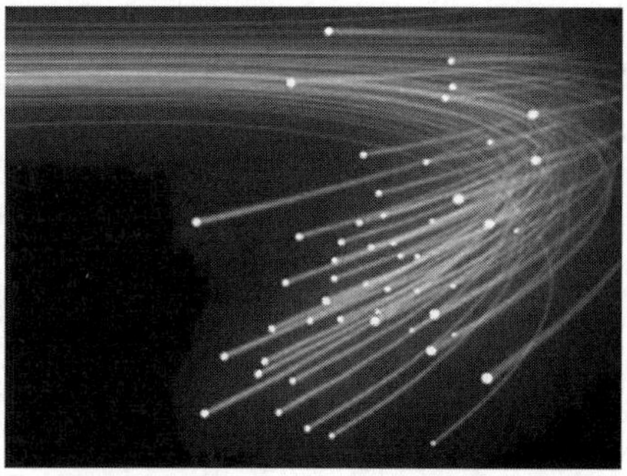

图 1-20　光信号传输

光纤通信系统由光端机、光缆、中继器和电端机组成，如图 1-21 所示。光端机包括光发送机与光接收机两部分，光发送机实现电/光转换，光接收机实现光/电转换。电端机的作用是将低速支路电信号复用成高速信号，然后送往光端机中继器用来对信号放大，增加光信号传输距离。

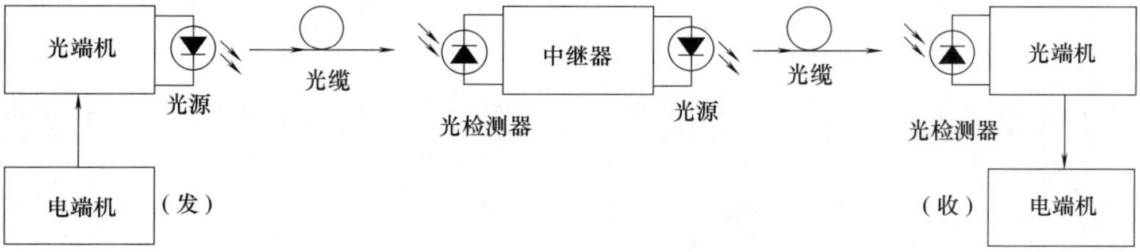

图 1-21　光纤通信系统基本模型

任务总结

本任务主要介绍了模拟通信、数字通信、光纤通信的基本概念。通信技术提供了语音、数据、图像和文字等信息的传送，应用在了轨道交通的各个方面。通信系统可靠，技术先进，提升了城市轨道交通运输效率。

配套视频

城市轨道交通通信系统概述

任务四　城市轨道交通通信系统

任务引入

城市轨道交通通信系统是指挥列车运行、公务联络和传递各种信息的重要手段，是保证列车安全、快速、高效运行不可缺少的综合通信系统，是城轨的神经系统。它是一个既能传输语音，又能传输文字、数据和图像等各种信息的综合业务数字通信网。

知识课堂

一、城市轨道交通通信系统的作用

为保证城市轨道交通系统列车运行的安全、可靠、准点、高密度和高效率，实现运输的集中统一指挥、行车调度自动化，城市轨道交通系统必须配备专用的、完整的、独立的通信系统，供城市轨道交通系统的各职能部门之间有机联系和行车调度指挥。当发生灾害、事故或恐怖活动时，城市轨道交通通信系统是进行应急处理、抢险救灾和反恐的主要手段。

二、城市轨道交通通信系统的组成和功能

城市轨道交通通信系统主要由下列子系统组成：传输系统、公务电话系统、专用电话系统、无线调度通信系统、闭路电视监控系统、广播系统、时钟系统、乘客信息系统、电源和接地系统等，如图 1-22 所示。

1. 传输系统

传输系统是整个通信网络的纽带，它为通信系统的各子系统以及电力系统、信号系统、自动售检票系统（AFC）、消防报警系统、办公网络等提供传输通道，将各车站、车辆段、停车场的设备与控制中心的设备连接起来，如图 1-23 所示。

2. 公务电话系统

公务电话系统为轨道交通运营提供办公电话、传真等业务，同时在控制中心、车站、

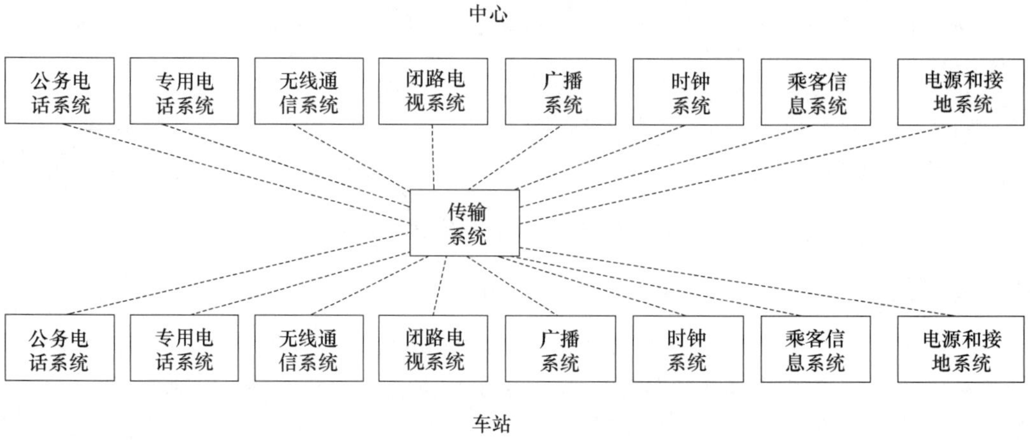

图 1–22　城市轨道交通通信系统组成

图 1–23　传输系统

段厂等也设置公务电话，既可以作为办公电话使用，也可以作为有线调度电话的备份，一旦调度电话出现故障，临时应急使用，如图 1–24 所示。

图 1–24　公务电话

3. 专用电话系统

专用电话系统是为行车指挥、维修、抢险等设置的专用通信系统，主要包括调度、站内、站间和区间（轨旁）电话子系统。如图 1–25 所示为专用电话设备。

图 1-25　专用电话设备

4. 无线调度通信系统

无线调度通信系统在城市轨道交通系统中发挥了十分重要的作用，是调度员、车站值班员和司机实现通信位移的可靠手段，同时也是与移动中的作业人员、抢险人员实现通信的重要手段。如图 1-26 所示为车站固定台，向车站值班员提供满足城市轨道交通无线通信与系统需求的专门调度和通话。

图 1-26　车站固定台

5. 闭路电视监控系统

闭路电视监控系统为控制中心调度管理人员、车站值班员、列车司机及站台监视亭值班员等提供对车站的站厅、站台、出入口等主要区域的监视服务。如图 1-27 所示为闭路电视监控设备。

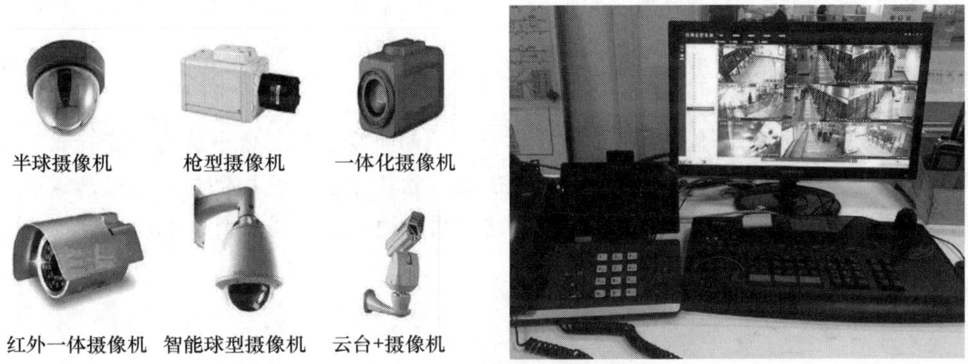

图 1-27　闭路电视监控设备

6. 广播系统（PA）

广播系统由控制中心级和车站级两级广播系统组成。车站级广播为最高级。广播系统平时以车站级广播为主，控制中心级可以插入；在紧急情况下，则以控制中心级广播为主。如图 1-28 所示为车站级广播设备。

7. 时钟系统

时钟系统是为保证轨道交通运营准时、服务乘客、统一全线设备标准时间而设置的。

城市轨道交通的时钟系统同步于轨道交通指挥中心 TCC，同时闭路电视监控系统（Closed Circuit Television，CCTV）与时钟系统保持同步。如图 1-29 所示为地铁子钟设备。

图 1-28　车站级广播设备

图 1-29　子钟

图 1-30　乘客信息向导系统

8. 乘客信息系统（PIS）

乘客信息系统与时钟系统、信号系统等相连接。乘客信息系统的主要功能是及时为车站和列车上的乘客提供列车导乘信息，同时也可提供诸如时间、天气预报、新闻及广告等其他信息，如图 1-30 所示。

9. 电源和接地系统

城市轨道交通通信的电源系统必须是独立供电的并具有集中监控管理的。通信电源系统应保证对通信设备不间断、无瞬变地供电，以满足通信设备对电源的要求。

任务总结

本任务主要概述城市轨道交通通信系统各子系统的主要功能。城市轨道交通通信系统与信号系统共同完成行车调度指挥工作，为城市轨道交通的其他子系统提供信息传输通道和时间标准信号。通信系统是城市轨道交通内部公务联络的主要通道，提高整个系统的运行效率。

实践技能

实训一　认识轨道交通信号设备

岗 本实训项目符合轨道交通客运服务岗位、司机岗位、通信信号岗位基本能力要求，能够认识轨道交通信号基础设备并识读信号设备平面布置图。

一、实训目的

（1）了解车辆段、正线的线路设置情况及特点。

（2）认识车辆段、正线的信号设备设置情况，并知道其基本功能。

（3）认识车辆段、正线信号设备平面图上各个信号设备的图形符号，构建信号系统的基本框架，逐步培养职业素养。

二、实训准备

（1）车辆段、正线信号设备平面图。某车辆段信号系统组成图，如图 1-31 所示。

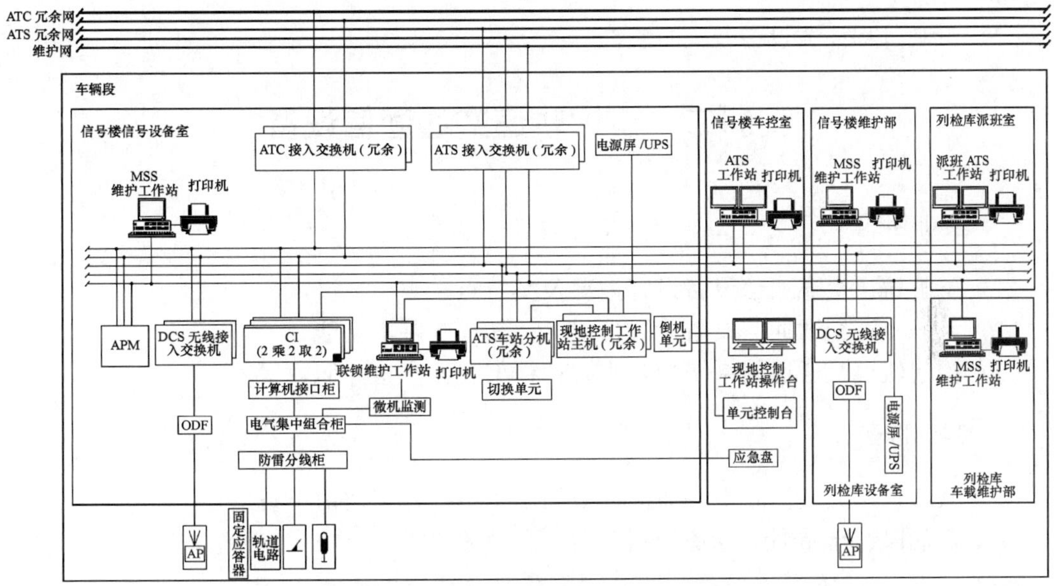

图 1-31　某车辆段信号系统构成图实例

（2）车辆段、正线信号设备的相关图片和视频资源。

注意：也可以去车辆段、车站现场进行实地参观。

三、实训内容

学生四人一组完成以下实训任务，并推荐一位组长进行汇报。

（1）仔细观察车辆段、正线线路的设置情况，识别各线路的名称及功能。

（2）认识车辆段、正线的各种信号机的设置情况，观察设置位置、灯光配列组合情况及信号机名称。

（3）认识车辆段、正线的转辙机的设置情况，观察转辙机的位置和型号及其与道岔的关系。

（4）认识车辆段、正线的计轴器、查询应答器的设置情况，观察计轴器、查询应答器的相关设备特点。

（5）仔细观察车辆段信号楼设备室中的信号设备，能说出室内设备组成。

（6）仔细观察车辆段信号楼控制室中的信号设备，知道控制室内的设备可以操作控制室外的转辙机、信号机等。

四、实训考核标准

本实训考核包含过程考核、实操考核和结果考核，考核标准及分值分配见附录B 实训考核评价表。其中实操过程中着重考核小组成员对车辆段、正线内信号设备的认知程度。

五、注意事项

（1）如果去车辆段和车站参观，事先组织好学生，提前进行安全教育，严格遵守车辆段和车站的安全规定。

（2）参观过程注意设备及人身安全。

实训二　认识轨道交通通信设备

一、实训目的

（1）了解轨道交通通信设备设置情况及其特点。

（2）认识轨道交通通信设备设置情况，并知道其基本功能。

（3）构建轨道交通通信系统的基本知识框架，逐步培养职业素养。

二、实训准备

（1）城市轨道交通控制中心通信设备间，车站和列车通信设备。

（2）车辆段、车站通信设备的相关图片和视频资源。

注意：也可以去轨道交通车站、车辆段现场进行实地参观。

三、实训内容

学生四人一组完成以下实训任务，并推荐一位组长进行汇报。

（1）观摩认识城市轨道交通车站、列车、设备间的通信设备。

（2）辨别传输系统、公务电话系统、专用电话系统、无线集群通信系统、闭路电视监控系统（CCTV）、广播系统（PA）、时钟系统、电源及接地系统、乘客信息系统（PIS）等子系统构成。

（3）认识通信设备的种类、工作原理和通信方式。

（4）认识通信设备之间的传输介质的种类和传输原理。

四、实训考核标准

本实训考核包含过程考核、实操考核和结果考核，考核标准及分值分配见实训考核评价表。其中实操过程中着重考核小组成员对车辆段、车站内通信设备的认知程度。

五、注意事项

（1）如果去车辆段或者车站进行设备参观，事先组织好学生，提前进行安全教育，严格遵守安全规定。

（2）参观过程注意设备及人身安全。

思政课堂

中国城市轨道交通建设与发展

我国第一条地铁于1965年在北京开始建设，1969年建成通车。到2000年我国建成地铁运营线路仅为146km。进入21世纪以来，城轨交通建设进入加速时期，2001~2005的“十五”期间，新建城轨399km，年均新增80km。2006~2010年的“十一五”期间，新建城轨1054km，年均新增210km，比前五年翻了一番多。2011~2015年的“十二五”期间，新建城轨2019km，年均新增404km，又在前五年的基础上翻了一番。中国城市轨道交通协会调研数据显示，2016~2020年的“十三五”期间，我国轨道交通累计新增运营线路长度4351.7km，年均新增运营线路长度870.3km，年均增长率17.1%，创下历史新高，五年新增运营线路长度总和超过“十三五”前的总和，城市轨道交通持续保持快速发展趋势。截止到2023年12月31日，中国内地累计有59个城市投运城轨交通线路达到11232.65km，我国城市轨道交通运营里程数持续增长。

课堂讨论：了解社会主义建设的伟大成就，结合我国轨道交通的蓬勃发展现状、谈谈对“交通强国”的看法。

应知应会试题

一、填空题

1. 列车运行自动控制系统（ATC）包括________、________及________三个子系统，简称“3A”。

2. CBTC系统是指______________________________。

3. 全自动运行系统（Fully Automatic Operation）简称____________。

4. 城市轨道交通信号基础设备信号基础设备一般包括______、信号机、______、轨道电路、传感器与计轴设备、______及信号数据通信设备等。

5. 轨道电路是轨道交通信号的重要基础设备，它可以用来______，还可以向列车传输信息。

6. 计轴技术是以计算机为核心，辅以外部传感器等设备，可以用来检测__________。

7. 城市轨道交通通信系统主要由传输系统、公务电话系统、______、无线集群通信系统、______、广播系统、时钟系统、______、电源和接地系统等组成。

8. 城市轨道交通电话系统通常包括__________、__________两大子系统。

二、单项选择题

1. （　　）属于ATS子系统，是ATC的核心。

A. 车辆段信号设备　B. 控制中心设备　C. 车载ATC设备　D. 车站及轨旁设备

2. ATS是列车（　　）系统。

A. 自动保护　B. 自动监控　C. 自动运行　D. 自动调整

三、判断题

1. 信号设备的主要作用是保证列车运行与调车工作的安全和提高线路运输能力。(　　)

2. 列车自动防护（ATP）子系统，是 ATC 系统中确保列车运行安全、缩短行车间隔、提高行车效率的重要设备。(　　)

3. 通信中的信源信号通常分为模拟信号和数字信号。(　　)

4. 光纤通信中光调制器的主要作用是将光信号变为电信号。(　　)

四、简答题

1. 简述城市轨道交通的信号系统的功能。
2. 简述 CBTC 系统的组成。
3. 简述城市轨道交通常用信号基础设备类型。
4. 简要绘制数字通信系统的基本模型图。
5. 简述光纤通信系统的组成。
6. 简述城市轨道交通常用通信系统有哪些。

项目二　城市轨道交通信号基础设备

配套课件

城市轨道交通
信号基础设备

项目导入

城市轨道交通信号基础设备包括继电器、信号机、转辙机、轨道电路、计轴器、查询应答器等，它们是城市轨道交通信号系统的重要基础设备。信号基础设备的质量可靠性有效保证了信号系统正常运行和重要性能的发挥。

本项目主要介绍城市轨道交通信号基础设备的特性，包括主要功能、基本结构和工作原理等。

项目结构关系图

城市轨道交通信号基础设备知识分析（图 2-1）。

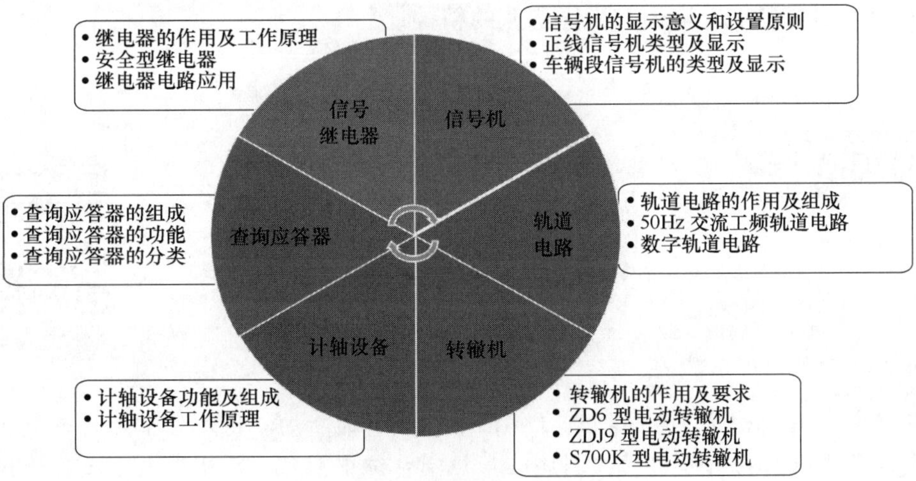

图 2-1　项目二结构关系

项目二内容紧密对接城市轨道交通客运服务岗位、司机岗位、通信信号岗位的基本知识、能力和职业道德素养要求内容，信号基础设备的特性是城市轨道交通运营管理及维护人员必须掌握的重点知识。

教学目标

一、知识目标

（1）了解继电器的基本功能、分类、结构和工作原理。

（2）理解信号机的设置原则、显示意义。
（3）了解正线信号机、车辆段信号机的设置及作用。
（4）掌握不同类型转辙机的结构及工作原理。
（5）掌握轨道电路的功能、组成及工作原理。
（6）掌握计轴设备的结构及工作原理。
（7）掌握查询应答器的结构及工作原理。

二、能力目标

（1）会分析继电器电路的具体应用。
（2）能够识别手信号，能进行手信号规范化打法。
（3）会进行手摇道岔操作。
（4）能够根据轨道电路的状态判断轨道是否被占用。
（5）能够根据计轴设备的状态判断轨道的出清情况。
（6）能够分析应答器的具体使用情况。

三、素质目标

（1）形成严谨的工作作风，具备安全意识。
（2）培养理论联系实际的动手能力。
（3）培养良好的职业道德和爱岗敬业的精神。

理论知识

配套视频
信号继电器

任务一　信号继电器

任务引入

信号继电器是一种通过电磁铁来控制继电器接点通断的二值元件，是轨道交通信号设备的主要设备之一，在信号自动控制和远程控制系统中，可构成逻辑电路或作为执行元件直接监督和控制列车运行。那么什么是信号继电器？它在城市轨道交通信号中发挥着什么作用呢？

知识课堂

一、认识继电器

轨道交通信号系统中广泛采用的继电器，称为信号继电器，是轨道交通信号系统中的重要部件。继电器无论是作为继电式信号系统的核心部件，还是作为电子式或计算机式信号系统的接口部件，其动作的可靠性都会直接影响信号系统整体的可靠性和安全性。轨道交通常用的 JWJXC-H125/80 型继电器，如图 2-2 所示。

我国轨道交通信号中应用较多的是 AX 系列继电器，如图 2-3 所示。AX 系列继电器通常由直流电磁系统和触点系统两部分构成。直流电磁系统由线圈、铁芯、轭铁等部分组成；线圈分为前圈和后圈，可根据电路需要设置单线圈控制、双线圈串联控制或双线圈并联控制，如图 2-4 所示。电磁系统是继电器的感受机构，接收输入量。触点系统是继电器的执行机构。触点系统包括拉杆和触点组。触点组分为静止的前触点、后触点和固定在拉杆上的动触点，如图 2-5 所示。触点的接通情况可以反映继电器的状态，同时用于控制其他设备。

图 2-2　JWJXC-H125/80 型继电器

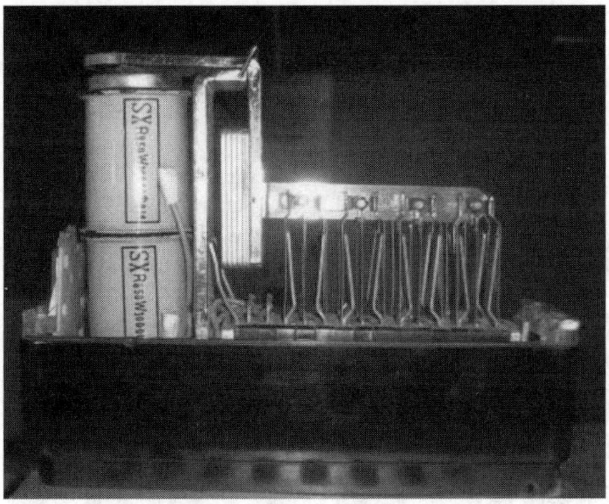

图 2-3　继电器的整体结构

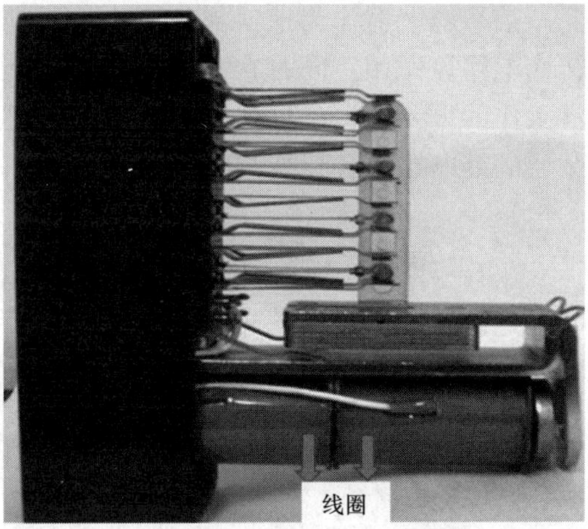

图 2-4　继电器的线圈

二、继电器工作原理

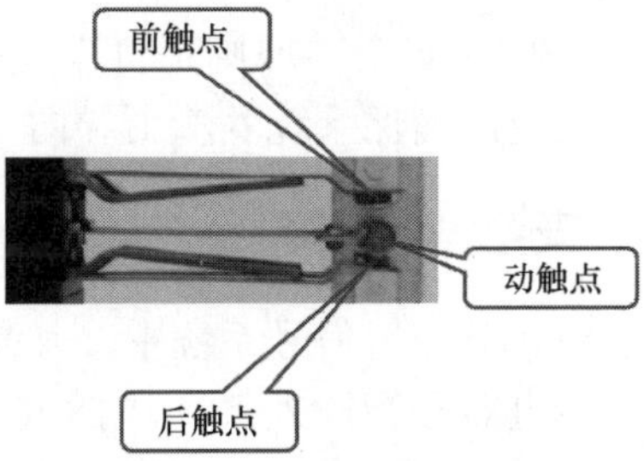

图 2-5　继电器的触点组

继电器的动作原理与电磁铁相似。

1. 励磁吸起状态

当电流增大到一定值，吸引力增大到能克服衔铁向铁芯运动的阻力时，衔铁就被吸向铁芯；由衔铁带动的动触点也随之动作，与动合接点接通。此状态称为继电器励磁吸起。

2. 失磁落下状态

当线圈中电流变小直至消失时，吸引力随电流的减小而减小，当吸引力减小到不足以克服衔铁重力时衔铁靠自重落下，衔铁带动动触点与前接点断开，与动断接点接通。此状态称为继电器失磁落下。

继电器电路，如图 2-6 所示。当前接点接通时点亮绿灯，后接点接通时点亮红灯。

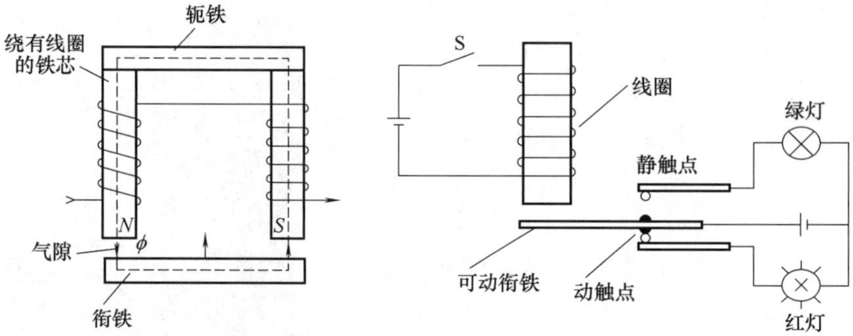

图 2-6　继电器电路示意图

三、继电器的作用

信号继电器作为地铁信号设备的组成部分之一，在电路中起着自动调节、安全保护、转换电路等作用，同时它又是地铁信号设备中的“第一关”，是保障后续地铁信号设备正常工作的重要前提条件。继电器设备出现故障，往往会给地铁运营带来很大的影响。轨道交通的继电器组合架如图 2-7 所示。

图 2-7　信号继电器组合架

“故障-安全”原则是轨道交通信号设备必须遵守的原则。无论系统任何部分出现故障，都应该确保系统的输出导向安全状态。

四、安全型继电器

在轨道交通信号系统中，凡是涉及行车安全的继电电路都必须采用安全型继电器。安全型继电器分为插入式和非插入式两种。在实际使用中，为便于维修，多采用插入式继电器。

1. 直流无极继电器

安全型继电器是直流 24V 系列的重弹力式直流电磁继电器，其典型结构为无极继电器，其他各型继电器由无极继电器派生。JWJXC-480 型和 JWXC-1700 型无极继电器实物图，如图 2-8 所示。

直流无极继电器由直流电磁系统和触点系统两部分组成，其结构如图 2-9 所示。

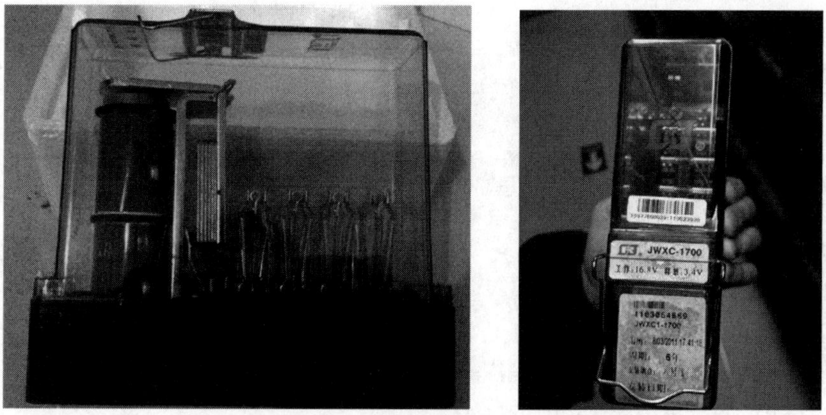

(a)　　　　　　　　　　(b)

图 2-8　直流无极继电器实物图

(a) JWJXC-480 型无极继电器　(b) JWXC-1700 型无极继电器

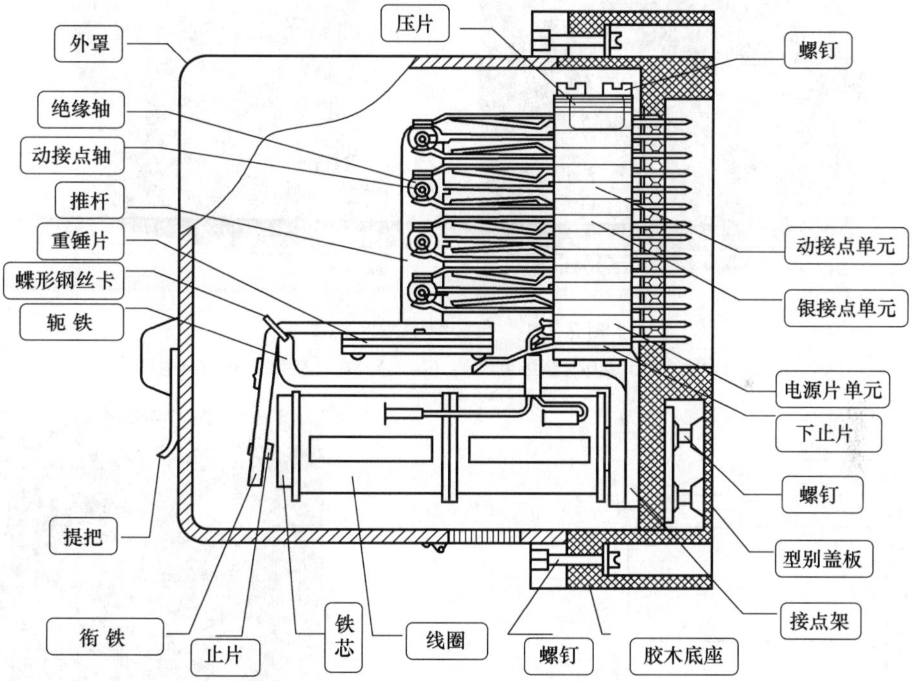

图 2-9　直流无极继电器结构

2. 整流继电器

整流继电器用于交流电路中。整流继电器实物，如图 2-10 所示，它通过内部的半波或全波整流电路将交流电变为直流电而动作。整流继电器的电磁系统、触点系统、动作原理与直流无极继电器相同。

常用的整流继电器有 JZXC-480、JZXC-0. 14、JZXC-156、JZXC-H18 型及派生的 JZXC-H18F 型等。

3. 有极继电器

有极继电器根据线圈中电流极性不同而具有定位和反位两种稳定状态，这两种稳定状

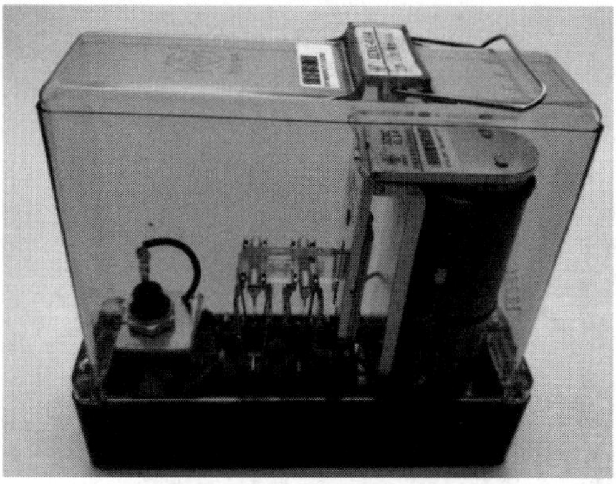

图 2-10　整流继电器实物图

态在线圈中的电流消失后，仍能继续保持，故有极继电器又称极性保持继电器。它的特点是在电磁系统中增加了永久磁钢。JYJXC-160/220 有极继电器，如图 2-11（a）所示，JYJXC-135/220 有极继电器实物，如图 2-11（b）所示。

有极继电器的磁路结构与无极继电器基本相同，不同的是有极继电器用一块端部呈刃形的长条形永久磁钢代替了无极继电器的部分轭铁。磁钢与轭铁之间用螺钉连接。如图 2-12 所示为有极继电器磁路系统。

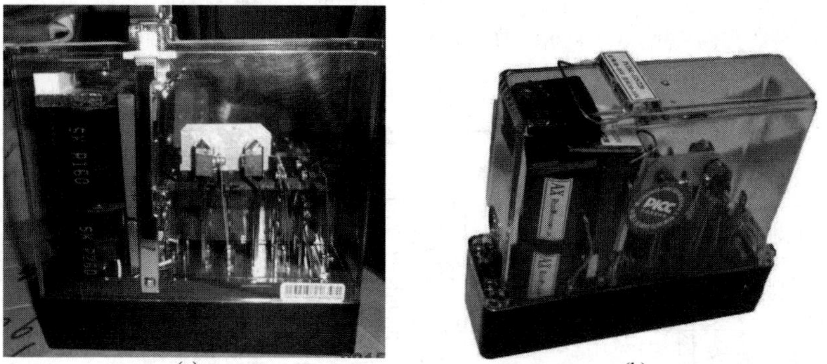

(a)　(b)

图 2-11　有极继电器实物图

（a）JYJXC-160/220 有极继电器　（b）JYJXC-135/220 有极继电器

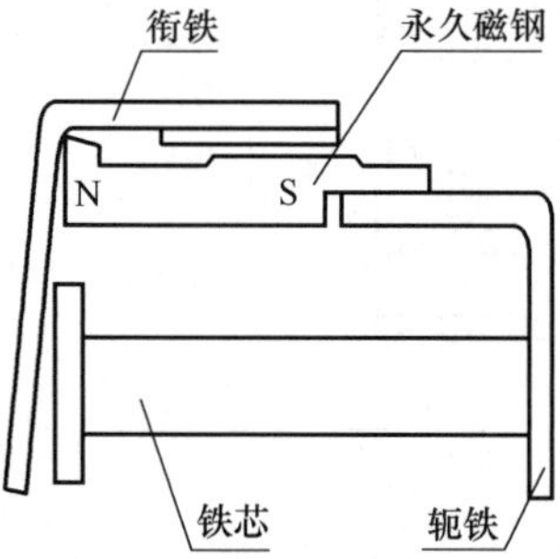

图 2-12　有极继电器磁路系统

图 2-13　偏极继电器实物图

4. 偏极继电器

偏极继电器是为了满足信号电路中鉴别电流极性的需要而设计的。衔铁的吸起与线圈中电流的极性有关，只有通过规定方向的电流时，衔铁才能被吸起，电流方向与要求的方向相反时，衔铁不动作。JPXC-1000 型偏极继电器，如图 2-13 所示。

偏极继电器的磁路系统与无极继电器基本相同，如图 2-14 所示。

5. 交流二元继电器

交流二元继电器属于交流感应式继电器，具有两个既相互独立又相互作用的交变电磁系统，故称二元继电器，有吸起和落下两种状态。根据不同频率，交流二元继电器分为25Hz 和 50Hz 两种。

25Hz 交流二元继电器的结构，如图 2-15 所示，由电磁系统、翼板、触点等部分组成。电磁系统包括局部电磁系统和轨道电磁系统。局部电磁系统由局部铁芯和局部线圈组成，轨道电磁系统由轨道铁芯和轨道线圈组成。

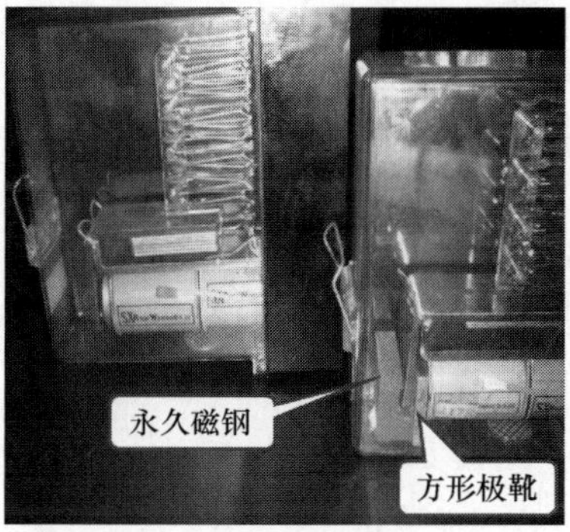

图 2-14　偏极继电器的磁路系统

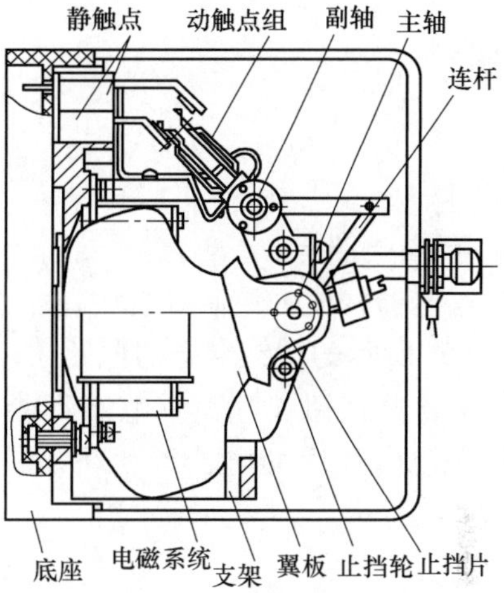

图 2-15　交流二元继电器的结构

五、继电器的基本电路

1. 串联电路

串联电路是指继电器接点串联连接的电路，如图 2-16 所示。其功能是实现逻辑“与”的运算。图中，AJ、BJ、CJ 这 3 个接点必须同时闭合，继电器 DJ 才能吸起。

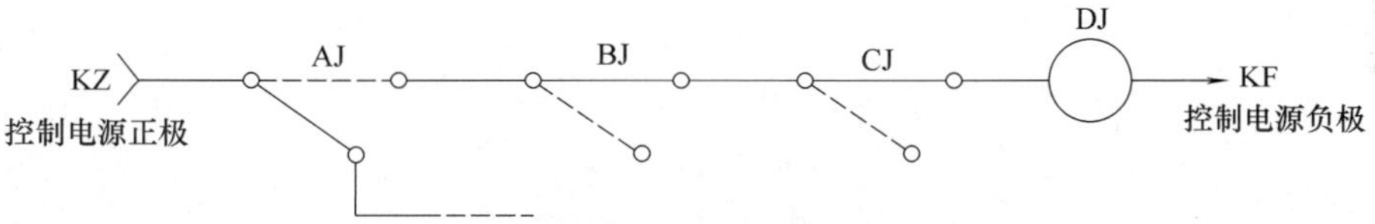

图 2-16　串联电路

2. 并联电路

由若干继电器接点并联连接的电路称为并联电路，如图 2-17 所示。其功能是实现逻辑“或”运算。图中，AJ、BJ、CJ 这 3 个接点并联，任何一个接点闭合都会使继电器 DJ 吸起。

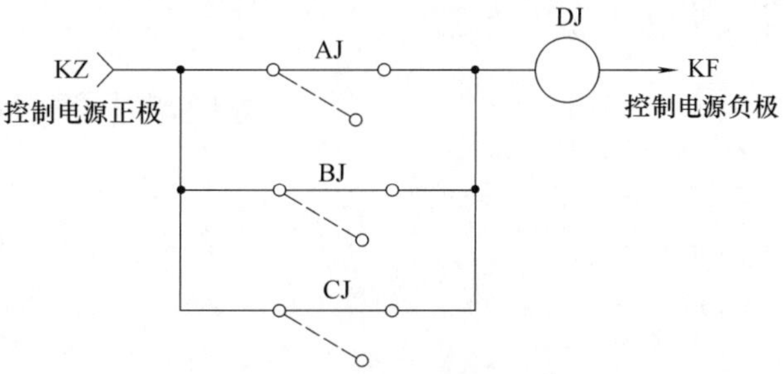

图 2-17　并联电路

3. 串并联电路

电路中的接点有些串联，有些并联，这类电路称为串并联电路。如图 2-18 所示。在工程现场，使用较多的是串并联混合电路。

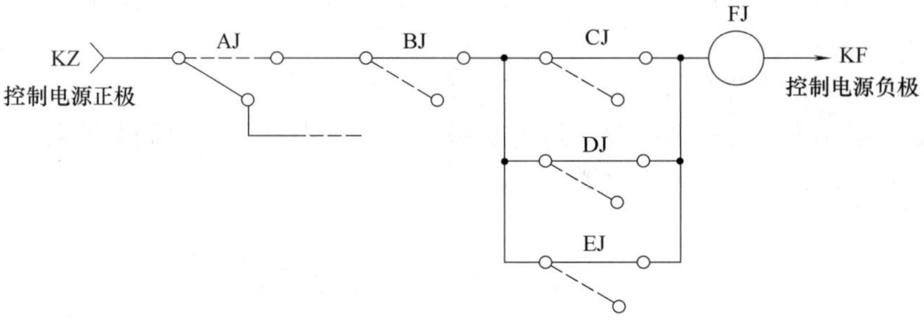

图 2-18　串并联电路

4. 自闭电路

在继电器构成的控制系统中，常需要将某一动作记录下来为以后的过程做准备。如图2-19（a）所示的按钮继电器电路中，当按下自复式按钮 A 后，继电器 AJ 经过励磁电路吸起，但松开按钮 A 后，继电器不能保持吸起。为此，需要增加由自身前接点构成的电路，使按钮松开后继电器不落下。这条由自身前接点构成的电路称为自闭电路，如图2-19（b）所示。

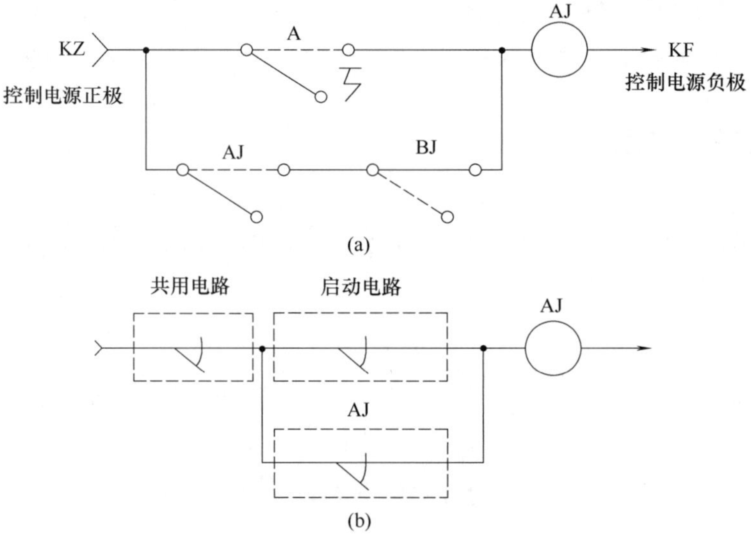

图 2-19　自闭电路

课堂技能拓展

故障继电器更换

故障继电器更换步骤如下：

（1）进行登记。

（2）查看组合中继电器的位置、型号（继电器架的每一层即为一个组合），找到需要更换的继电器的位置，从现场实际位置判断需要更换的继电器型号。可对照继电器的位置、型号图纸查找和判断。

(3) 在备件继电器中找出同型号继电器并确认继电器的有效期，在有效期内的继电器可以使用，否则不应使用。

(4) 拔下故障继电器，检查底座和继电器插接件状态是否完好，如无问题，牢固插接新继电器。

(5) 进行功能试验（电扳道岔、点灯操作等），确认设备正常工作。

图 2-20 中，更换了道岔组合中的 BHJ（JWXC-1700）的继电器后，立即试验该组道岔还能否扳动转换，并且进行相应的位置核对。

层数	设备名称	继电器	1	2	3	4	5	6	7	8	9	10	11
R1-4	126	名称	FUSE	FUSE	BB	126-1DQJ	126-BHJ	126-2DQJ	126-1DQJF	126-DBQ	126-TJ	126-DBJ	126-FBJ
		型号			BDC1-R7	JWJXC-H125/80	JWXC-1700	JYJXC-135/220	JWJXC-480		JSBXC-850	JPXC-1000	JPXC-1000

图 2-20　某道岔组合中继电器对照图

(6) 办理销记手续。

任务总结

本任务主要分析了城市轨道交通信号继电器的结构、工作原理及类型。作为城市轨道交通信号控制系统的重要器件，信号继电器可以实现对各种信号设备的控制和监督。

任务二　信　号　机

配套视频

信号机

任务引入

城市轨道交通列车在轨道上行驶需要遵循一定的信号指挥，为了保证行驶安全，提高运输效率，设有多种信号来指挥列车的行车作业，如地面固定信号、车载信号、轨旁指示标志和手信号等。本任务介绍城市轨道交通信号机的应用。

知识课堂

一、城市轨道交通信号

城市轨道交通信号的基本色为红、黄、绿三种颜色，再辅以月白色、蓝色，构成信号的基本显示。

红色：停车信号，禁止越过该信号机运行。

黄色：限制允许信号，但要求列车注意或减速运行。

绿色：允许信号，信号处于正常开放状态，列车按规定速度通过该信号机运行。

月白色：用于指示调车作业时，表示允许越过该信号机调车。有时也用于指示正线列车作业时，显示一个红色和一个月白色信号，构成引导信号。

蓝色：用于调车作业时，表示禁止越过该信号机调车。许多城市轨道交通公司的调车信号机采用红色与月白色对应，不采用蓝色。

二、信号机的分类

城市轨道交通的地面信号机是列车运行的“辅助信号”，平时这些信号机都由 ATC 子系统自动控制。城市轨道交通采用与铁路相同的色灯信号机，但设置原则、信号显示意义、显示距离等与铁路信号有所不同。地铁现场的信号机如图 2-21 所示。

图 2-21　地铁现场信号机实物图

1. 听觉信号和视觉信号

听觉信号一般以发出声音的次数、长短、强度等方式来表示信号意义，例如，用号角、口笛、响墩及机车鸣笛等发出的信号。如图 2-22 所示的站台关门提示铃为听觉信号。视觉信号是以信号的颜色、形状、显示数目和灯光的显示状态等方式来表示信号意义，如图 2-23 所示的地面信号机和手信号，还有信号牌等都属于视觉信号设备或方式。

图 2-22　站台关门提示铃

图 2-23　地面信号机和手信号

2. 移动信号和固定信号

当轨道交通线路需要施工、救援，要求列车禁止驶入某地点、区域或须减速运行时，应设置移动信号。移动信号根据需要临时设置或撤除，如防护线路施工地点临时设置的红闪灯（图 2-24）或方形红牌等。固定信号是固定设置在运行线路规定位置的信号装置，用以指示列车运行和调车工作，如地面信号机、行车信号标志牌、信号表示器等。

3. 地面信号和车载信号

地面信号是设置在车站或区间固定地点的信号机或表示器，为驾驶员提供信息。车载信号是将地面信号通过传输设备或其他方式传输送入列车的信号设备，安装在列车两端的驾驶室，逐步为车辆运行的主体信号使用，如图 2-25 所示。

图 2-24　红闪灯

4. 其他分类方式

（1）按照信号机的类型可分为透镜式色灯信号机［图 2-26（a）］、组合式色灯信号机、LED 信号机［图 2-26（b）］。

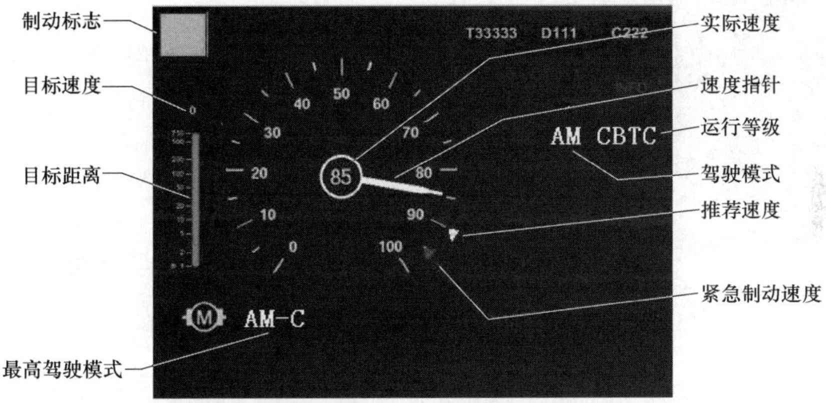

图 2-25　车载信号设备

(a)　(b)

图 2-26　透镜式信号机和 LED 信号机

（a）透镜式色灯信号机　（b）LED 信号机

（2）按照信号显示数目有单显示信号机、两显示信号机、三显示信号机、五显示信号机等。如图 2-27 所示为不同显示状态的三显示信号机。

三、信号机的设置

1. 设置原则

（1）设置于列车运行方向的右侧。在城市轨道交通中，不管列车运行线路是正线还是车辆段，地面信号机均应设置于列车运行方向的右侧，如图 2-28 所示。

图 2-27　不同显示状态的三显示信号机

图 2-28　线路右侧的信号机

（2）信号机不得侵入设备限界。信号机的安装位置应该遵循《地铁限界标准》（CJJ 96—2003）的要求，不得侵入设备限界。

（3）选择合适的信号机柱。应根据信号机安装的地段和线路特征选择合适的信号机柱。高柱信号机具有显示距离远、观察位置明确等优点，因此车辆段的进、出段信号机和停车场的进、出场信号机等均选用高柱信号机。隧道内由于不要求较远的显示距离，而且受安装空间狭小的限制，一般采用矮型信号机。高柱信号机如图 2-29（a）所示，矮型信号机如图 2-29（b）所示。

(a)　(b)

图 2-29　高柱信号机和矮型信号机

（a）高柱信号机　（b）矮型信号机

2. 信号机的设置原则

城市轨道交通车站有的设有道岔，有的只有两条正线，应根据各站设备及站场的具体情况设置信号机。不同城市轨道交通信号机设置也有不同。某市地铁线路某车站信号机布置图如图 2-30 所示，某地铁车辆段信号机布置，如图 2-31 所示。

四、正线信号

1. 进站信号机

进站信号机设在车站的入口处，如图 2-32 所示，用来防护车站指示列车能否由区间进入车站，在站内不具备接车条件时，不准列车进入站内。

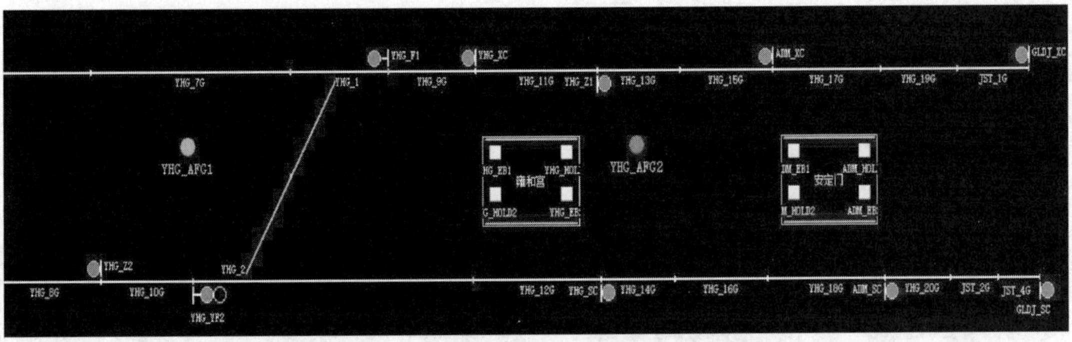

图 2-30　某地铁正线车站信号机布置图

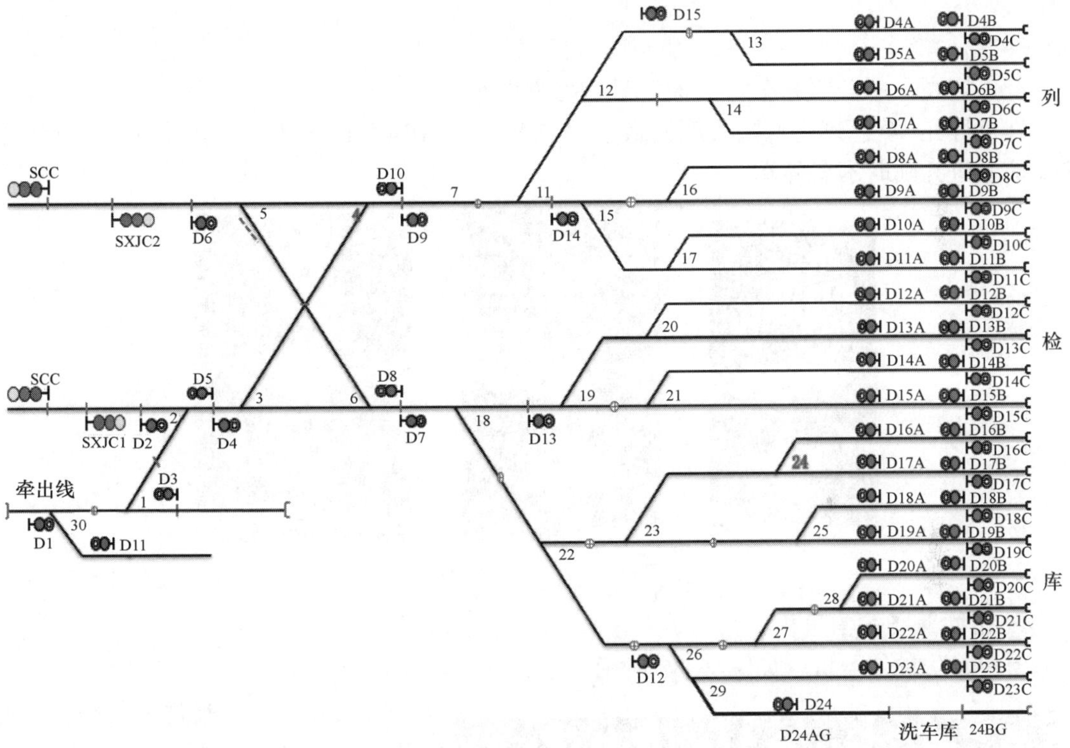

图 2-31　某地铁车辆段信号机布置图

2. 出站信号机

出站信号机设在车站正线出口处，如图 2-33 所示，用于指示列车在站内的停车位置，同时也是作为列车占用区间或闭塞分区的行车凭证。

3. 防护信号机

防护信号机向司机提示道岔状态及位置，指示列车运行方向，锁闭该信号机进路上的有关道岔及敌对信号，防护闭塞区间，确保列车作业的顺利进行及行车安全。常用的防护信号机采用三显示机构，如图 2-34 所示，自上而下为黄、绿、红，具体显示意义为：

绿色灯光——表明进路开通道岔直向位置，准许列车按规定速度越过该架信号机；

黄色灯光——表明进路开通道岔侧向位置，准许列车按规定限制速度越过该架信

图 2-32　进站信号机

图 2-33　出站信号机

号机；

红色灯光——表明列车须在该信号机外方停车；

红色灯光+黄色灯光——表明开放引导信号，准许列车以不大于 25km/h 的速度越过该架信号机并随时准备停车。

图 2-34　防护信号机

4. 出站兼防护信号机

出站兼防护信号机，如图 2-35 所示。

图 2-35　出站兼防护信号机

常用的出站兼防护信号机也采用三显示结构，具体显示意义为：

绿色灯光——表明进路开通道岔直向位置，准许列车按规定速度发车；

黄色灯光——表明进路开通道岔侧向位置，准许列车按规定限制速度发车；

红色灯光——停止信号，不允许列车越过此信号机；

黄灯 + 红灯——引导信号，限速 25km/h 以下运行，并随时准备停车，此时列车的安全完全由人工保证。

5. 区间分界点信号机

区间分界点信号机设在站间间距较大的区间内，按站间自动闭塞行车时，作为列车占用闭塞区间的行车凭证，如图 2-36 所示。

区间分界点信号机一般采用二显示结构，具体显示意义为：

绿色灯光——表明进路开通道岔直向位置，准许列车按规定速度越过该信号机；

红色灯光——表明列车须在该信号机外方停车。

6. 阻挡信号机

阻挡信号机有顺向阻挡信号机、反向阻挡信号机、线路尽头阻挡信号机之分。

通常情况下，顺向阻挡信号机随着列车运行自动变换显示起通过信号机的作用；办理调车作业时，人为关闭使之成为阻挡信号机。阻挡信号机通常为绿、红二显示，如图 2-37 所示。

图 2-36　区间分界点信号机

图 2-37　顺向阻挡信号机

反向阻挡信号机用来指示调车车列通过道岔区段的停车位置，一般为红灯单显示机构，如图 2-38 所示。

线路尽头阻挡信号机为红灯单显示信号机。红色灯光表明列车须在该信号机外方停车。

7. 预告信号机

预告信号机设在进站防护分界点等信号机前方，用来复示进站、防护、分界点信号机的显示，以使司机掌握其后方信号机的开放或关闭状态，通常为三显示，如图 2-39 所示。目前新建城市轨道交通线路通常会取消预告信号机的设置。

图 2-38　反向阻挡信号机

图 2-39　预告信号机

8. 通过信号机

通过信号机防护闭塞分区，指示列车能否进入运行前方的闭塞分区，设置在每个闭塞分区的入口处。通过信号机通常为三显示机构，自上而下为黄、绿、红。

采用ATC或CBTC系统的城市轨道交通中，自动闭塞通过信号机已失去了主体信号的作用，在区间一般不设通过信号机，而采用车载ATP信号来防护，但当ATP系统设备发生故障时，作为备用信号，按需要设置通过信号机，以便于驾驶员控制列车运行。

9. 列车出发计时器

列车出发计时器向驾驶员显示能否关闭车门及发车时间。可设置在正线出站方向站台一侧、列车停车位置前方适当地点，如图2-40～图2-43所示。

未到达规定的发车时刻显示为倒计时；到达规定的发车时刻显示为“000”；超过规定的发车时刻显示为正计时；提前发车显示为“000”；扣车显示为“H”；列车通过显示为“---”；倒计时溢出显示为“=”；正计时溢出显示为“=　=”。

图2-40　列车出发计时器（表示还有39s到达运行图规定发车时间）

图2-41　列车出发计时器（表示到达运行图规定发车时间）

图2-42　列车出发计时器（表示扣车）

图2-43　列车出发计时器（表示列车正在通过）

五、车辆段（车场）信号

车辆段信号机各城市地铁设置也有所不同，信号机设备应该结合车辆段的具体情况来设置。

1. 进段（场）信号机

防护车辆段或车场装设在车辆段或车场的入口处，一般三灯位、三显示机构，如图 2-44 所示。

绿色灯光——表明进路开通，准许列车按规定速度越过该架信号机；

红色灯光——表明列车须在该信号机外方停车；

红色灯光+黄色灯光——表明开放引导信号，准许列车以不大于 25km/h 的速度越过该架信号机并随时准备停车。

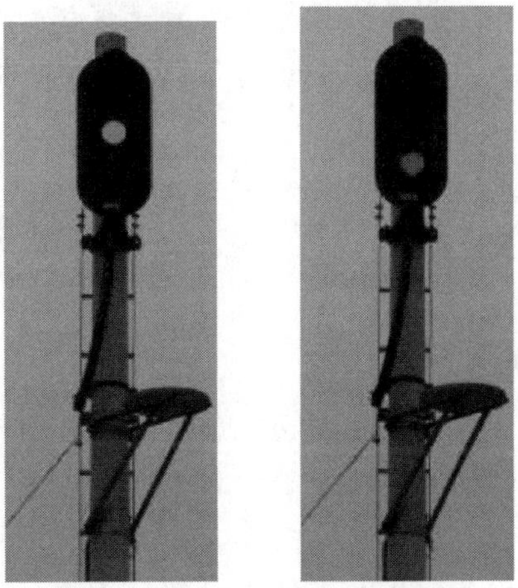
图 2-44　进段（场）信号机

2. 出段（场）信号机

防护车辆段或车场，装设在车辆段或车场的出口处，一般二灯位、二显示机构，如图 2-45 所示。

绿色灯光——表明进路开通并锁闭，准许列车按规定速度出段（场）；

红色灯光——表明列车须在该信号机外方停车，严禁越过该信号机。

3. 调车信号机

调车信号机用于指示站内各种调车作业，通常为二灯位、二显示机构。有的城市轨道交通车辆段采用一个红色灯光+一个白色灯光构成调车信号机；有的城市轨道交通车辆段采用一个蓝色灯光+一个白色灯光构成调车信号机，如图 2-46 所示。

灯光颜色的显示意义为：

月白色灯光——表明调车进路在开通状态，准许列车按规定的速度越过该架信号机调车；

红色灯光（或者蓝色灯光）——表明列车须在该信号机外方停车，严禁越过该信号机调车。

图 2-45　出段（场）信号机

图 2-46　调车信号机

4. 阻挡信号机

表示前方已无线路，严禁列车越过该信号机。

任务总结

本任务主要分析了城市轨道交通信号机的颜色及显示意义、正线信号机的类型、车辆段信号机的类型等。信号是保证行车安全的设备，是指示列车和调车作业的命令，行车有关人员必须熟知信号的显示方式，按照信号显示要求进行行车及调车作业。

任务三　轨道电路

配套视频

轨道电路

任务引入

轨道电路是由钢轨线路和钢轨绝缘构成的电路，用于自动、连续检测某段线路是否被机车车辆占用，也可用于控制信号装置或转辙装置，以保证行车安全。什么是轨道电路？轨道电路安装在哪里，由哪些设备组成？本任务介绍轨道电路的应用。

知识课堂

一、轨道电路概述

轨道电路不仅用来检测列车是否占用线路，更重要的是要传输 ATP 信息。目前在城市轨道交通线路中，正线一般不采用轨道电路，车辆段可以采用轨道电路，如图 2-47 所示。

图 2-47　轨道电路实物图

1. 轨道电路的作用

轨道电路的第一个作用是监督列车的占用。轨道电路对线路空闲情况的反映，为开放信号、建立进路或构成闭塞提供依据，还利用轨道电路的被占用状态关闭信号，将信号显示与轨道电路是否被占用结合起来。

轨道电路的第二个作用是传递行车信息。例如数字编码式音频轨道电路中传送的行车信息，为 ATC 系统直接提供控制列车运行所需要的前行列车位置、前方信号机状态和线路条件等有关信息，以决定列车运行的目标速度，控制列车在当前运行速度下是否需要减速或停车。

2. 轨道电路的组成

轨道电路是由钢轨作为导体，两端加上机械绝缘（或电气绝缘），接上送电和受电设备构成的电路。最简单的轨道电路组成，如图 2-48 所示。

（1）导体。在轨道电路中，两条钢轨是传输轨道电流的导体，每两条钢轨接头处，用钢轨接续线连接，可以减小钢轨与钢轨夹板间的接触电阻。钢轨接续线有塞钉式和焊接式，如图 2-49 所示。

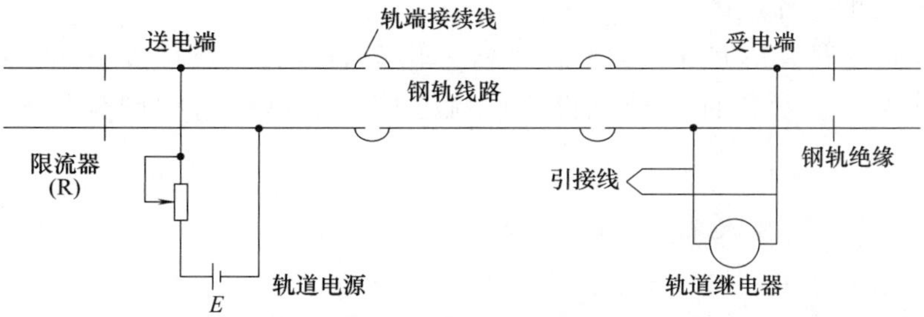

图 2-48　轨道电路组成图

(2) 钢轨绝缘。钢轨绝缘安装在相邻两个轨道电路衔接处，以保证相邻轨道电路在电气上的可靠隔离。钢轨绝缘多采用机械强度高、绝缘性能好的材料，在钢轨与夹板间垫有槽形绝缘板，夹板螺栓与夹板之间装有绝缘套管和绝缘垫圈。如图 2-50 所示为钢轨绝缘。

图 2-49　钢轨和塞钉式钢轨接续线

图 2-50　钢轨绝缘

(3) 送电设备。轨道电路的送电设备可以是电源，用于向轨道电路供电，也可以是能够发送一定信息的电子设备，通过轨道电路向列车传递行车信息，如图 2-51 所示为轨道旁的扼流变压器。

(4) 受电设备。轨道电路的受电设备可以是轨道继电器，用于反映轨道电路范围内有无列车、车辆占用和钢轨是否完整，如图 2-52 所示。

图 2-51　扼流变压器

图 2-52　轨道继电器

(5) 限流电阻。一个可调电阻器，连接在轨道电路电源端，用来调整轨道电路的电压。当轨道电路被列车、车辆的轮对分路时，能够防止输出电流过大而损坏电源。

3. 轨道电路的工作原理

（1）当轨道电路设备完好，又没有列车、车辆占用时，轨道电流从电源正极经钢轨、轨道继电器线圈回到负极而构成回路，此状态称为轨道电路的调整状态，如图 2-53 所示。

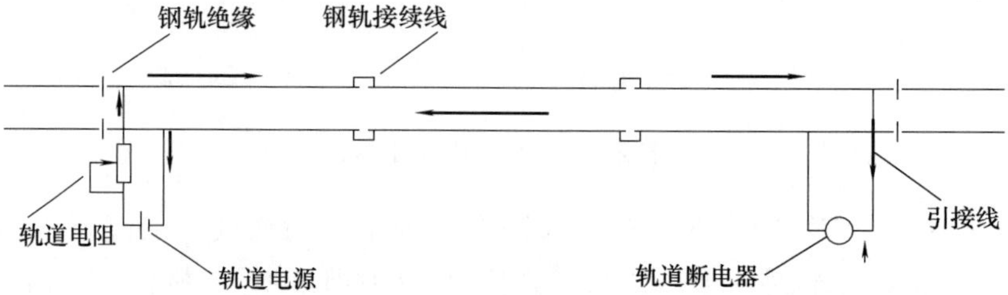

图 2-53　轨道电路调整状态原理图

（2）当轨道区段内有列车、车辆占用时，轨道电路被轮对分路，继电器失磁落下，表示该区段有车占用，此状态称为轨道电路的分路状态，如图 2-54 所示。

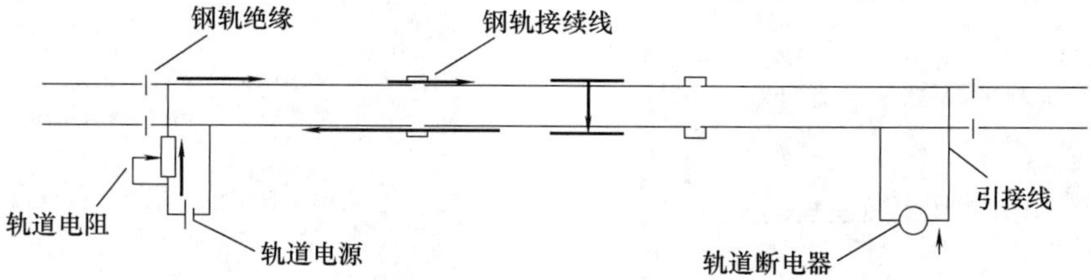

图 2-54　轨道电路分路状态原理图

（3）当轨道区段内发生轨道或线路断裂时，流经继电器的电流中断，使继电器失磁落下，此状态称为轨道电路的断轨状态，如图 2-55 所示。

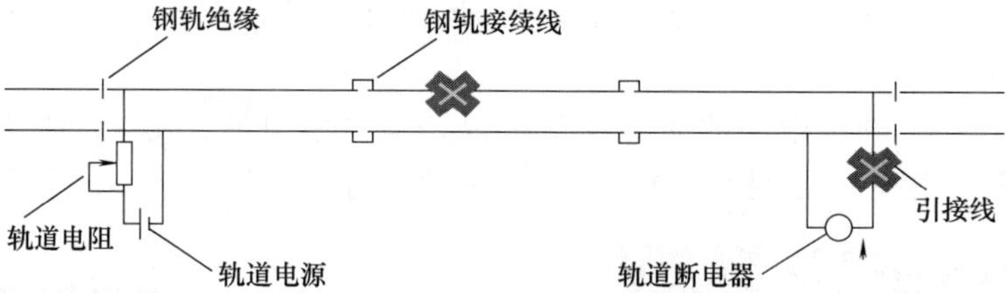

图 2-55　轨道电路断轨状态原理图

二、50Hz 工频交流轨道电路

用于城市轨道交通的交流工频轨道电路有 50Hz 相敏轨道电路，它只有监督列车占用的功能，不能传输其他信息。50Hz 工频交流轨道电路多用于城市轨道交通的车辆段内，主要由送电端、受电端、钢轨绝缘、钢轨引接线、钢轨接续线、回流线以及钢轨组成，如图 2-56 所示。

送电端包括轨道变压器、R-2.2/220 型变阻器、熔断器或保险丝管，安装在室外的变压器箱内。轨道电源从室内通过电缆送至送电端。

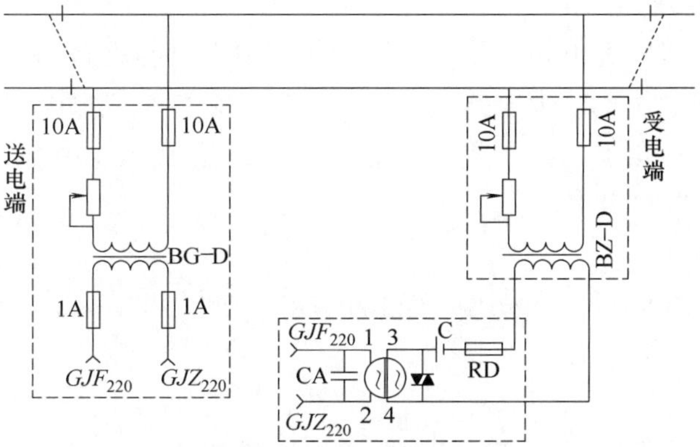

图 2-56 50Hz 工频交流轨道电路组成图

受电端包括中继变压器、变阻器、断路器、轨道继电器、电容器、防雷元件等。送、受电端视相邻轨道电路的不同加以组合，有“双送”“一送一受”“双受”以及“单送”“单受”等不同情况。

1. 轨道变压器

不同类型的轨道电路有不同的轨道变压器。BG1-50 型轨道变压器实物图，如图 2-57 所示。

2. 中继变压器

中继变压器主要用于轨道电路受电端，常用的有 BZ 型系列中继变压器。BZ4-A 型中继变压器实物，如图 2-58 所示。

图 2-57 BG1-50 型轨道变压器

图 2-58 BZ4-A 型中继变压器

3. 变阻器

轨道电路用变阻器为 R-2.2/220 型，其工作电压不高，结构简单，牢固耐久，易调可靠，散热迅速。R-2.2/220 型变阻器阻值 2.2Ω，功率 220W，容许电流 10A，容许温升 105℃。

4. 钢轨绝缘

钢轨绝缘安装在相邻两个轨道电路衔接处，以保证相邻轨道电路在电气上的可靠隔离，如图 2-59 所示。

图 2-59 钢轨绝缘

5. 轨道电路连接线

（1）引接线。连接轨道电路送受端变压器箱或电缆盒与钢轨的导线。

（2）钢轨接续线。用于轨道电路接缝处的连接，以减小接触电阻。

（3）道岔跳线。连接道岔岔心等处电路的缆线，道岔跳线由塞钉和镀锌低碳钢绞线组成，两端焊在圆锥形塞钉上。

6. 交流二元继电器

一般城市轨道交通车辆段常采用的有 JRJC-40/265、JRJC-45/300、JRJC1-42/275 三种 50Hz 二元二位继电器。

7. 防雷元件

防雷元件是对接的硒片，称浪涌抑制器，用来防雷。

8. 电容

电容 C 主要用于隔离直流，防止直流电流进入轨道继电器的轨道线圈造成干扰。电容 CA 主要用来补偿无功功率，提高轨道继电器局部线圈的功率因数，减小输入电流。

三、数字轨道电路

音频无绝缘数字轨道电路，和绝缘轨道电路相比较，具有较明显的优点。无绝缘接头大大提高了轨道电路的可靠性。无绝缘音频轨道电路还具有向车载设备传输报文信息的功能，从而使轨道电路既具有检查轨道占用、空闲状态的功能，也具有传输信息功能。本节主要介绍 AF-904 型数字轨道电路的组成和工作原理。

基本组成

（1）轨旁设备。轨旁设备由轨道耦合单元、500MCM 连接器（S 型电缆）和耦合环线三部分组成，在轨道之间或者沿轨旁安装，采用互耦方式。

轨道耦合单元将轨道信号连接到控制机箱的接收和发送电路，并调谐轨道电路的载频频率。每个耦合电路由变压器和可调电容组成槽路，也作为轨道电路的端点，并且实现与 500MCM 连接器的阻抗匹配，如图 2-60 所示。

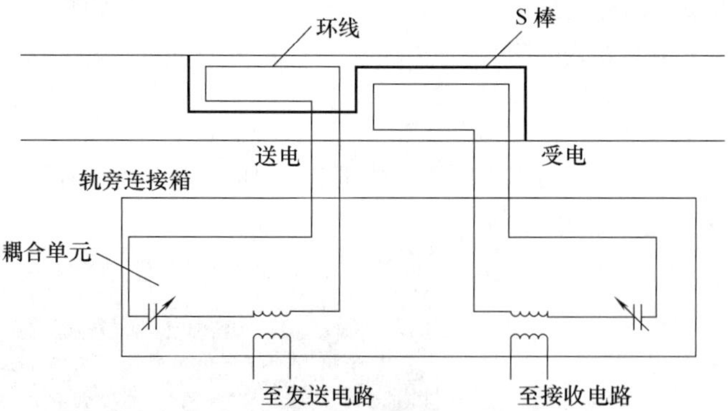

图 2-60　轨道耦合单元

（2）室内设备。室内设备主要是安装在室内控制柜内的控制机箱，每个机箱内包括多个 PCB 电路板（印刷线路板），每个轨道电路包括控制板、辅助板、电源板。

控制板产生具有列车自动防护功能的数字编码信息；辅助板将控制板产生的信息放大发送至室外，并接收来自轨道的信息；电源板产生控制板和辅助板工作所需的电源。

任务总结

本任务主要分析了轨道电路的组成、工作原理及分类，50Hz 交流工频轨道电路组成及原理、数字轨道电路组成及原理等。轨道电路是城市轨道交通信号系统必不可少的基础设备，其性能的好坏直接影响行车安全和运输效率。因此，轨道电路运营管理及维护人员必须熟练掌握轨道电路的基本特性。

配套视频

转辙机

任务四　转　辙　机

任务引入

道岔是把一条轨道分支为两条或两条以上的轨道，使列车车辆由一条线路转往另一条线路的基本设置，是重要的信号基础设备。道岔对于保证行车安全、提高运输效率、改善行车人员的劳动强度，起着非常重要的作用。那么轨道交通中是由谁来担任搬动道岔的艰巨任务呢？又是由谁把道岔的正确位置等信息传给控制中心的呢？

知识课堂

一、转辙机的作用

转辙机是道岔控制系统的执行机构，用于道岔的转换与锁闭，如图 2-61 所示。它是道岔动作的动力部分，通过杆件作直线运动，从而使道岔尖轨进行位移来改变道岔的位置，并给出道岔状态的表示。

图 2-61　转辙机

道岔在转换中对转辙机有如下基本要求：

（1）作为转换器，应具有足够大的拉力，以带动尖轨作直线往返运动；当尖轨受阻不能转换到底时，应随时通过操作使尖轨恢复原位。

（2）作为锁闭器，当尖轨和基本轨不密贴时，不应进行锁闭；一旦锁闭，会由于车辆通过道岔时的振动而错误解锁。

（3）作为监督器，应能正确反映道岔的状态。

（4）道岔被挤后，在未修复前不应再使道岔转换。如图 2-62 所示为挤岔的示意图。

道岔由一台转辙机牵引的称为单机牵引，由两台转辙机牵引的称为双机牵引。双机牵引道岔，如图 2-63 所示。

二、ZD6 系列电动转辙机

1. ZD6-A 转辙机概述

ZD6 系列电动转辙机是我国轨道交通使用最为广泛的电动转辙机，包括 A、B、C、

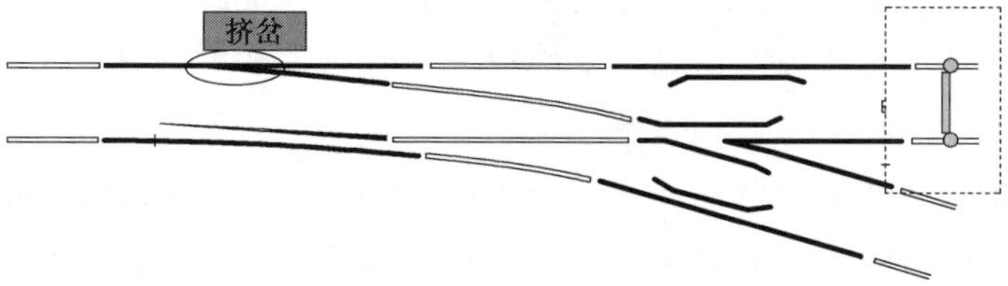

图 2-62　挤岔示意图

D、E、F、G、H、J、K 等派生型号。ZD6 系列电动转辙机采用内锁闭方式。ZD6-A 型电动转辙机，如图 2-64 所示。

图 2-63　双机牵引道岔

图 2-64　ZD6-A 型转辙机实物图

ZD6 系列电动转辙机的命名规则，如图 2-65 所示。

ZD6 转辙机的安装方式主要是角钢安装，如图 2-66 所示。如无明确要求，转辙机组装时均以满足在道岔左侧安装方式进行组装。

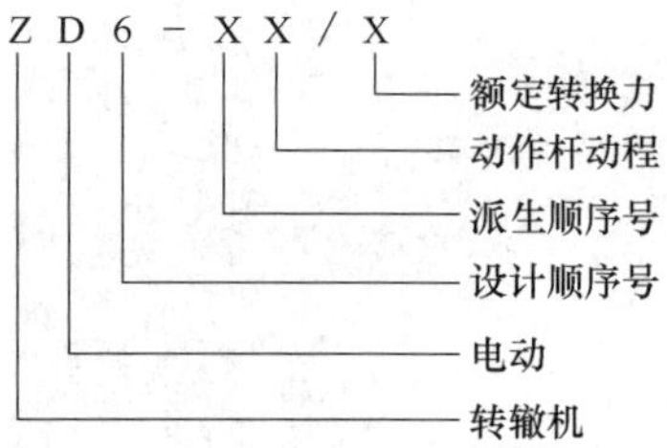

图 2-65　ZD6 系列转辙机命名规则

图 2-66　ZD6 系列转辙机安装

ZD6-A 型电动转辙机主要由电动机、减速器、摩擦连接器、转换锁闭装置、动作杆、表示杆、自动开闭器、挤切装置、安全接点等组成。

2. ZD6-A 转辙机工作原理

如图 2-68 所示的各机件所处的位置是动作杆由右向左移动后的停止状态。为使动作杆向右移动，定位/反位锁闭（初始状态）→解锁→转换→反位/定位锁闭（终止状态），其中手摇圈数为 38.6 圈。具体工作原理如下：

（1）来自道岔控制电路的电源，经由自动开闭器的第一排接点接至电动机，从电机后端看使电动机按逆时针方向旋转。

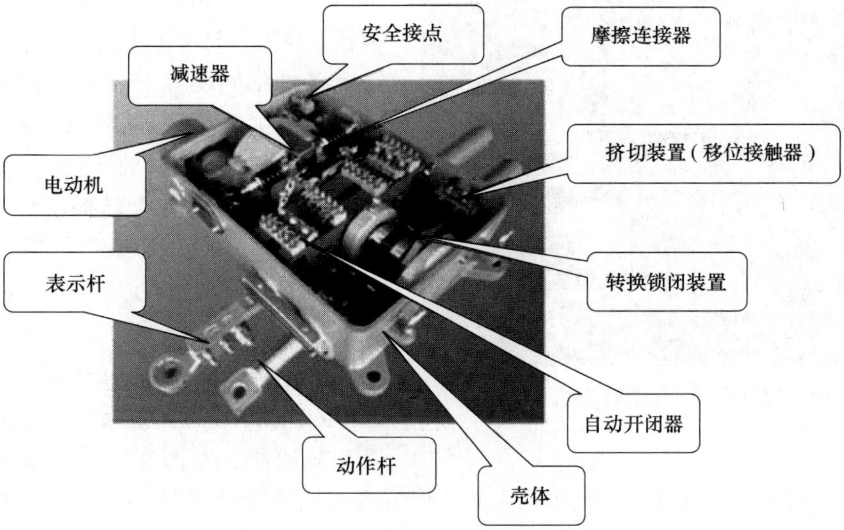

图 2-67　ZD6-A 型转辙机结构图

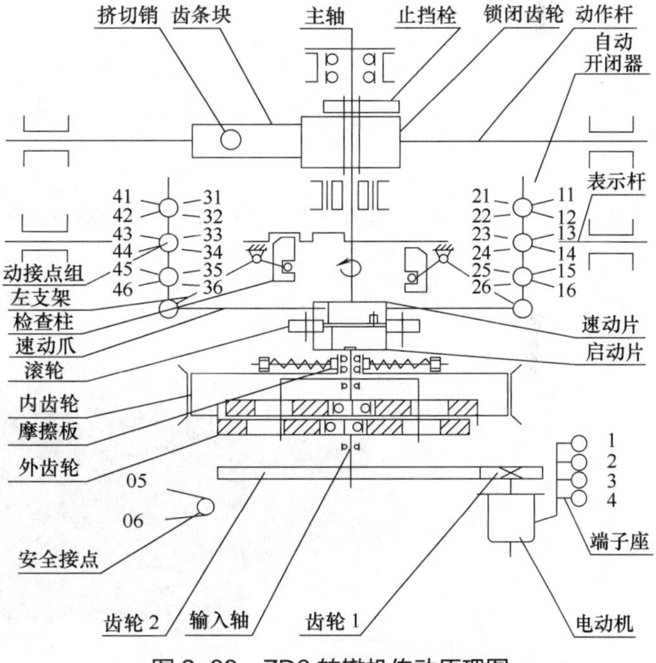

图 2-68　ZD6 转辙机传动原理图

（2）电动机通过齿轮 1 带动减速器，使输出轴按逆时针方向旋转。

（3）输出轴和主轴之间用启动片连接在一起，因此输出轴带动主轴一起旋转。

（4）主轴的旋转运动通过锁闭齿轮传给齿条块，变为动作杆的直线运动，实现对道岔的转换和锁闭。

（5）自动开闭器支架的摆动，带动自动开闭器的接点转换机构和检查柱，实现对表示电路的控制和道岔的密贴检查。

（6）对于可挤型 ZD6 电转机，当发生挤岔事故时，道岔尖轨向另一侧运动，通过安装装置，推动表示杆、动作杆向与现在所处状态相反的方向运动。表示杆推动检查柱向上运动，切断表示电路；与此同时，动作杆切断挤切销，使顶杆向上运动，顶开移位接触器，也切断表示电路，并实现挤岔报警。

三、ZD（J）9 系列电动转辙机

ZD（J）9 型系列电动转辙机是一种能适应交、直流电源的新型转辙机，如图 2-69

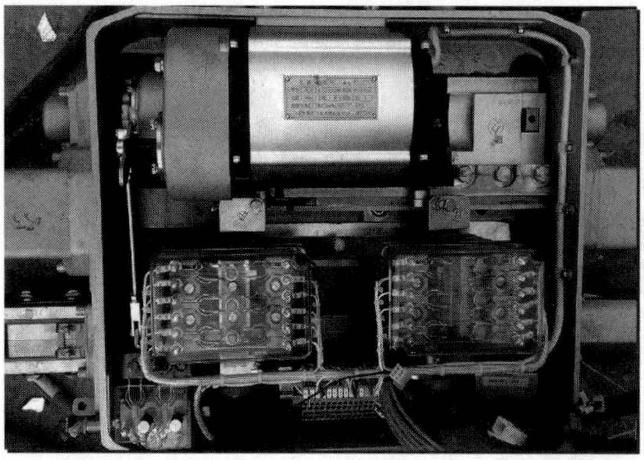

图 2-69　ZD（J） 9 型转辙机实物图

所示。它是适用于各种铁路道岔的一种少维护、无维修的电动转辙机，转换力大，适应各种不同动程的需要。转辙机可用于多点牵引尖轨分动外锁闭装置的道岔，也可用于尖轨联动的普通道岔。

1. ZD（J）9 型转辙机型号及含义

ZD（J）9 型转辙机型号及含义如图 2-70 所示。如：ZD（J）9-A220/2.5k，ZD（J）9-B150/4.5k 型。

2. 主要部件构成和作用

ZD（J）9 型电动转辙机主要由电动机、减速器、摩擦连接器、滚珠丝杠、自动开闭器，动作杆、表示杆、外壳等组成，其结构采用模块化设计，便于维护和维修，如图 2-71 所示。

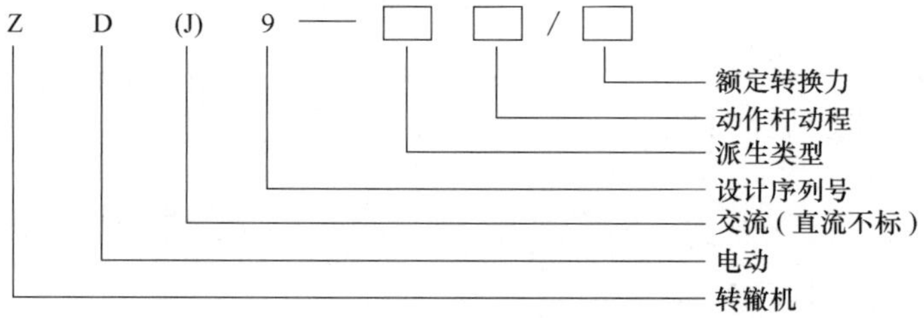

图 2-70　ZD（J）系列转辙机型号代表意义

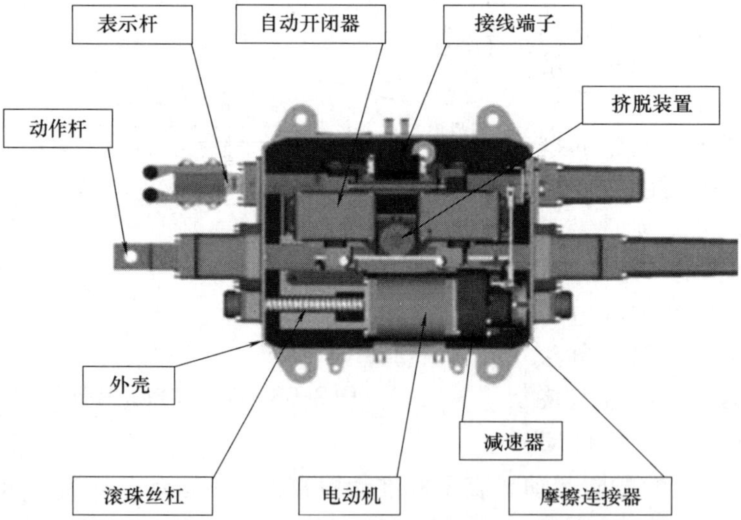

图 2-71　ZD（J） 9-B 型转辙机结构图

四、S700K 型电动转辙机

S700K 型电动转辙机是适应我国铁路提速需要，从德国西门子公司引进设备和技术，经消化吸收和改进后，迅速在主要干线推广运用的转辙机。S700K 型电动转辙机的产品代号来自德文“Siemens-700-Kugelgewinde”，其含义为“西门子-具有 700kgf（即 6860N）保持力-带有滚珠丝杠”的电动转辙机。

S700K 型电动转辙机的机身是通用的，经配件组装，可组成不同种类。不同种类的转辙机的动作杆有不同的动程，表示杆也有不同的动程，转换力不同，也可以根据需要重新进行组合成为新的种类。S700K 型转辙机实物如图 2-72 所示。

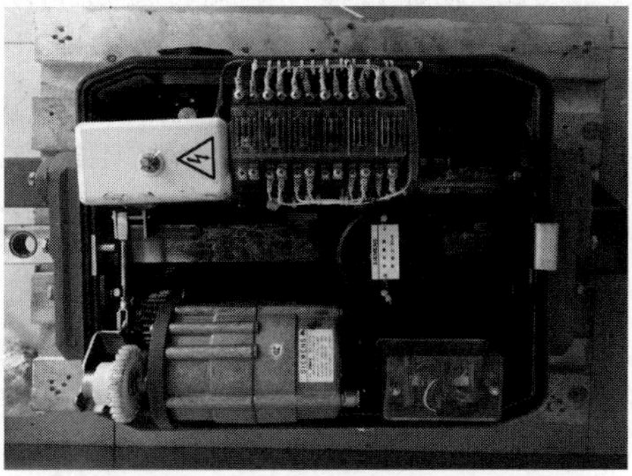

图 2-72　S700K 型转辙机实物图

1. S700K 型电动转辙机结构

S700K 型电动转辙机主要由外壳、动力传动机构、检测和锁闭机构、安全装置、配线接口 5 部分组成，其结构如图 2-73 所示。

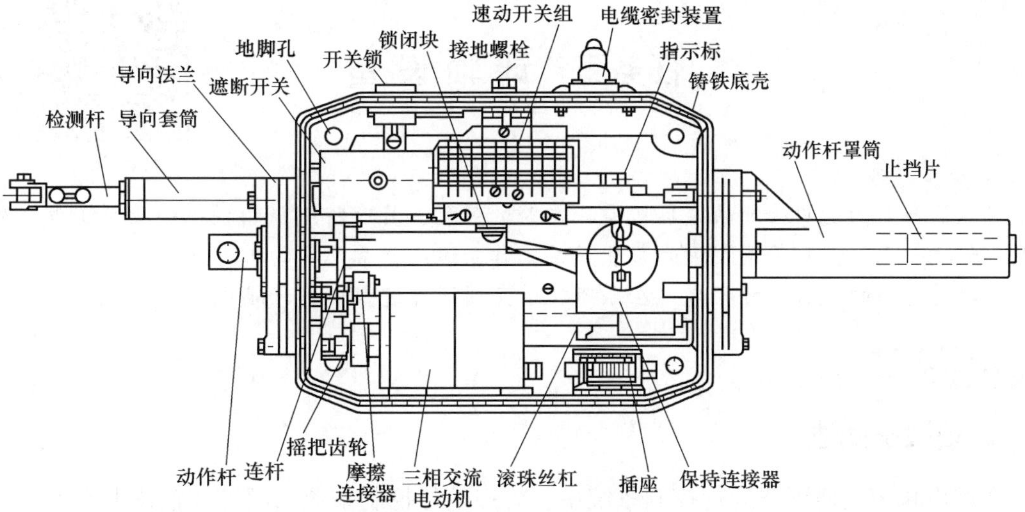

图 2-73　S700K 型转辙机结构图

（1）外壳。外壳主要由铸铁底壳、机盖、动作杆套筒、导向套筒、导向法兰等组成，外壳起保护内部机构的作用。

（2）动力传动机构。动力传动机构把电动机产生的动力传给道岔，使道岔动作。动力传动机构主要由三相交流电动机、摇把齿轮、摩擦连接器、滚珠丝杠、保持连接器、动作杆 6 部分组成。

（3）检测和锁闭机构。检测和锁闭机构用于检测传动各个部件动作是否到位，主要由检测杆、叉型接头铁、速动开关组、锁闭块、锁舌、指示标等组成。

（4）安全装置。安全装置主要由开关锁、遮断开关、连杆、摇把孔挡板等组成，用于保护维修维护人员免遭电伤。

（5）配线接口。配线接口主要由电缆密封装置、接插件插座组成。

2. S700K 型电动转辙机工作原理

（1）传动过程。电动机将动力通过减速齿轮组传递给摩擦连接器，摩擦连接器带动滚珠丝杠转动，滚珠丝杠的转动带动丝杠上的螺母水平移动，螺母通过保持连接器经动作杆、锁闭杆带动道岔转换，道岔的尖轨或可动心轨经外表示杆带动检测杆移动。

（2）动作过程。电动转辙机的动作大致可分为三个过程：第一为解锁过程，即先断开表示，再机械解锁；第二为转换过程；第三为锁闭道岔及接通表示接点的过程，即先机械锁闭，再接通表示电路。

S700K 型电动转辙机的动作程序与 ZD6 型电动转辙机的动作程序大致相同：断开表示→解锁→转换→锁闭→给出另一位置表示。

任务总结

转辙机用于实现道岔转换和锁闭，保证列车和车列在站内安全运行。本任务主要分析了 ZD6 系列电动转辙机、ZD（J）9 系列电动转辙机、S700K 系列电动转辙机的组成、工作原理等。城市轨道交通运营管理及维护人员必须了解道岔转辙设备的相关知识，熟练掌握转辙设备的结构和动作原理。

配套视频

计轴设备

任务五　计 轴 设 备

任务引入

计轴设备作为能够检测轨道区段空闲与否的装置，具有特别强的抗机械应变能力，在特殊天气如冰、雨、雪和气候潮湿时都能正常工作，适应非常恶劣的工作环境，目前以诸多优势成为轨道电路的最有利替代者。在城市轨道交通运行过程中，计轴设备是如何工作的呢？

知识课堂

一、计轴设备概述

在城市轨道交通列车运行控制系统中，许多信号控制系统采用了计轴技术作为检测轨道区段占用的手段。目前计轴设备的技术已经成熟，机械稳定性高，电气参数恒定，维护保养很少，特别适合地铁线路的使用，如图 2-74 所示。

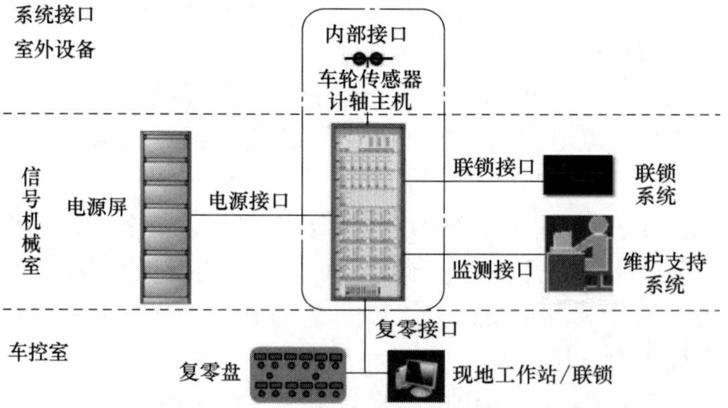

图 2-74　计轴系统的应用示意图

计轴设备用来检测列车通过钢轨上某一点（计轴点）的车轴数，以检查两个计轴点之间或检测区段状态信息，或判定列车通过计轴点的时间，自动校正列车行驶里程等。如图 2-75 所示为计轴设备实物图。

图 2-75　计轴设备实物图

二、计轴系统的组成

计轴系统主要由室外传感器、电缆、计数比较器等部分组成。当车辆轴数的信息需要远距离传输时，计轴系统还需采用传输设备。

1. 传感器

传感器是计轴系统的基础设备，其作用是将车辆通过的车轴数转换成电脉冲信号，如图 2-76 所示。

图 2-76　传感器实物图

2. 计数比较器

计数比较器主要由计数器、鉴别器、比较器组成。它将进出两个计轴点之间的车轴电脉冲信号进行计数和比较，以判断区间（或轨道区段）是否空闲。

3. 传输设备

传输设备主要由电信号发送器和电信号接收器组成，多采用频率数码传输方式。

三、计轴系统的工作原理

一般计轴系统由室内设备和室外设备两部分组成，如图 2-77 所示。一个计轴区段在入口和出口各设一套轨旁设备（传感器、电缆盒等），室内的计轴主机把入口和出口的轴数进行比较来判断轨道区段的状态。

简单来说，轨道占用和空闲状态检查方式可以分解为两个具体的操作：在轨道空闲状态下，计入一轴或探测到车轮，轨道转为占用状态；在轨道占用状态下，计出最后一轴，轨道转为空闲状态。计入一轴和计出最后一轴都由计轴板作出相应判断，并给输出板传送相应的信息。计轴系统工作原理，如图 2-77 所示。

1. 计轴室外轨旁设备

室外设备由轮轴传感器（或称磁头）K_1、K_2 和电子连接单元（EAK）组成。室外设备的连接方式，如图 2-79 所示。

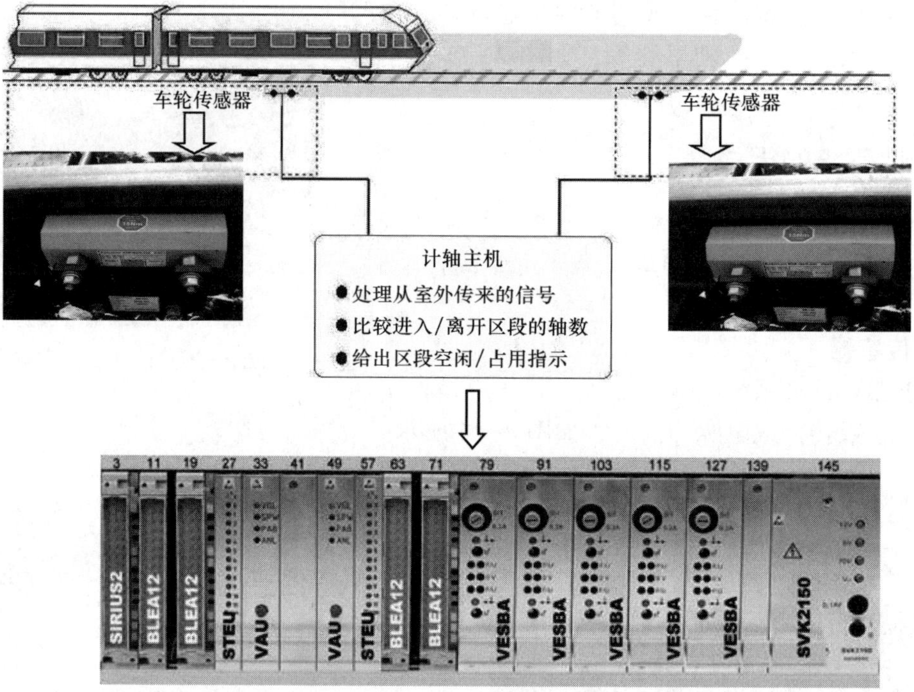

图 2-77　计轴系统结构图

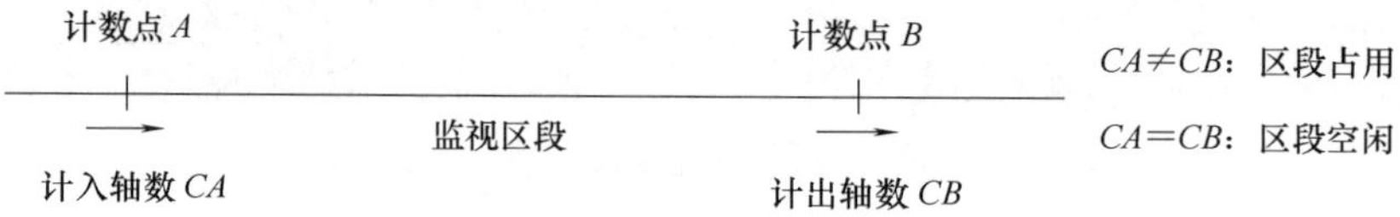

图 2-78　计轴设备工作原理

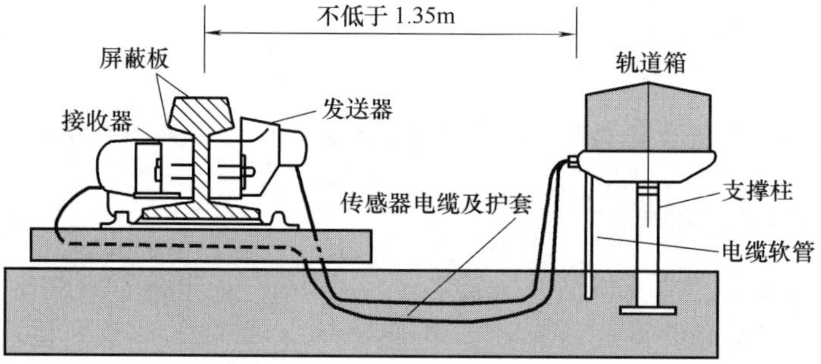

图 2-79　计轴室外设备连接

（1）计轴磁头。计轴磁头安装在轨道上，包括发送磁头和接收磁头，如图 2-80 所示。

（2）电子单元（EAK）。电子单元（EAK）又称电子盒，安装在轨旁密闭安装盒内，EAK 箱的作用是给磁头供电、接收磁头发回的信号，经过简单逻辑判断和处理后发回室内计轴系统，如图 2-81 所示。

电子单元主要由底板、模拟板、核算器板组成。

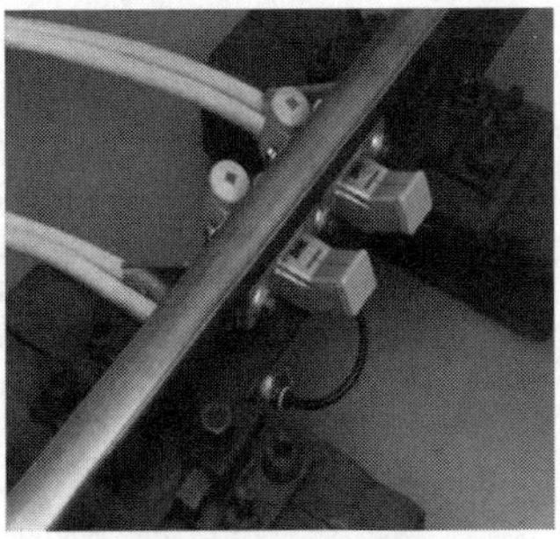

图 2-80　计轴磁头

图 2-81　EAK 箱外观

① 底板。如图 2-82 所示，电子单元的底板类似于计算机的主板，整个电子单元的供电由此接入，核算器和模拟板插在底板的插槽中。

图 2-82　电子单元底板

② 模拟板。模拟板的功能是把渐变的信号转变成核算器板能识别的电脉冲信号。

③ 核算器板。核算器板的功能是计数和向室内设备发送数据。

2. 计轴室内设备

计轴室内设备主要功能是处理来自计轴点的信号，比较进入区段的轴数和离开区段的轴数，监控线路区段，给出空闲/占用指示。计轴室内设备实物图如图 2-83 所示。

计轴核算器是室内计轴设备的核心，主要作用是判定区段占用状况，向联锁设备发送区段占用或空闲的信息，以及发送诊断信息，如图 2-84 所示。

图 2-83　计轴室内设备实物图

图 2-84　计轴核算器

任务总结

本任务主要分析了计轴设备的组成及工作原理。计轴设备工作的可靠性直接影响城市轨道交通运行安全，城市轨道交通运营管理及维护人员必须掌握计轴设备的相关知识。

任务六　查询应答器

配套视频

查询应答器

任务引入

地铁信号设备里有一个有源信标，这个有源信标可以通过一定的方式实时地获取列车进站后前方的动态信息。获取完毕后，动态信息实时传给车载控制器，从而完成后续的复杂计算输出。是什么设备发挥了如此重要的作用？

知识课堂

一、查询应答器组成

查询应答器在很多国家的轨道交通信号系统上得到应用，并取得了良好的效果。查询应答器在 CBTC 系统中的应用，如图 2-85 所示。

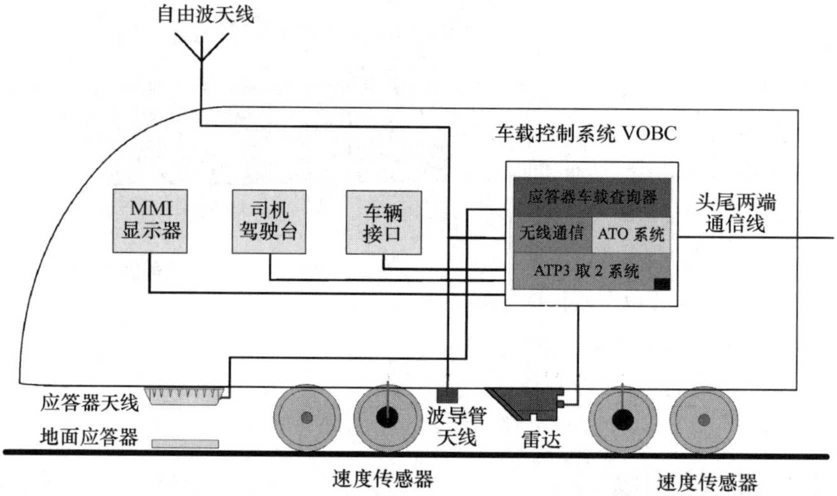

图 2-85　查询应答器在 CBTC 系统中的应用

查询应答器系统是列车控制系统的重要组成部分，由地面设备和车载设备两部分组成。车载设备包括车载查询器主机和车载天线；地面设备通常由地面应答器和地面电子单元（LEU）组成。

图 2-86　车载查询主机

1. 车载设备

（1）车载查询器主机（BTM）。车载查询器主机用来检查、校验、解码和传送接收到的报文，选择激活位于机车两端的任一天线，与列车运行控制系统进行单向或双向数据传输，并具有自检和诊断功能。不同厂家的产品，其结构配置稍有不同，某种车载查询主机，如图 2-86 所示。

（2）车载查询器天线。车载天线置于机车底部，距轨道 180~300mm，如图 2-87 所示。

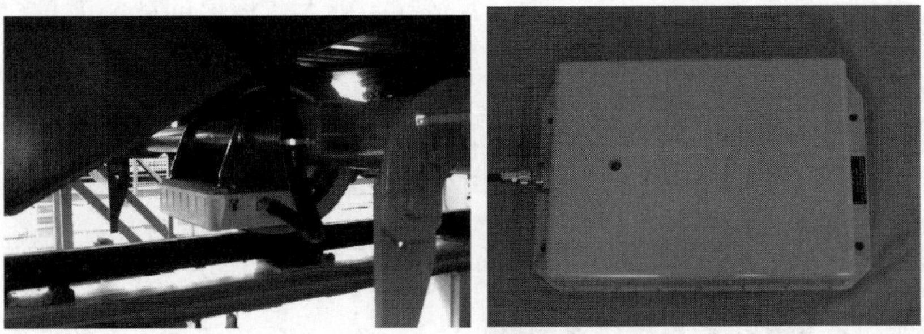

图 2-87　查询器天线

2. 地面应答器

地面应答器存储特定的地面信息，通常放置在轨道中间或者轨旁。当列车经过地面应答器时，通过无线射频激活应答器，使其发射预置数据，从而使机车获得诸如公里标、限速、坡度等信息，保障列车运行安全，如图 2-88 所示。

图 2-88　地面应答器

地面电子单元（LEU）是一种数据采集与处理单元，根据外界变化的条件，选择存储在 LEU 中的其中一条报文传送给地面有源应答器进行发送，或将外部发送的应答器报文直接向有源应答器传送。某品牌的地面电子单元实物，如图 2-89 所示。

图 2-89　地面电子单元

二、查询应答器的分类

1. 按照供电来源分类

查询应答器按供电来源不同可以分为无源应答器和有源应答器两种类型。

（1）无源应答器。无源应答器是一种可以发送数据报文的高速数据传输设备，通过接收车载天线传递的载频能量获得电源和时钟，驱动应答器中的信号发生器工作，循环无缝地发送存储在应答器中的数据报文，并能够通过应答器报文读写器修改应答器中的报文数据。一般无源应答器的外形尺寸为450mm×260mm×40mm，质量为约3kg，如图2-90所示。

图2-90　无源应答器

（2）有源应答器。有源应答器通过传输介质接收来自LEU的8.82kHz偏置电压信号和DBPL编码形式的应答器报文获得工作电源，并将DBPL报文信号反变换为NRZ码；当车载天线经过有源应答器时，利用天线发送的射频能量将可变报文发送出去，如图2-91所示。

有源应答器中保存有应答器默认报文。当LEU或有源应答器电缆出现故障时，通过接收车载天线传递的载频能量获得电源和时钟，驱动应答器中的信号发生器工作，循环地发送存储在应答器中的默认报文，并能够通过应答器报文读写器修改应答器中的默认报文数据。

2. 其他分类

应答器还可以从其他角度进行分类，比如目前在轨道交通中应用的有源环线应答器、填充应答器和休眠唤醒应答器等。

（1）有源环线应答器。有源环线应答器是一种特殊的有源应答器，属于应答器系统中传输可变报文信息的关键高速数据传输设备，用于接收来自地面电子单元的可变信号数据，并将其循环无缝地正确传输至车载接收设备。

通常有源环线应答器由发送盒、环线电缆、接线盒3部分组成，其中环线电缆采用镀锌钢管防护。有源环线带有长度为10m的尾缆，尾缆一般采用双绞屏蔽电缆制成，并有蛇皮管防护。有源环线总长4m，采用专用安装支架固定，如图2-92所示。

图2-91　有源应答器

图2-92　有源环线应答器

（2）填充应答器。填充应答器是有源应答器的一种，它的作用是与信号机的主信号应答器配合使用，用于复视信号机状态，提前将信号机前的应答器的信息发送给列车。填充应答器又叫注入应答器，可以提高后备级别下的列车运行效率。

（3）休眠唤醒应答器。休眠唤醒应答器是一种特殊的用于地铁无人驾驶线路的应答器，一般布置在无人驾驶地铁线路的车辆场/段。在国有地铁线路中，暂时没有应用案例。休眠唤醒应答器比较特殊，形状与其他常见的应答器也有所区别，如图 2-93 所示。

图 2-93 休眠唤醒应答器

任务总结

本任务主要分析了各种查询应答器的组成及工作原理。应答器是轨道交通信号系统中车地信息传输的主要设备之一，随着列车运行速度不断提高，应答器向列控车载设备提供了大量固定信息和可变信息，保证了列车的运行效率与运行安全。

实践技能

实训一 识别继电器

证

本实训项目对标 1+X 城市轨道交通信号检修职业技能等级证书技能要求，要求能够判断继电器的类型，分析继电器的电气特性。

一、实训目的

（1）能够从结构和外观上区别不同型号的继电器；

（2）能够区别无极、整流、有极、偏极继电器的工作原理和特性；

（3）能够掌握不同继电器接点系统编号、配线，会查阅相应的资料，判断继电器的相关参数是否符合标准等。

二、实训准备

四种不同型号继电器（JWXC-1700 型、JZXC-480 型、JYJXC-135/220 型、JPXC-1000 型），万用表。

三、实训内容

学生三人一组，依托城轨实训中心四种不同型号的继电器及万用表，完成以下实训任务。

1. 判断不同型号的继电器

根据不同型号继电器的结构特点和外观，区分出以上四种继电器为何种类型，准确地说出 JWXC-1700 型、JZXC-480 型、JYJXC-135/220 型、JPXC-1000 型继电器的代号含义、接点组数、电磁系统特点等。对照插座接点编号，找出线圈和接点位置，注意它们的不同。

2. 观察继电器吸起和落下的状态

给 JWXC-1700 型继电器接通电源，观察继电器的吸起和落下状态；改变电源极性，观察继电器的吸起和落下状态。

给 JZXC-480 型继电器接通电源，观察继电器的吸起和落下状态。

给 JYJXC-135/220 型继电器接通、断开电源，观察继电器的定位和反位状态。

给 JPXC-1000 型继电器接通电源，观察继电器的吸起和落下状态；改变电源极性，观察继电器的吸起和落下状态。

通过以上观察，总结无极、整流、有极、偏极工作状态，说出不同点。

3. 线圈电压值测量

分别给 JWXC-1700 型、JZXC-480 型、JYJXC-135/220 型、JPXC-1000 型继电器通入电源后，选择合适的万用表量程-直流电压挡，测量四种继电器的线圈电压值，并进行比较说明。

四、实训考核标准

本实训考核包含过程考核、实操考核和结果考核，考核标准及分值分配见附录B 实训考核评价表。其中实操过程中着重考核小组成员对四种类型继电器工作特性及状态判断的熟悉程度，万用表测量电压的准确性。

五、注意事项

（1）使用继电器的时候轻拿轻放。

（2）课前熟悉万用表的使用方法和注意事项。

实训二　手信号实训

㊣ 本实训项目对标 1+X 城市轨道交通站务职业技能等级证书技能要求，能够按照规定打手信号。

一、实训目的

（1）掌握手信号的打法。

（2）能够在不同的情景下规范执行手信号。

二、实训准备

红、黄、绿、白信号旗或信号灯。

三、实训内容

（1）复述手信号的适用范围及手信号的显示含义。

（2）学生两人一组互相配合练习手信号的打法。

① 停车信号，如图 2-94 所示。停车信号用于要求列车停车。来车方向站台发车端端头，面向来车方向，手持红色信号灯/展开红色信号旗平举，列车至规定位置停稳时收回。

昼间无红色信号旗时，两臂高举头上向两侧上下急剧摇动；夜间无红色灯光时，用白色信号灯上下急剧摇动。

② 紧急停车信号。站在面向来车方向安全位置，手持红色信号灯/展开红色信号旗下压数次。无信号灯/信号旗时候，两臂高举头顶左右交叉急剧摇动，列车停稳后收回。

③ 发车手信号，如图 2-95 所示。发车手信号用来要求驾驶员发车。右手持绿色信号灯/展开绿色信号旗面对驾驶员作顺时针圆形转动，列车启动后收回。

图 2-94　停车手信号

图 2-95　发车手信号

④ 通过手信号，如图 2-96 所示。通过手信号是在列车行车凭证具备的条件下，展开的绿色信号旗或绿色信号灯，向准许由车站通过的列车显示通过信号。

⑤ 引导手信号，如图 2-97 所示。展开的黄色信号旗高举头上左右摇动或者将黄色信号灯高举头上左右摇动，准许列车进入车站或车场内。

图 2-96　通过手信号

图 2-97　引导手信号

⑥ 好了信号。用拢起信号旗作圆形转动；徒手时，伸直手臂向行车股道划圆，或者持白色灯光作圆形转动。

四、实训考核标准

本实训考核包含过程考核、实操考核和结果考核，考核标准及分值分配见附录 B　实训考核评价表。其中实操过程中着重考核小组成员对实训过程中信号旗或信号灯操作的规范、准确程度。

五、注意事项

（1）按照正确的操作方式操作信号旗或信号灯，可分组实训。

（2）可提前熟悉手信号的使用时机。

实训三　手摇道岔

㊣ 本实训项目对标1+X城市轨道交通站务职业技能等级证书技能要求，能够按照步骤和操作方法进行手摇道岔。

一、实训目的

（1）认知道岔设备的基本组成。

（2）认识ZD6、ZD（J）9、S700K转辙机内部结构，了解它们的传动原理。

（3）按照要求规范完成手摇道岔。

二、实训准备

完整的有转辙机牵引的单开道岔转辙设备；ZD6、ZD（J）9、S700K转辙机。

三、实训内容

学生两人一组，依托城轨实训中心信号—道岔实训设备，完成以下实训任务。

（1）认知道岔的各个部件，以普通单开道岔为例。

① 能够识别转辙机、辙叉、导曲线、翼轨、护轨、叉心等部件；

② 认知道岔安装装置各个部件，如尖端铁、尖端杆、表示调整杆、连接杆、密贴调整杆等。

（2）认识ZD6、ZD（J）9、S700K转辙机内部结构。同时随着电动转辙机的动作，观察道岔的状态（密贴和四开状态）。

分别打开ZD6电动转辙机、ZD（J）9电动转辙机、S700K电动转辙机机盖，认真观察内部构造，正确说出内部各部件名称，简要说明各部件的位置关系和具体功能。

（3）手摇道岔实训练习。按照手摇道岔六部曲执行。

① 一看。看道岔开通位置是否正确、是否需要改变位置、是否有钩锁器、尖轨与轨道间的空隙是否有异物。

② 二开。打开遮断器挂锁。对于ZD（J）9型电动转撤机，将遮断器锁扣横向拉开，遮断器向上提；对于ZD6型电动转撤机，拉开锁扣，向外拉遮断器再向下拉遮断器，使启动电路断开，同时露出手摇把插孔。

图2–98　手摇转辙机

③ 三摇。将摇把插入插孔，手摇摇把将道岔转换至需要的位置，如图2–98所示，听到转辙机“咔嚓”落槽声后即表明道岔已锁闭，停止摇道岔。

④ 四确认。确认开通位置是否正确，检查尖轨是否密贴，开通“定位”或“反位”，另一人应答确认。

⑤ 五加锁。双人确认道岔位置正确后，放置

止动楔，用钩锁器锁定尖轨于该位置。

⑥ 六汇报。向车站综控室汇报道岔开通位置及加锁情况，如“××号道岔开通定/反位，尖轨密贴”。

四、实训考核标准

本实训考核包含过程考核、实操考核和结果考核，考核标准及分值分配见附录B 实训考核评价表。其中实操过程中着重考核小组成员对单开道岔各部分组成的熟悉程度，对ZD6、S700K、ZD（J）9三种类型转辙机内部结构的熟悉程度，手摇道岔的规范性以及汇报语言的标准性。

五、注意事项

（1）按照正确的操作方式手摇转辙机，可分组实训。

（2）对转辙机进行操纵时候，确保人员安全后方可进行，做到安全防护，防止人身伤害。

（3）操作过程中，注意使用设备的安全。

思政课堂

4mm“舞台”上的“十二绣娘”

中铁呼和浩特局包头电务段检修检测工区12名女工，清一色是“85后”的女孩。她们负责5万多台信号继电器的检修维护工作，而这4mm的继电器就是12个女孩的“舞台”。从新继电器的检测、编号、登记归档派用到旧继电器的清洁、维护、反复利用，每一个环节都容不得任何疏忽，在不足4mm的继电器接点柱上，12个女孩完成捏、提、夹等一系列精密动作。因此，她们被人们称为“十二绣娘”。工作虽枯燥、烦琐，但责任重大，“十二绣娘”用她们的慧心和巧手保障了千千万万旅客的出行安全。

课堂讨论：深入了解“十二绣娘”的故事，谈谈你对爱岗敬业的理解。

信号机故障导致列车追尾

某地区地铁2号线曾发生列车追尾事故。一列地铁进站时撞上停在站里的另一列地铁的尾部，导致238名乘客受伤，其中3人重伤。调查结果显示：事故是由于地铁信号机发生故障而导致的。事故发生时，某站的两台信号机显示了错误的信号，信号机本应亮起指示“停止”的红灯，却错误显示了指示“前进”的绿灯，使得列车自动停止装置没有运行，导致后面的列车与前车车尾相撞。

信号机是地铁日常检查对象，然而其故障却没有在日常检查中发现地铁事故发生后，首个报警电话是地铁内的市民拨打的，地铁内的避险广播在事故发生7分钟后才迟迟发出。

课堂讨论：分析该地区地铁2号线的事故原因，从工作人员勤勉尽责角度谈谈你的看法。

挤岔事故

某年，HXN50100机车两名司机担当滨洲线三间房至碾子山间X40905次乘务，当列车运行至碾子山站5道停车，进行调车作业。作业过程中由于乘务员没有执行车机联控制度，没有确认调车信号是否开放，盲目动车，越过调车信号机，将道岔挤坏，构成调车作业挤道岔事故。

某年，原上海客运专线维修基地维修二队按计划由龙潭站开57056次至南京站，参加当日晚上的封锁施工。20∶00时，司机凭南京东站进站信号进入宁东站上行到达场，又凭进路信号经道岔侧向位置转入货正线运行。进入货正线运行时，DG32运监装置出现乱码，司机未认真确认地面信号运行，越过未开放的宁东客站出发信号，挤坏109#道岔。

课堂讨论：通过对上述“挤道岔”事故的分析，谈谈你对作业过程中遵章守纪的理解。

应知应会试题

一、填空题

1. 继电器通常由________系统和________系统组成。

2. 信号继电器电磁系统是由________和________组成，即输入系统。触点系统是由________和________组成，即输出系统。

3. 有极继电器根据线圈中电流极性不同具有________和________两种稳定状态。

4. 城市轨道交通信号的基本色为________、________、________三种，再辅以________、________，构成城轨交通信号的基本显示系统。

5. 列车的禁止信号显示________灯，调车的允许信号显示________灯。

6. 城市轨道交通一般采用________侧行车制。

7. 轨道电路一般包括________、________、________、________、________五大部分。

8. 轨道电路的基本工作状态有________、________、________。

9. 按用电性质，转辙机可分为________和________。

10. 一组道岔由一台转辙机牵引的称为________牵引，由两台转辙机牵引的为________牵引，由两台以上转辙机牵引的称为________牵引。

11. ZD6转辙机的供电电源是________。

12. S700K转辙机是由________V交流电机控制。

13. 计轴系统主要由________、________、________等部分组成。

14. 应答器也称信标，从供电电源角度可分为________和________应答器。

15. 应答器车载查询器简称为________，地面电子单元简称为________。

二、选择题

1. AX系列继电器的符号X表示（　　）。

A. 信号　　B. 信息　　C. 显示　　D. 线圈

2. 下面关于有极继电器描述正确的是（　　）。

A. 通入规定极性的电流才励磁，否则继电器不能励磁吸起
B. 在方形极靴前加入永久磁铁
C. 具有定位、反位两种状态，改变状态必须改变电源极性
D. 可以和无极继电器通用

3. 电路中为满足鉴别电流极性的需要应使用（　　）。
A. 有极继电器　　B. 整流继电器　　C. 时间继电器　　D. 偏极继电器

4. 下列继电器中，（　　）具有相位和频率鉴别功能。
A. 有极继电器　　B. 整流继电器　　C. 偏极继电器　　D. 交流二元继电器

5. 信号机的红色灯光通常用来表示（　　）。
A. 禁止信号　　B. 允许信号　　C. 调车信号　　D. 减速信号

6. 调车信号机采用（　　）显示机构。
A. 一　　B. 三　　C. 二　　D. 四

7. 轨道电路区段被车辆占用，轨道继电器落下，轨道电路的这种状态是（　　）。
A. 开路状态　　B. 分路状态　　C. 调整状态　　D. 断路状态

8. 每组道岔都有两个位置：（　　）。
A. 锁闭和解锁　　B. 定位和反位　　C. 释放和吸起　　D. 连接和断开

9. （　　）用于换道岔。
A. 联锁设备　　B. 维修终端　　C. ATS 分机　　D. 转辙机

10. ZD（J）9 型电动转辙机采用三相交流电源（　　）V 供电。
A. 160　　B. 380　　C. 220　　D. 500

三、简答题

1. 简述继电器的基本原理。
2. 继电器在城市轨道交通信号系统中有什么作用？
3. 简述有极继电器、偏极继电器的特点。
4. 城市轨道交通信号机设置有哪些原则？
5. 简述防护、阻挡信号机的设置位置和显示意义。
6. 简述轨道电路组成及工作原理。
7. 简述 S700K 转辙机的工作原理。
8. 阐述 ZD（J）9 系列电动转辙机的组成。
9. 简述计轴系统的组成。
10. 简述计轴设备进行列车检测的工作原理。
11. 简述查询应答器的组成。

项目三　城市轨道交通联锁系统

配套课件

城市轨道

交通联锁系统

项目导入

联锁是车站联锁的简称，是轨道交通信号设备的重要组成部分。为了保证机车车辆和列车在进路上的安全、有效利用线路条件、高效率地指挥行车和调车、改善行车人员的劳动条件，利用机械、电气自动控制和远程控制、计算机等技术和设备，使车站范围内的信号机、进路和进路上的道岔相互具有制约关系，即联锁。为完成联锁关系而安装的技术设备即联锁设备。联锁设备运用在轨道交通车辆段和正线车站上。联锁设备，早期采用继电集中联锁，现在多采用计算机联锁。

本项目介绍城市轨道交通联锁系统基础知识、城市轨道交通联锁系统的组成及基本操作。

项目结构关系图

城市轨道交通联锁系统知识分析（图 3-1）。

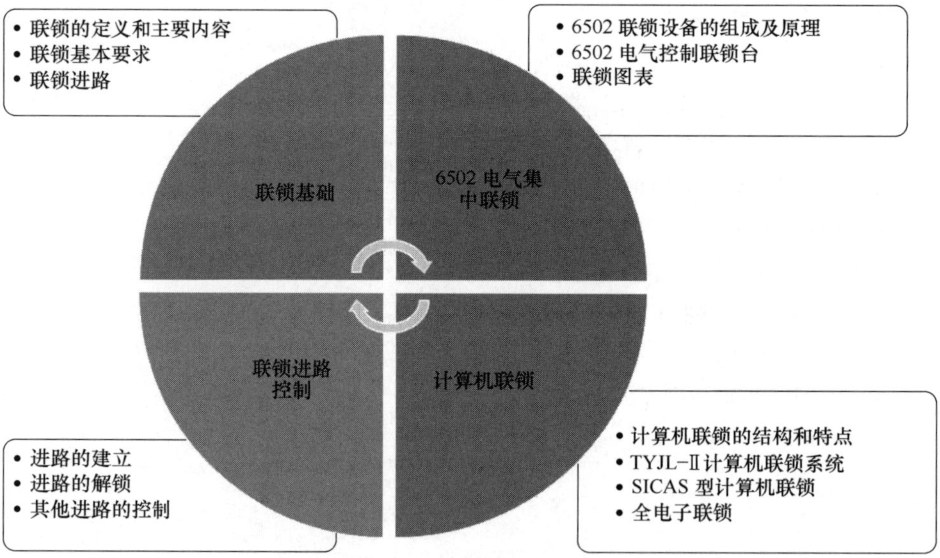

图 3-1　项目三结构关系图

项目三内容紧密对接城市轨道交通客运服务岗位、司机岗位、通信信号岗位的基本知识、能力和职业道德素养要求内容。联锁设备的组成、原理及进路控制等内容是城市轨道交通运营管理及维护人员必须掌握的重点知识。

教学目标

一、知识目标

（1）了解联锁系统的作用和基本内容。
（2）理解6502电气集中联锁各组成部分功能。
（3）理解计算机联锁的结构及各部分功能。
（4）掌握联锁系统进路控制的过程。

二、能力目标

（1）会编制联锁表。
（2）能进行6502电气集中联锁控制台的操作。
（3）能对计算机联锁系统工作站进行规范化操作。

三、素质目标

（1）培养学生严谨的工作作风，安全意识。
（2）培养学生爱岗敬业、遵章守纪的职业道德。
（3）培养学生理论联系实际的学习习惯。
（4）培养学生分析处理问题的能力。

理论知识

配套视频

联锁基础

任务一　联锁基础

任务引入

联锁设备是城市轨道交通的重要设备，主要应用于正线车站和车辆段。在车站和车辆段实现联锁关系，建立进路，控制道岔的转换和信号机的开放，以及进路解锁。联锁设备可以保证行车安全，提高作业效率。那么什么是联锁？联锁的主要内容有哪些呢？

知识课堂

一、联锁的基础知识

1. 联锁定义

轨道交通中为了保证列车、调车作业安全，只有在进路空闲、道岔位置正确、敌对信号处于关闭状态时，防护进路的信号才能开放。信号开放后，进路上的有关道岔不能再转换，其敌对进路不能建立、敌对信号不能开放，这种信号、道岔、进路之间相互制约的关系，称为联锁关系，简称“联锁”。轨道交通中的联锁机柜和I/O接口柜，如图3-2所示。联锁维护工作站，如图 3-3 所示。

图 3-2　联锁机柜、 I/O 接口柜

2. 联锁的主要内容

联锁的基本内容包括：防止建立会导致机车车辆相冲突的进路；必须使列车或调车车列经过的所有道岔均锁闭在与进路开通方向相符合的位置；必须使信号机的显示与所建立的进路相符。联锁的相互制约关系，如图 3-4 所示。

图 3-3　联锁维护工作站

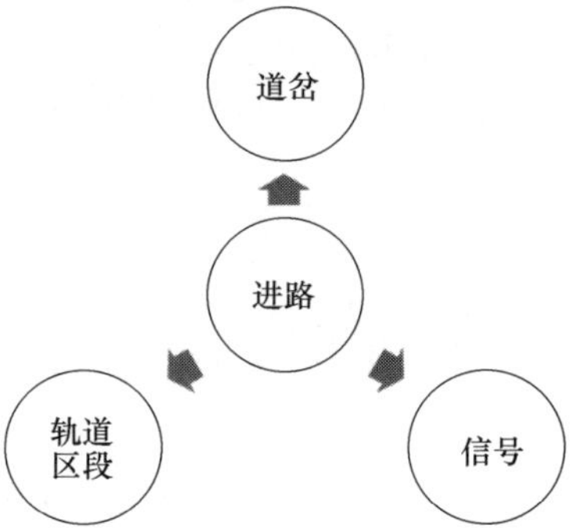

图 3-4　联锁相互制约关系

进路上各区段空闲时才能开放信号，这是联锁最基本的技术条件之一，必须遵守。如果进路上有车占用时开放信号，会引起列车、调车车列与原停留车冲突。如图 3-5 所示，建立 X2 向 X4 的进路，必须保证 2 号道岔区段、4 号道岔区段都空闲。

进路上有关道岔在规定位置才能开放信号，这是联锁最基本的条件之二。如果进路上有关道岔开通位置不对却开放信号，则会引起列车、调车车列进入异线或挤坏道岔。信号开放后，其防护的进路上的有关道岔必须被锁闭在规定位置，而不能转换。如图 3-5 所示，要建立 X2 向 X4 的进路，必须 2 号道岔和 4 号道岔都在反位。

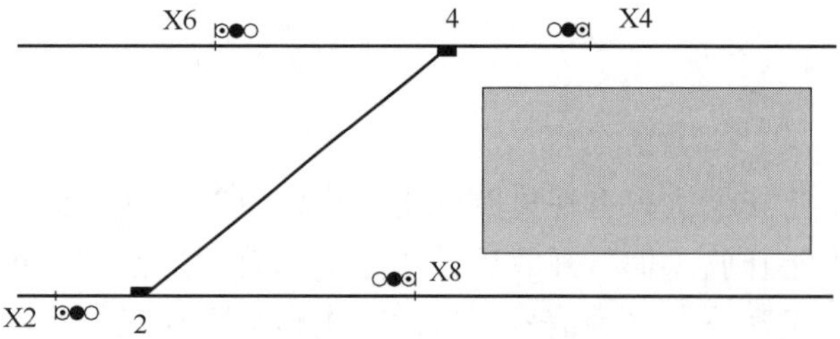

图 3-5　联锁关系示意图

敌对信号未关闭时，防护该进路的信号机不能开放，这是联锁最基本的技术条件之三。否则列车或调车车列可能出现正面冲突。信号开放后，其敌对的信号也必须被锁闭在关闭状态不能开放。如图 3-5 所示，要建立 X2 向 X4 的进路，必须保证 X4 在关闭状态。

3. 联锁设备

控制车站的道岔、进路和信号，并实现联锁关系的设备称为联锁设备，它们可以分散控制，也可以集中控制。目前普遍使用的联锁设备主要有继电联锁和计算机联锁两大类。

（1）继电集中联锁。用电气的方法集中控制和监督全站的道岔、进路和信号机，并实现联锁关系的设备称为继电集中联锁。继电集中联锁控制台，如图 3-6 所示。

（2）计算机联锁。随着计算机技术的迅速发展以及可靠性技术和容错技术的深入研究，计算机联锁正在逐渐取代继电集中联锁。如图 3-7 所示为计算机联锁控制台。

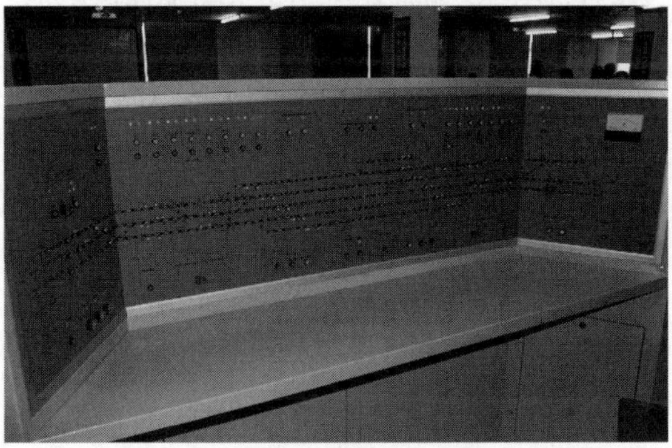

图 3-6　继电集中联锁控制台

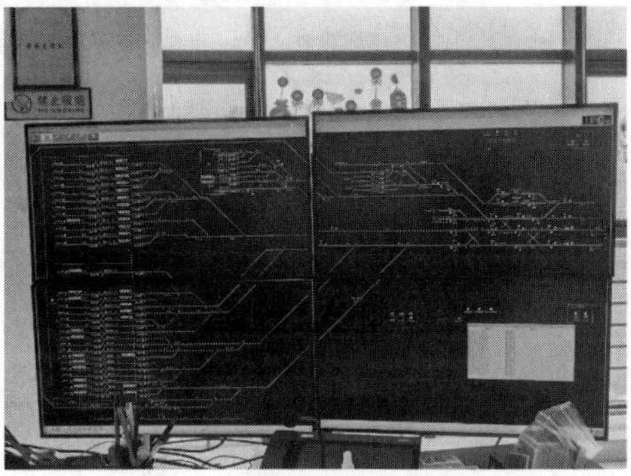

图 3-7　计算机联锁控制台

4. 联锁设备的功能

联锁设备能够响应来自列车自动监控系统 ATS 的命令，在保证安全的前提下，控制进路、道岔和信号机，并将进路、轨道电路、道岔和信号机的状态信息提供给 ATS 和 ATP/ATO。联锁设备具有以下功能。

（1）联锁逻辑运算。接收 ATS 或车站值班员的进路命令，进行联锁逻辑运算，实现对道岔和信号机的控制。

（2）轨道电路信息处理。处理列车检测功能的输出信息，以提高列车检测信息的完整性。

（3）进路控制。设定、锁闭和解锁进路。

（4）道岔控制。解锁、转换和锁闭道岔。

（5）信号机控制。控制信号机的显示。

二、联锁道岔

1. 道岔的定位和反位

每组道岔都有两个位置，即定位和反位。道岔定位是道岔经常所处的位置；道岔反位是建立进路时临时改变的位置。

道岔定位既可能开通直向位置，也可能开通侧向位置。确定道岔定位时应按照右侧行车制，尽量减少扳动次数，以保证行车和调车作业安全为前提，基本原则如下：

（1）单线区段车站正线道岔，以车站两端开通不同股道为定位，如图 3-8 所示，1 号道岔以开通3股道（侧向开通）为定位，2号和4号道岔以开通Ⅱ股道（直向开通）为定位。

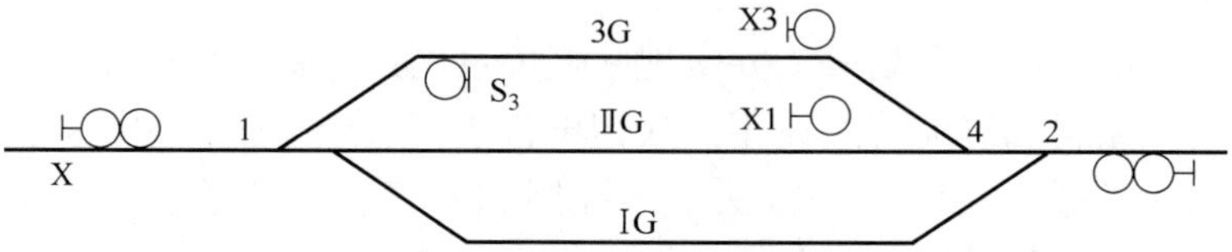

图3-8　单线区段车站道岔定位示意图

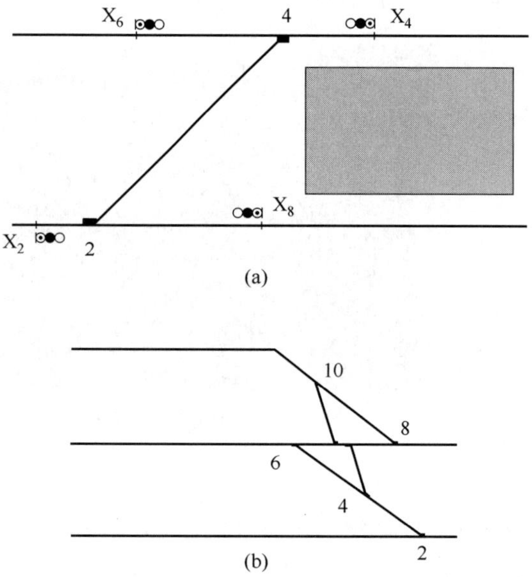

图3-9　联动道岔

（a）双动道岔　（b）三动道岔

（2）复线区段车站正线道岔以开通正线为定位，如站场连接正线的道岔均以开通直股为定位。

（3）引向安全线、避难线的道岔，以开通安全线、避难线为定位。

（4）侧线的道岔，除引向安全线、避难线的道岔外，一般以开通直股为定位。

2. 联动道岔

排列进路时，几组道岔若要定位则都在定位，若要反位则都在反位，这些道岔称为联动道岔。联动道岔必须同时转换，否则不能保证安全。按包含的道岔数量分类，联动道岔有双动道岔、三动道岔和四动道岔。如图3-9所示为双动道岔和三动道岔示意图。

3. 防护道岔

为了防止侧面冲突，有时需要将不在所排进路上的道岔处于防护位置并予以锁闭，这种道岔称为防护道岔。如图3-10所示，经由交叉渡线的一组双动道岔1/3道岔反位排列进路时，应使与其交叉的另一组双动道岔5/7道岔防护在定位。

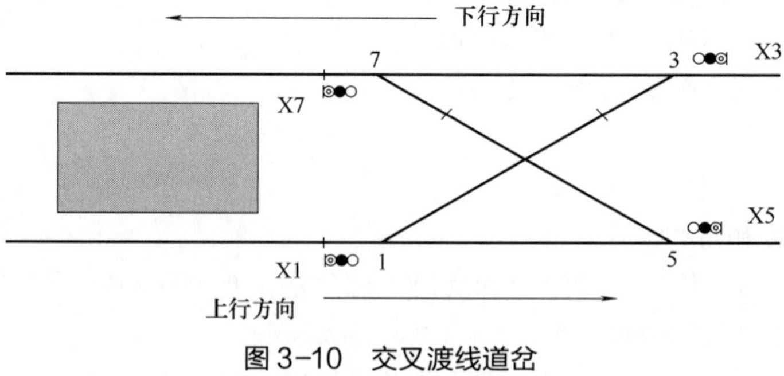

图3-10　交叉渡线道岔

4. 带动道岔

在实现进路锁闭时，要把同一道岔区段所有道岔都锁闭，但为了满足平行作业的需要，排列进路时需把某些不在进路上的道岔带动至规定位置，并对其锁闭，这种道岔称为带动道岔。

三、进路

进路是车站内列车或调车车列由一点运行至另一点的全部路径。其中列车使用的称为列车进路，调车使用的称为调车进路。进路要求其包括的道岔必须处在规定位置。进路包括数个轨道电路区段。

1. 列车进路和调车进路

列车进路分为接车进路、发车进路和通过进路。接车进路是指列车进入车站所经过的进路，始于进站信号机，终于另一端咽喉处的出站信号机。发车进路是指列车由车站驶出所经过的进路，始于出站信号机，终于进站信号机或车站与区间衔接处的绝缘节。通过进路是指列车经正线不停车通过车站的进路。

调车进路包括短调车进路和长调车进路。短调车进路是指从起始调车信号开始，到次架阻挡信号机为止的一个调车进路。长调车进路是指由两个以上的单元调车进路组成的进路。如图 3-11 所示，X→ⅡG 为接车进路；XⅡ→S 为发车进路；X→S 为通过进路。

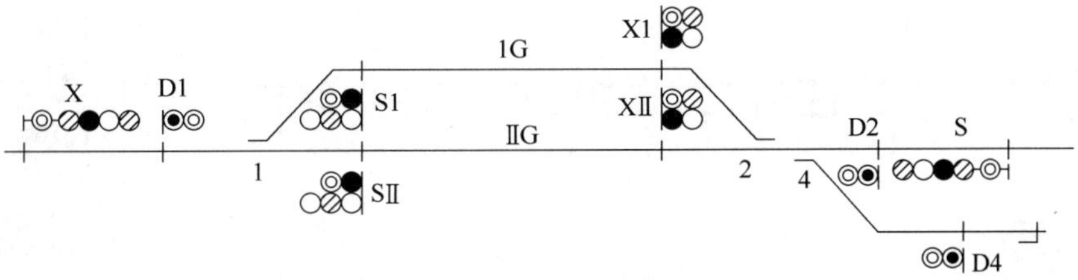

图 3-11　调车进路示意图

2. 基本进路和变通进路

站内由一点向另一点运行有几条进路时，规定常用的一条进路为基本进路。基本进路一般是两点间最近的、对其他进路作业影响最小的进路。基本进路以外的其他进路称为变通进路。当由于正常行车线路上的道岔发生故障、轨道电路被占用或发生故障等导致不能开通基本进路时，可以开通变通进路，使列车或调车车列迂回前进而不致受阻。如图 3-12 所示，X→5G 列车进路有两条（5/7 定位和 5/7 反位），其中一条进路规定为基本进路（5/7 在反位），另一条进路为变更进路（5/7 在定位）。变通进路可能有多条，如 X→ⅢG 的接车进路中变通进路有两条。

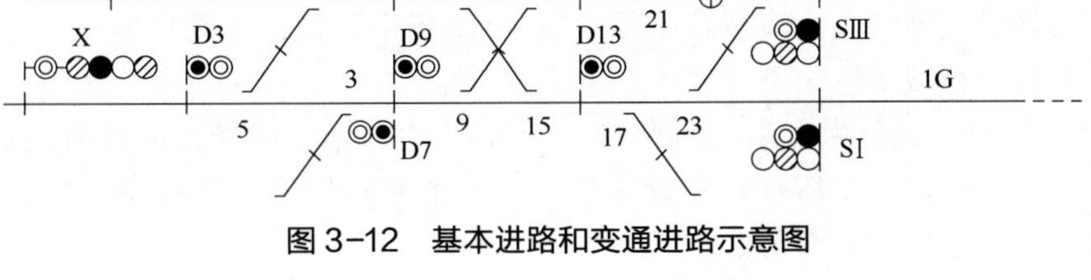

图 3-12　基本进路和变通进路示意图

3. 敌对进路

敌对进路是指同时行车会危及行车安全的任意两条进路。下列进路规定为敌对进路：

（1）同一到发线上对向的列车进路与列车进路。

（2）同一到发线上对向的列车进路与调车进路。

（3）同一咽喉区内对向重叠的列车进路或调车进路。

（4）同一咽喉区内对向重叠或顺向重叠的列车调车进路（顺向重叠进路指两条方向相同、有部分重合或全部重合的进路）。

（5）进站信号机外方制动距离内接车方向为超过6‰的下坡道，而在该下坡道方向的接车线末端又无线路隔开设备时，该下坡道方向的接车进路与另一端咽喉的接车进路、非同一到发线顺向的发车进路以及另一端咽喉的调车进路。

（6）防护进路的信号机设在侵限绝缘处，禁止同时开通的进路。

任务总结

本任务主要分析了联锁的基本定义、联锁的主要内容及联锁设备功能要求。联锁作为城市轨道交通信号控制系统的重要组成部分，可以使车站范围内的信号机、进路和进路上的道岔保持一定的相关制约关系，保证行车安全，提高作业效率。

任务二　6502 电气集中联锁

配套视频

6502电气集中联锁

任务引入

20 世纪 50 年代，我国铁路信号设备技术较为简单，大多采用人工扳动道岔和开放臂板信号。工人劳动强度高，安全性也没有保障。电的广泛应用使铁路工人告别了挂煤油灯的历史，铁路信号出现了色灯信号机。色灯信号机以不同的颜色显示指示司机以不同的速度运行。1960 年，我国铁路信号工作者自主设计研制出 6036 小站电气集中联锁电路，并在实际应用中不断改造与完善。1965 年，6036 小站电气集中联锁正式在铁路上得到运用，因此更名为 6502 电气集中联锁。6502 电气集中联锁以其完善并严谨可靠的优势迅速在我国铁路上得到推广应用。

知识课堂

一、6502 电气集中联锁设备概述

用电气的方法集中控制和监督全站的道岔、进路和信号机，并实现联锁的设备称为电气集中联锁设备，简称电气集中联锁。6502 电气集中联锁的组成，如图 3-13 所示。目前我国多条城市轨道交通线路的车辆段采用 6502 电气集中联锁，如北京地铁 1 号线车辆段、广州地铁 1 号线车辆段等。

6502 电气集中联锁分为室内（信号楼）和室外两部分。信号楼内设有控制台、继电器组合及组合架、区段人工解锁盘和分线盘；室外主要有信号基础设备，如色灯信号机、电动转辙机、轨道电路和电缆等。

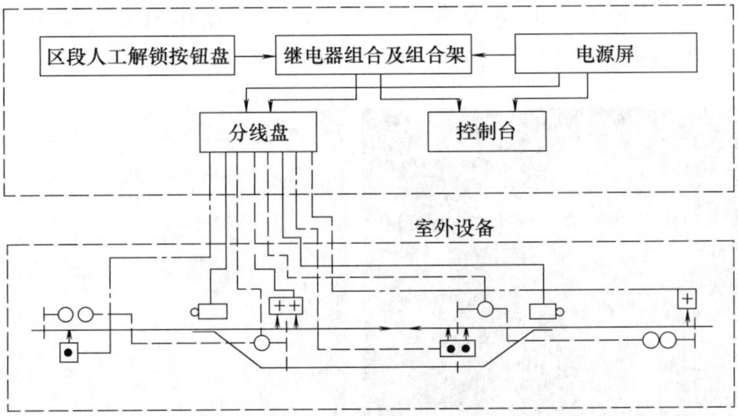

图 3-13　6502 电气集中联锁组成

1. 室内设备

（1）控制台。电气集中联锁室内设备一般设置在信号楼内，设有控制台的信号楼是车站的控制中心。控制台的盘面是按照每个车站站场的实际情况布置的，盘面上的模拟站场线路、接/发车进路方向、道岔和信号机位置均与室外站场的实际位置相对应。6502 电气集中联锁控制台，如图 3-14 所示。

图 3-14　6502 电气集中联锁控制台

（2）区段人工解锁按钮盘。在离开控制台一定距离的室内墙面上，装设有区段人工解锁按钮盘，是控制台操作时的辅助设备。区段人工解锁按钮盘的功能有：当轨道区段因故障不能正常解锁时用来办理故障解锁；在更换继电器时或停电后恢复时，用来使设备恢复正常状态；在用取消进路办法不能关闭信号时，可用来关闭信号。区段人工解锁按钮盘，如图 3-15 所示。

（3）继电器组合及组合架。在信号楼继电器室内设有继电器组合及组合架，如图 3-16 所示。在电气集中车站需要大量继电器，把具有相同控制对象的继电器按照定型电路环节组合在一起，称为继电器定型组合，简称定型组合。6502 电气集中联锁的定型组合是根据车站信号平面布置图上的道岔、信号机和道岔区段设计的，共有 12 种定型组合。

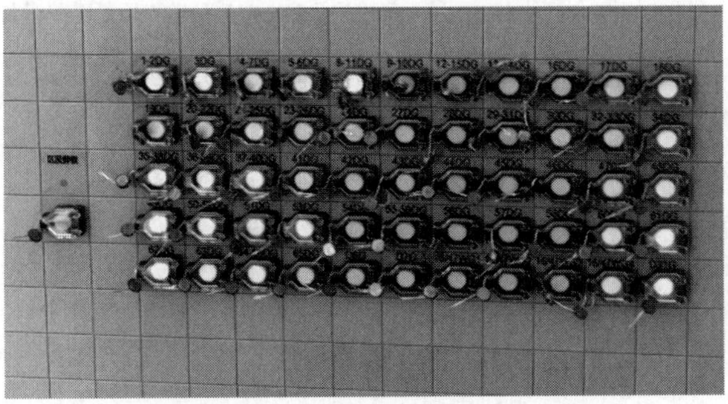
图 3-15　区段人工解锁按钮盘

图 3-16　继电器组合架

（4）电源屏。在信号楼电源室设有电源屏，电源屏是电气集中联锁的供电设备，如图 3-17 所示。一般要求有两路可靠的电源，即主电源和副电源。

图 3-17　电源屏

（5）分线盘。在室内电缆引出处还设有分线盘，如图 3-18 所示。电气集中联锁的室内与室外联系导线都必须经过分线盘端子，它是室内外设备电缆连接处。

2. 室外设备

（1）色灯信号机。6502 电气集中联锁采用透镜式色灯信号机，如图 3-19 所示。信号机用来防护进路，给出各种信号显示，指示列车运行及调车作业。

图 3-18　分线盘

图 3-19　色灯信号机

（2）电动转辙机。在电气集中联锁车站的集中区内，对应每组道岔，都要设一台或多台电动转辙机，用以转换和锁闭道岔，反映道岔的动作状态，如图 3-20 所示。

（3）轨道电路。在电气集中联锁车站，凡是由信号机防护的进路，以及信号机的接近区段均要装设轨道电路，如图 3-21 所示。在非电气化区段，广泛采用交流连续式轨道电路。

（4）电缆。在电气集中联锁车站，室外信号机、电动转辙机和轨道电路与室内设备之间的连接导线一般采用电缆，这些电缆敷设在地下电缆沟槽内。按控制对象不同，电缆分为信号电缆、道岔电缆和轨道电路电缆。

二、6502 电气集中联锁控制台盘面

6502 电气集中联锁控制台采用控制和表示合用的控制台，控制台上设按钮和表示灯

图 3-20　电动转辙机

图 3-21　轨道电路

按钮用来进行相关操作。

按钮均采用二位式按钮，只有定位和按下两个位置。按钮分为自复式和非自复式两种：自复式按钮带复位弹簧，按下时接通，松开后自动回复定位；非自复式按钮无复位弹簧，按下后处于按下位置，恢复时需手动拉出。

在控制台盘面上利用光带模拟站场线路，排列与取消进路时，控制台上有明显的表示，通过光带不同状态监督进路的开通、解锁及轨道电路区段的占用、空闲和故障等，同时利用信号复示器和道岔表示灯监督现场信号机和道岔的状态。如图 3-22 所示为某车站 6502 电气集中联锁控制台盘面。

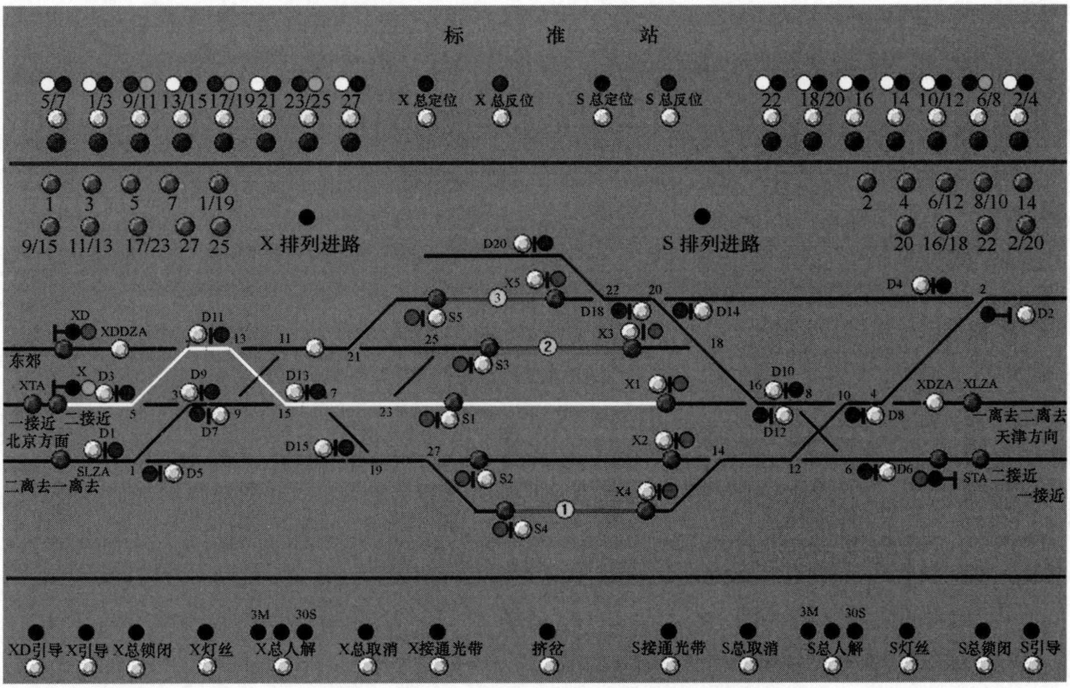

图 3-22　6502 电气集中联锁控制台盘面

1. 与排列进路有关的按钮和表示灯

（1）进路按钮。

① 列车进路按钮。列车进路按钮为二位自复式绿色按钮，设在对应进站及出站信号机处的光带上，如图 3-23 所示，办理列车进站时作为始终端按钮。

② 调车进路按钮。调车进路按钮为二位自复式白色按钮，设在对应调车信号机处光带旁边，如图 3-24 所示，办理调车进路时作为始终端按钮。

③ 变通按钮。在大站，咽喉道岔较多，从进路的始端至终端有几条进路时，一般根据作业需要规定其中一条为基本进路，其余均为变通进路。在变通进路与基本进路不重叠的位置上，如果无调车进路按钮，则在相应位置的光带上增设变通按钮，为二位自复式绿色按钮，专门用于办理变通进路。

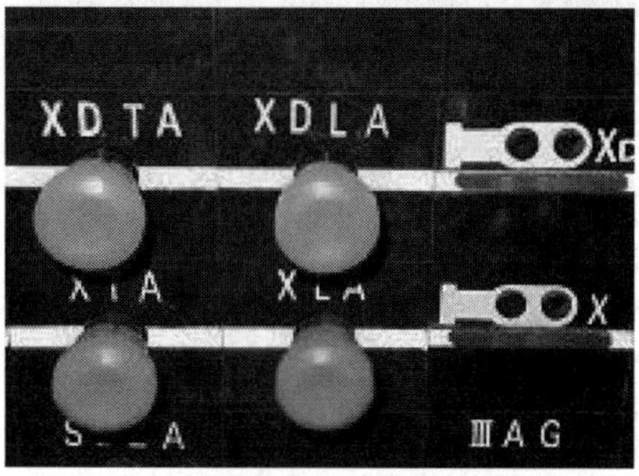

图 3-23　列车进路按钮（绿色）

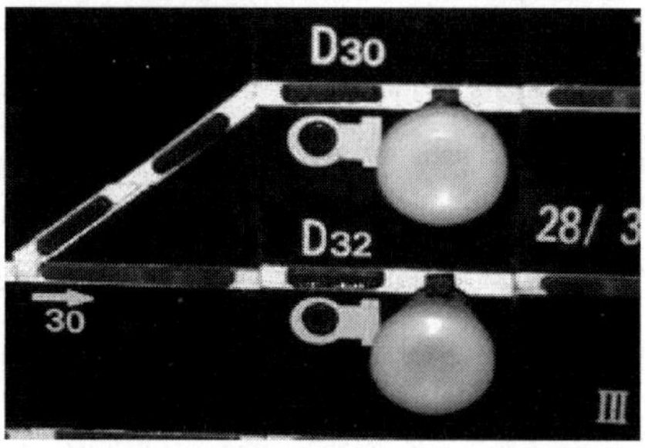

图 3-24　调车进路按钮（白色）

（2）按钮表示灯。为了记录或监督按钮的按下与复位，对应每个按钮设置表示灯。按钮表示灯显示闪光或稳定灯光时，表示执行了按下按钮的操作。

（3）光带。在控制台盘面上利用光带模拟站场线路。通过光带的不同状态监督进路的锁闭和解锁，轨道电路区段的占用、空闲和故障，以及道岔的开通方向等。

用于监督站内轨道电路的光带有三种状态：平时应处于灭灯状态；控制台显示红光带时，表示对应的轨道电路区段被占用或故障；当办理好进路时，控制台上该进路有关的轨道电路区段显示白光带。

（4）信号复示器。信号复示器用于监督信号机的状态。除进站信号机的复示器经常显示红灯外，其他信号复示器平时均处于熄灭状态，表示有关信号机关闭。

2. 与操纵道岔有关的按钮和表示灯

每个咽喉区设道岔总定位按钮和总反位按钮各一个，均为二位自复式按钮。总定位按钮上方有一个绿灯，总反位按钮上方有一个黄灯，按下按钮时点亮。

每组道岔设一个道岔单独操纵按钮和一个道岔单独锁闭按钮。单独操纵按钮为自复式按钮，用于单独转换该组道岔。道岔单独锁闭按钮为非自复式，按下时，按钮表示灯（红色）点亮，用于锁闭该组道岔。

每个道岔按钮上方设两个表示灯，亮绿灯表示道岔在定位，亮黄灯表示道岔在反位，道岔在转换中或挤岔时，黄灯和绿灯均不亮。

三、联锁图表

联锁图表是说明车站信号设备之间联锁关系的图表。它显示了进路道岔、信号以及轨道区段之间的基本联锁内容。联锁图表是依据车站信号平面布置图展示的线路、道岔、信号机以及轨道区段等情况，按照规定的原则和格式编制出来的。某车站站场信号平面图，如图 3-25 所示，该车站部分联锁表，如表 3-1 所示。

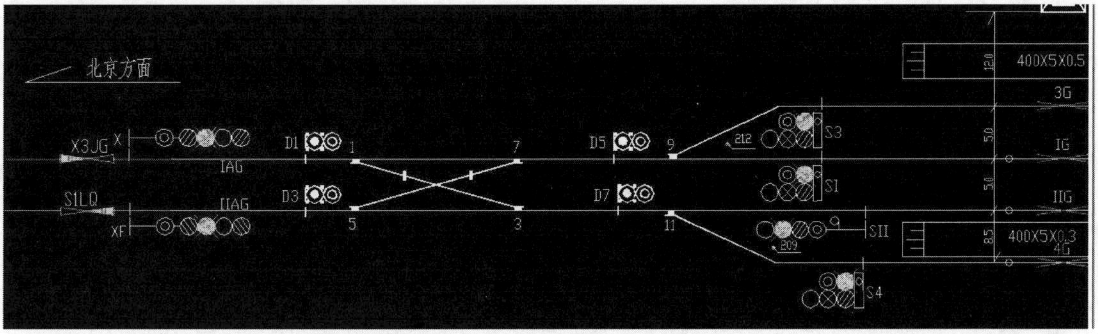

图 3-25　某车站信号平面图

该车站联锁表各栏含义如下：

（1）方向栏：填写进路性质（通过、接车、发车、转场、调车或延续进路）和运行方向。

（2）进路栏：逐条列出车站范围内的全部列车和调车的基本进路。有两个列车进路的进路方案，“1”代表基本进路，“2”代表变更进路；进路栏调车进路根据调车信号机编号，依次列出全部调车进路，并由小到大编号；列车进路分为接车进路和发车进路，股道从上到下依次列出并编号。进路栏的写法如下：

① 列车进路。

列车接至××股道时，应写作“至××股道”；

列车由××股道发车时，应写作“由××股道”；

通过进路应写作“经××股道向××方向通过”。

② 调车进路。

由 D××信号机调车时，应写作“由 D××”；

调车至某一顺向调车信号机时，应写作“至 D××”；

调车至某股道时，应写作“至××股道”；

向尽头线、专用线、机务段、双线出口等处调车时，应写作“向 D××”；

当进站信号机内方仅作为调车终端时，应写作“至××进站信号机”。

（3）进路号码栏，填写所有进路的顺序编号。

（4）按钮栏：顺序填写排列进路应按下的按钮名称，即进路始端信号机按钮填在始端栏，终端信号机按钮填在终端栏。

（5）信号机栏：填写排列进路时，应写已经开放的信号机的名称和显示。

（6）道岔栏：顺序填写所有排列进路上的全部道岔，以及有关防护道岔和带动道岔的编号和位置。

（7）敌对信号栏：填写所排列进路全部敌对信号，在填写时若是有条件敌对则把有条件的敌对填写在信号一栏的末尾。为了保证行车安全，不允许同时建立会危及行车安全的进路。对于抵触进路可以由道岔区分开，对于敌对进路则要列入联锁表中。

（8）轨道区段栏：填写排列进路应检查的轨道区段名称，其中还要写明对于侵限绝缘的检查是有条件的。

表 3-1

某车站联锁表

方向			进路	进路方式	排列进路按下按钮	信号机		表示器	道岔	敌对信号	轨道区段	迎面进路		其他联锁	进路号码
						名称	显示					列车	调车		
北京方面	列车进路	正方向接车	至 3 股道		XLA、S_3LA	X	U、U		1/3、5/7、(9)	D_1、D5、S_3	Ⅰ AG、1-7DG、9DG、3G	3G	3G		1
			至Ⅰ股道		XLA、$S_Ⅰ$ LA	X	U、U		1/3、5/7、9	D_1、D5、$S_Ⅰ$	Ⅰ AG、1-7DG、9DG、Ⅰ G	Ⅰ G	Ⅰ G		2
			至Ⅱ股道		XLA、$S_Ⅱ$ LA	X	U、U		(1/3)、[5/7]、11	D_1、D_7、$S_Ⅱ$	Ⅰ AG、1-7DG、3-5DG、11DG、Ⅱ G	Ⅱ G	Ⅱ G		3
			至 4 股道		XLA、S_4LA	X	U、U		(1/3)、[5/7]、(11)	D_1、D_7、S_4	Ⅰ AG、1-7DG、3-5DG、11DG、4G	4G	4G		4
		反方向接车	至 3 股道		X_FLA、S_3LA	X_F	U、U		[1/3]、(5/7)、(9)	D_3、D5、S_3	Ⅱ AG、1-7DG、3-5DG、9DG、3G	3G	3G		5
			至Ⅰ股道		X_FLA、$S_Ⅰ$ LA	X_F	U、U		[1/3]、(5/7)、9	D_3、D5、$S_Ⅰ$	Ⅱ AG、1-7DG、3-5DG、9DG、Ⅰ G	Ⅰ G	Ⅰ G		6
			至Ⅱ股道		X_FLA、$S_Ⅱ$ LA	X_F	U、U		1/3、5/7、11	D_3、D_7、$S_Ⅱ$	Ⅱ AG、3-5DG、11DG、Ⅱ G	Ⅱ G	Ⅱ G		7
			至 4 股道		X_FLA、S_4LA	X_F	U、U		1/3、5/7、(11)	D_3、D_7、S_4	Ⅱ AG、3-5DG、11DG、4G	4G	4G		8
		正方向发车	由 3 股道		S_3LA、X_FLA	S_3	L		(9)、(5/7)、[1/3]	D_5、D_3、X、X_F、S_3D	9DG、1-7DG、3-5DG、Ⅱ AG、3G			BS	9
			由Ⅰ股道		$S_Ⅰ$ LA、X_FLA	$S_Ⅰ$	L		9、(5/7)、[1/3]	D_5、D_3、X、$S_Ⅰ$ D、X_F	9DG、1-7DG、3-5DG、Ⅱ AG、Ⅰ G			BS	10
			由Ⅱ股道		$S_Ⅱ$ LA、X_FLA	$S_Ⅱ$	L		11、1/3、5/7、	D_7、D_3、$S_Ⅱ$ D、X_F	11DG、3-5DG、Ⅱ AG、Ⅱ G			BS	11
			由 4 股道		S_4LA、XLA	S_4	L		(11)、1/3、5/7、	D_7、D_3、S_4D、X_F	11DG、3-5DG、4AG			BS	12

北京方面	列车进路	反方向发车	由 3 股道		S_3LA、XLA	S_3	L		(9)、5/7、1/3	D_5、D_1、X、S_3D	9DG、1-7DG、Ⅰ AG、3G			BS	13
			由Ⅰ股道		$S_Ⅰ$ LA、XLA	$S_Ⅰ$	L		9、5/7、1/3	D_5、D_1、X、$S_Ⅰ$ D	9DG、1-7DG、Ⅰ AG、Ⅰ G			BS	14
			由Ⅱ股道		$S_Ⅱ$ LA、XLA	$S_Ⅱ$	L		11、(1/3)、[5/7]	D_7、D_1、X、$S_Ⅱ$ D	11DG、3-5DG、1-7DG、Ⅰ AG、Ⅱ G			BS	15
			由 4 股道		S_4LA、XLA	S_4	L		(11)、(1/3)、[5/7]	D_7、D_1、X、S_4D	11DG、3-5DG、1-7DG、Ⅰ AG、4G			BS	16
	调车进路	D_1	至 D_5		D_1A、D_5A	D_1	B		1/3、5/7	X、S_3、$S_Ⅰ$	1-7DG			BS	17
			至 D_7		D_1A、D_7A	D_1	B		(1/3)、[5/7]	X、$S_Ⅱ$、S_4	3-5DG、1-7DG			BS	18
		D_3	至 D_5		D_3A、D_5A	D_3	B		[1/3]、(5/7)	X_F、S_3、$S_Ⅰ$	3-5DG、1-7DG			BS	19
			至 D_7		D_3A、D_7A	D_3	B		1/3、5/7	X_F、$S_Ⅱ$、S_4	3-5DG			BS	20
		D_5	至 3 股道		D_5A、S_3A	D_5	B		(9)	X、X_F、S_3	9DG、3G	3G		BS	21
			至Ⅰ股道		D_5A、$S_Ⅰ$ A	D_5	B		9	X、X_F、$S_Ⅰ$	9DG、Ⅰ G	Ⅰ G		BS	22
		D_7	至Ⅱ股道		D_7A、$S_Ⅱ$ A	D_7	B		11	X、X_F、$S_Ⅱ$	11DG、Ⅱ G	Ⅱ G		BS	23
			至 4 股道		D_7A、S_4A	D_7	B		(11)	X、X_F、$S_Ⅱ$	11DG、4G	4G		BS	24

任务总结

本任务主要介绍了6502电气集中联锁设备的组成及工作原理、控制台盘面、联锁图表等知识。6502电气集中联锁被认为是较好的定型电路，在我国轨道交通工程上应用广泛。虽然近年来新建地铁或者老线改造采用更先进的计算机联锁方式，但是6502电气集中联锁仍为联锁系统的基础。

配套视频

计算机联锁

任务三　计算机联锁

任务引入

计算机联锁（Computer Interlocking，CI）是指利用计算机对车站作业人员的操作命令及现场表示的信息进行逻辑运算，从而对信号机及道岔等进行集中控制，达到相互制约的车站联锁设备。进入21世纪后，我国计算机联锁发展非常迅速，新建车站都采用计算机联锁。与传统的电气联锁相比，计算机联锁在技术上有很大的优越性。

知识课堂

一、计算机联锁概述

计算机联锁系统大部分使用工业控制计算机或从国外引进安全平台，以继电器作为执行电路，自行开发联锁应用软件实现逻辑功能，如图3-26所示。如北京全路通通信信号研究设计集团有限公司与株式会社京三制作所联合开发的二乘二取二DS6-K5B型、北京交大微联科技有限公司开发的EI32、中国铁道科学研究院与株式会社日立所联合开发的TYJL-ADX型、卡斯柯信号有限公司的安全型计算机联锁iLOCK等。

图3-26　计算机联锁设备

1. 基本结构

根据计算机联锁系统各主要部分的功能和设置地点的不同，硬件上一般采用分层结构形式，分为人机交互层、联锁控制层、采集/驱动层和室外设备层，其结构如图3-27所示。

人机交互层的设备一部分设置于车站值班员室，另一部分设置于车站维修值班室内。车站值班员通过操作向联锁控制层输入命令，接收联锁控制层输出的反映设备工作状态和行车作业情况的表示信息。维修人员通过了解车站联锁设备的运行情况和故障情况展开维修。

联锁控制层是车站联锁系统的核心，设置在车站信号楼的机械室内，基本功能是实现联锁逻辑控制。联锁控制层接收来自人机交互层的操作命令，依据从采集/驱动层接收到的反映室外信号机、道岔和轨道电路状态的信息，结合内部的中间状态信息，进路联锁逻辑运算，产生相应的输出信息。

采集/驱动层为联锁层和室外设备层的中间层，起信息交互、硬件电路的转换等功能，同时在硬件上进行隔离，保证室内设备的安全。

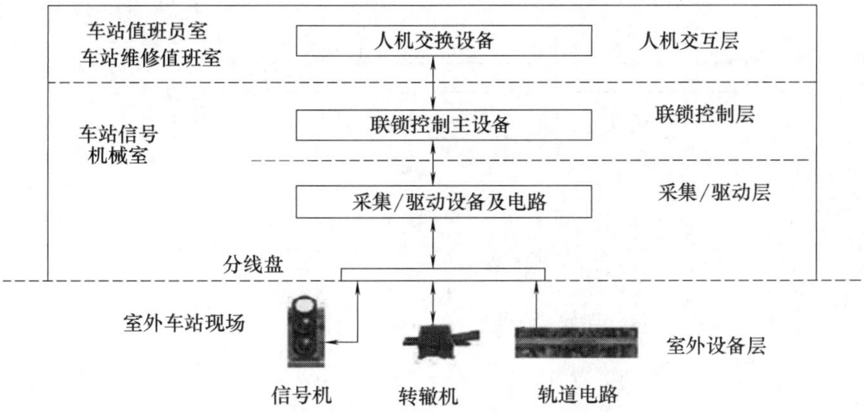

图 3-27　计算机联锁基本结构图

2. 计算机联锁的操作方式

计算机联锁基本保留了 6502 电气集中联锁的操作原则，但计算机联锁多采用显示和操纵分开的方式。按人机会话硬件设备形式不同，计算机联锁有以下几种操作方式。

（1）控制台方式。在计算机联锁发展的初级阶段，系统的操作通过控制台实现，有的采用专用按钮盘配备显示器，有的直接采用原有电气集中联锁控制台。

（2）数字化仪方式。数字化仪由各种标准尺寸的面板和控制定位工具组成，与计算机通过串行口连接，通过编制通用程序即可通过上位机的按钮发送任务。车站值班员的操作意图通过操作光笔动作数字化仪实现，与传统的按压按钮的操作方式相似。

（3）鼠标方式。通过鼠标单机显示器上的按钮实现各种功能。目前计算机联锁系统多采用鼠标方式，如图 3-28 所示。

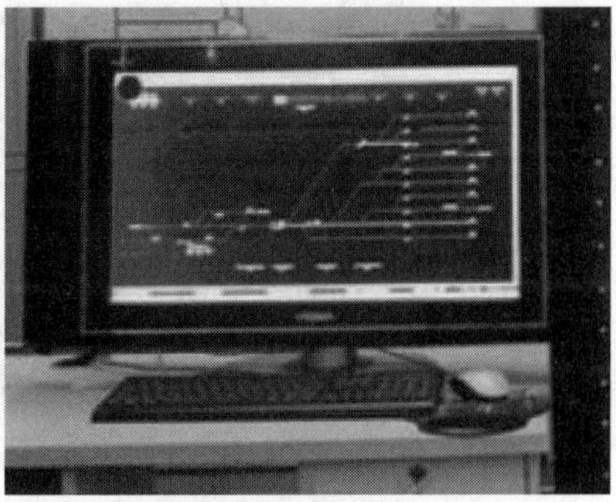

图 3-28　鼠标式操作方式

使用数字化仪方式或鼠标方式，计算机联锁系统一般使用大屏幕显示器（CRT 显示器）或液晶监视器（LCD 显示器），以使车站值班员能清晰地看到站场的实际状态及各种信息。

二、TYJL-Ⅱ计算机联锁系统

TYJL-Ⅱ计算机联锁系统是中国铁道科学研究院通号所研制的，为双机热备系统。目前已经投入运用的项目包括北京地铁 1 号线四惠车辆段、广州地铁 2 号线纬铜段、深圳地铁车辆段、南京地铁 1 号线车辆段、大连轻轨车辆段、重庆单轨交通、北京地铁 13 号线正线车站计算机联锁以及车辆段计算机联锁等。TYJL-Ⅱ计算机联锁系统结构，如图 3-29 所示。

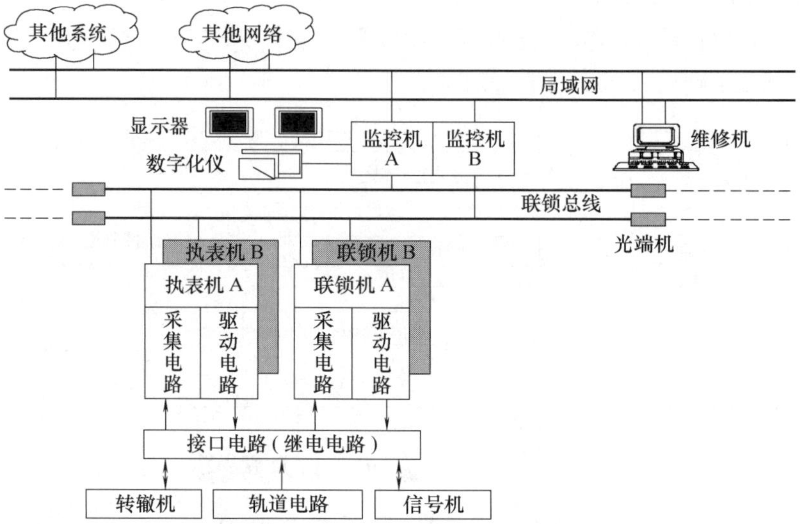

图 3-29　TYJL-Ⅱ计算机联锁系统结构

TYJL-Ⅱ计算机联锁系统为分布式多微机系统，主要由监控机（又称上位机）、控制台、联锁机、执行表示机（简称执表机）、继电接口电路、电务维修机、电源屏和室外设备组成。

1. 控制台

控制台是系统使用的直接人机界面部分，主要用于采集控制命令信息、操纵道岔、办理进路、显示站场图像，由监控机管辖，如图 3-30 所示。

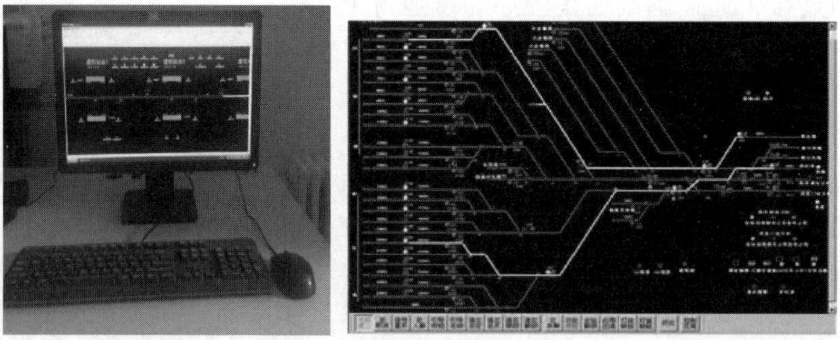

图 3-30　控制台

2. 监控机

监控机的主要功能是作为人机接口，一方面接收来自控制台的操作命令和向控制台提供图像显示、语音、文字等信息，另一方面与联锁机进行信息交换，向联锁机提供初选的操作命令并接收来自联锁机的道岔、信号、轨道电路等表示信息。

3. 联锁机

联锁机是计算机联锁系统的核心，如图 3-31 所示。联锁机根据现场信号设备状态和控制台操作命令，实现信号设备的联锁逻辑处理功能，完成进路选择和锁闭、发出转换道岔和开放信号等控制命令。

图 3-31　联锁机

4. 执表机和输入/输出接口

执表机通过由继电电路构成的输入/输出接口，接收并执行来自联锁机的控制命令，采集并向联锁机发送现场设备信息，如图 3-32 所示。

5. 接口系统

接口系统主要由继电电路、配线和结合电路以及防护电路等组成。其在机械室内，对外与现场设备相连，对内与主控系统相连，如图 3-33 所示。

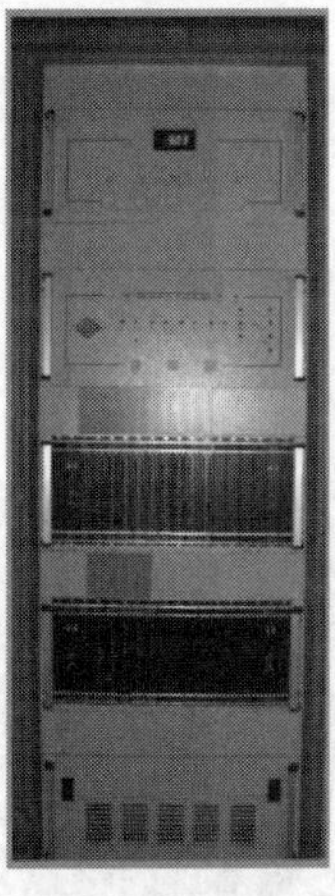

图 3-32　执表机

图 3-33　机械室内的接口系统

6. 电务维修机

为了方便电务维修人员更好地维护计算机联锁系统，系统中增加了电务维修机，简称维修机。维修机是计算机联锁系统的重要辅助设备，为维修人员提供人机交互界面。

7. 现场设备

现场设备保留电气集中联锁的设备，道岔控制电路、信号机点灯电路、轨道电路等仍采用现有的成熟电路。

三、 SICAS 型计算机联锁

SICAS（Siemens Computer Aided Signalling，西门子计算机辅助信号系统）是基于故障—安全、高可用性的微机联锁系统，可以监督和控制道岔、轨道区段、信号机以及其他室外设备的部件，包括单独操作和排列进路、辅助操作、操作员动作记录、进路占用和解锁、与列车自动控制系统设备的集成等。它具备集中和本地操作能力的 ATS 系统，可以保证系统的高可用性和扩展性。

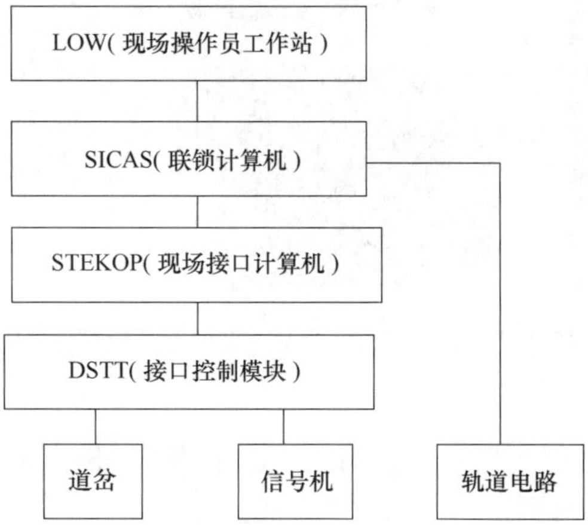

图 3-34　SICAS 型计算机联锁总体结构图

SICAS 计算机联锁的结构包括：LOW（现场操作员工作站）、SICAS（联锁计算机）、STEKOP（现场接口计算机）、DSTT（现场接口模块）以及现场的道岔、轨道电路和信号机，如图 3-34 所示。下面介绍 LOW（现场操作员工作站）。

1. LOW 基本介绍

LOW（现场操作员工作站）是人机操作界面，将设备和列车运行情况图形化显示，接受操作人员的操作指令并传递给联锁计算机进行处理。

（1）基本窗口。系统启动后第一个出现的窗口为基本窗口包括：登记进入/注销登录按钮，A、B、C 类报警按钮，管理员按钮，48h 调档按钮，消除报警音响按钮，日期和时间显示，版本号显示，如图 3-35 所示。

图 3-35　LOW 基本窗口

（2）主窗口。主窗口用于显示站场图，可以显示整个电子联锁站场及所有过程信息，把本联区管辖的必要设备显示出来，如图 3-36 所示。

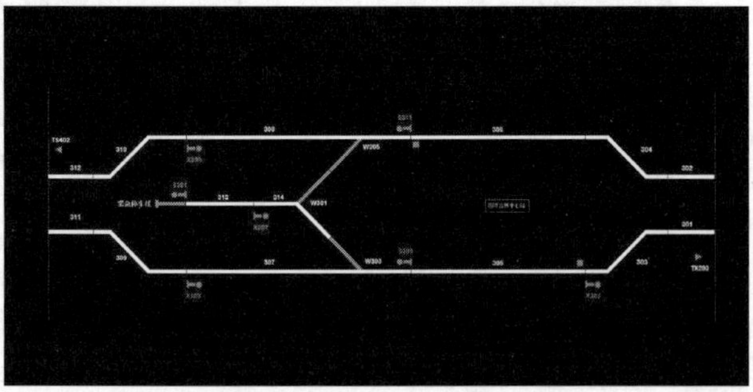

图 3-36　某站站场主窗口图

（3）对话窗口。对话窗口主要由命令按钮栏、执行按钮、取消按钮和综合信息显示栏组成，如图 3-37 所示。

2. LOW 的操作命令

LOW 的操作命令根据安全等级分为“常规操作命令”（用 R 表示）和“安全相关操作命令”（用 S 表示）。

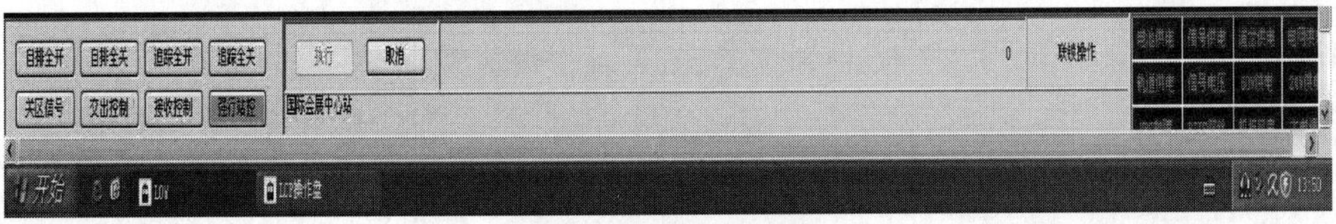

图 3-37　对话窗口

安全相关操作命令是指该命令执行后可能会影响行车安全或设备安全的命令。安全相关命令只有在 LOW 上才可以操作，其安全责任主要由操作员负责，故必须确认相关的操作前提并且必须输入正确的命令，操作完毕后必须在值班日记中做好记录。LOW 工作站上的操作命令，如表 3-2 所示。

表 3-2　　LOW 工作站上的操作命令

相关设备	按钮名称	命令含义	命令类型	备注
联锁	自排全开	全部信号机处于自动排列进路状态	R	关闭所有具有自排功能的信号机的追踪进路功能
	自排全关	全部信号机处于人工排列进路状态	R	
	追踪全开	全部信号机处于联锁自动排列进路状态	R	关闭所有具有追踪功能的信号机的自排功能
	追踪全关	全部信号机取消联锁自动排列进路状态	R	
	关区信号	关闭联锁区全部信号机,并封锁	R	
	交出控制	向 OCC 交出控制权	R	
	接收控制	从 OCC 接收控制权	R	控制中心(ATS)已交出控制权
	强行站控	车站强行从 OCC 取得控制权	S	强行站控后必须报告行调(C-LOW 无此命令)
	重启令解	系统重新启动后,解除命令的锁闭	S	指的是 SICAS 系统重新启动
	全区逻控	将本联锁区全部轨道区段设置为逻辑空闲	S	
轨道区段	封锁区段	禁止通过该区段排列进路	R	如果该轨道区段已存在进路,只对下一条进路生效
	解封区段	允许通过该区段排列进路	S	
	强解区段	解封进路中的该区段	S	
	轨区逻空	把区段设为逻辑空闲	S	
	轨区设限	设置该轨道区段的限速	S	无进路状态下使用
	轨区消限	取消轨道区段的限速	S	
	终止站停	取消运营停车点	R	只能用于正常运营方向
道岔	单独锁定	锁定单个道岔,阻止转换	R	
	取消锁定	取消对单个道岔的锁定,道岔可以转换	S	

续表

相关设备	按钮名称	命令含义	命令类型	备注
道岔	转换道岔	转换道岔	R	道岔区段逻辑空闲,道岔没有被锁闭,道岔没有挤岔,道岔没有(单独)锁定
	强行转岔	轨道区段占用时,强行转换道岔	S	道岔区段非逻辑空闲,道岔没有被锁闭,道岔没有挤岔,道岔没有(单独)锁定
	封锁道岔	禁止通过道岔排列进路,但道岔可通过转换道岔命令进行位置转换	R	
	解封道岔	允许通过道岔排列进路	S	
	强解道岔	解锁进路中的道岔	S	接近区段有车延时 30s 解锁
	岔区逻空	把道岔区段设置为逻辑空闲	S	
	岔区设限	对道岔区段设置限速	S	限制速度可设为 15km/h、30km/h、45km/h、60km/h
	岔区消限	取消对道岔区段的限速	S	C-LOW 没有
	挤岔恢复	取消挤岔逻辑标记	S	道岔没有锁闭,道岔挤岔,道岔没有(单独)锁定;不管道岔区段是逻辑空闲还是逻辑占用,都可以执行"挤岔恢复"命令
信号机	关单信号	设置信号机为关闭状态	R	只能作用于开放的信号机
	封锁信号	封锁在关闭状态下的信号机	R	
	解封信号	取消对关闭状态下的信号机的封锁	S	
	开放信号	设置信号机为开放状态	R	信号达到主信号层,没有被封锁,且信号机正常
	自排单开	设置单架信号机处于自动排列进路状态	R	信号机具备自排功能且追踪全开功能没有打开,根据目的地码排列进路
	自排单关	设置单架信号机处于人工排列进路状态	R	
	跟踪单开	单架信号机由联锁自动排列进路	R	信号机具备追踪功能且自排全开功能没有打开
	跟踪单关	单架信号机取消由联锁自动排列进路	R	
	开放引导	开放引导信号	S	
车站	关站信号	关闭车站所有信号机并锁闭	R	

3. LOW 上对轨道区段的操作

对轨道区段进行操作，必须用鼠标的左键单击 LOW 主窗口上的轨道元件或轨道元件编号，此时所选元件被打上灰色底色，然后在对话窗口中的命令显示栏用鼠标的左键单击所需的命令，最后用鼠标的左键单击对话窗口中的“执行”按钮即可。LOW 上轨道区段显示如图 3-38 所示。

4. LOW 上对道岔的操作

在 LOW 上对道岔进行操作，必须用鼠标的左键单击 LOW 主窗口上的道岔元件或道岔编号，此时所选元件被打上灰色底色，然后在对话窗口中的命令显示栏左下角用鼠标的左键单击所需的命令，最后用鼠标的左键单击对话窗口中的“执行”按钮即可，如图 3-39 所示。

LOW 上道岔显示如图 3-40 所示。

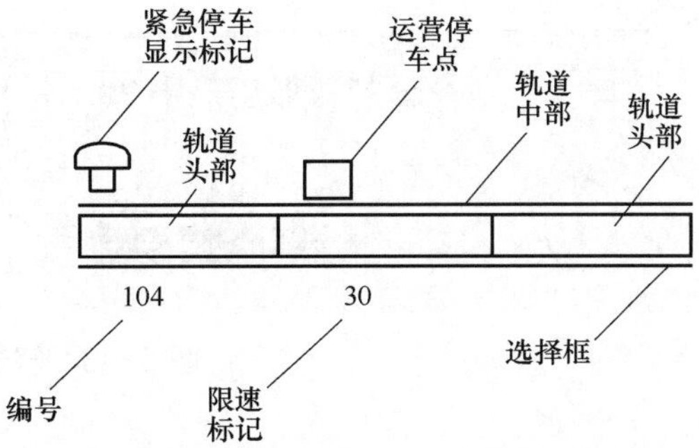

图 3-38　LOW 上轨道区段显示

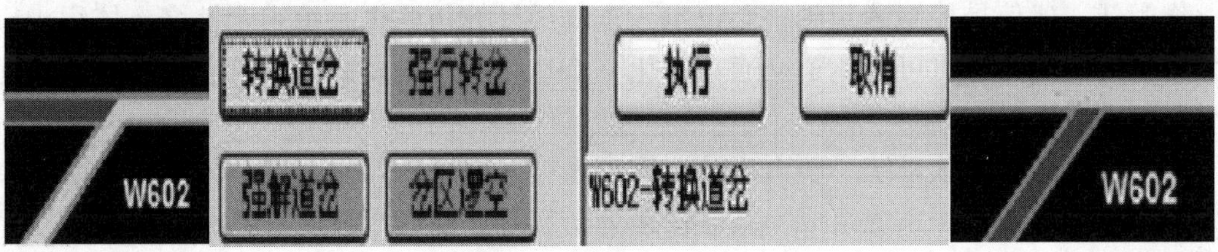

图 3-39　对道岔的操作

5. LOW 上对信号机的操作

对信号机进行操作，必须用鼠标的左键单击 LOW 主窗口上的信号机元件或信号机元件编号，此时所选元件被打上淡蓝色底色，然后在对话窗口中的命令显示栏用鼠标的左键单击所需的命令，最后用鼠标的左键单击对话窗口中的“执行”按钮即可。信号机结构显示如图 3-41 所示。封锁信号的操作如图 3-42 所示；解封信号的操作如图 3-43 所示。

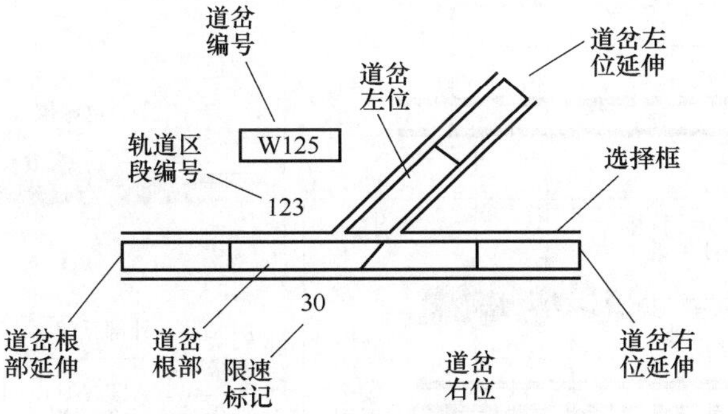

图 3-40　LOW 上道岔显示

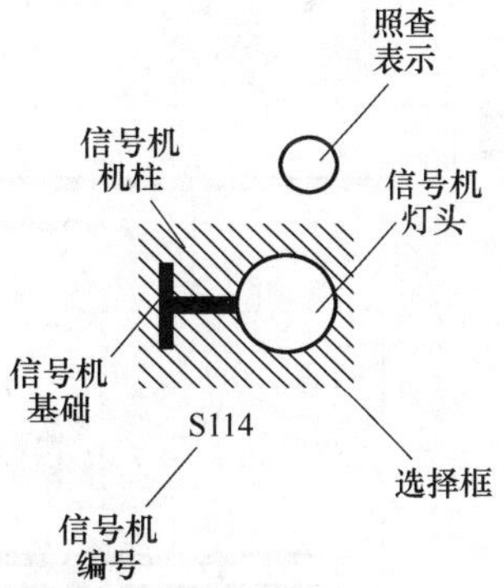

图 3-41　信号机结构显示

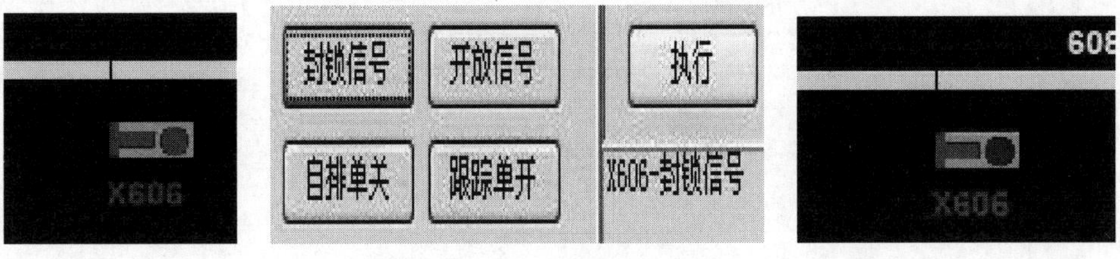

图 3-42　封锁信号的操作

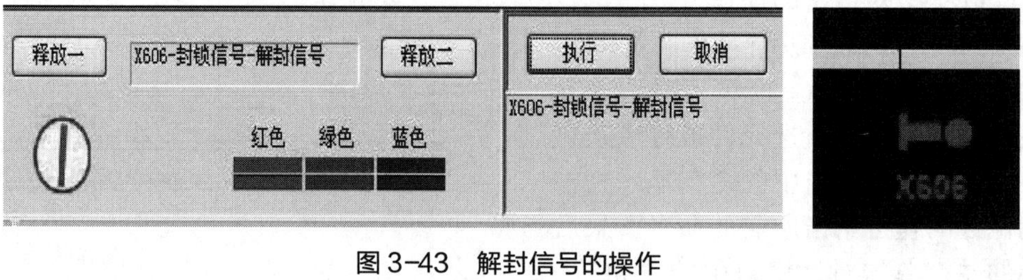

图 3-43　解封信号的操作

四、全电子计算机联锁

作为新一代信号控制的基础核心技术，全电子计算机联锁系统安全性高、体积小、功能强大、组网能力强，可为轨道交通自动化、信息化提供必要的基础信息，是轨道交通信号系统的未来发展方向。

全电子计算机联锁系统一般由联锁运算子系统、电子执行单元、数据通信子系统、人机界面子系统、维护子系统组成，其联锁运算子系统一般继承原有计算机联锁的功能，以及通过安全网络与 ATP、ATO、ATS 等外部子系统的通信接口。全电子计算机联锁系统还可以根据需要实现分布式的区域控制方式。全电子计算机联锁系统一般架构如图 3-44 所示。

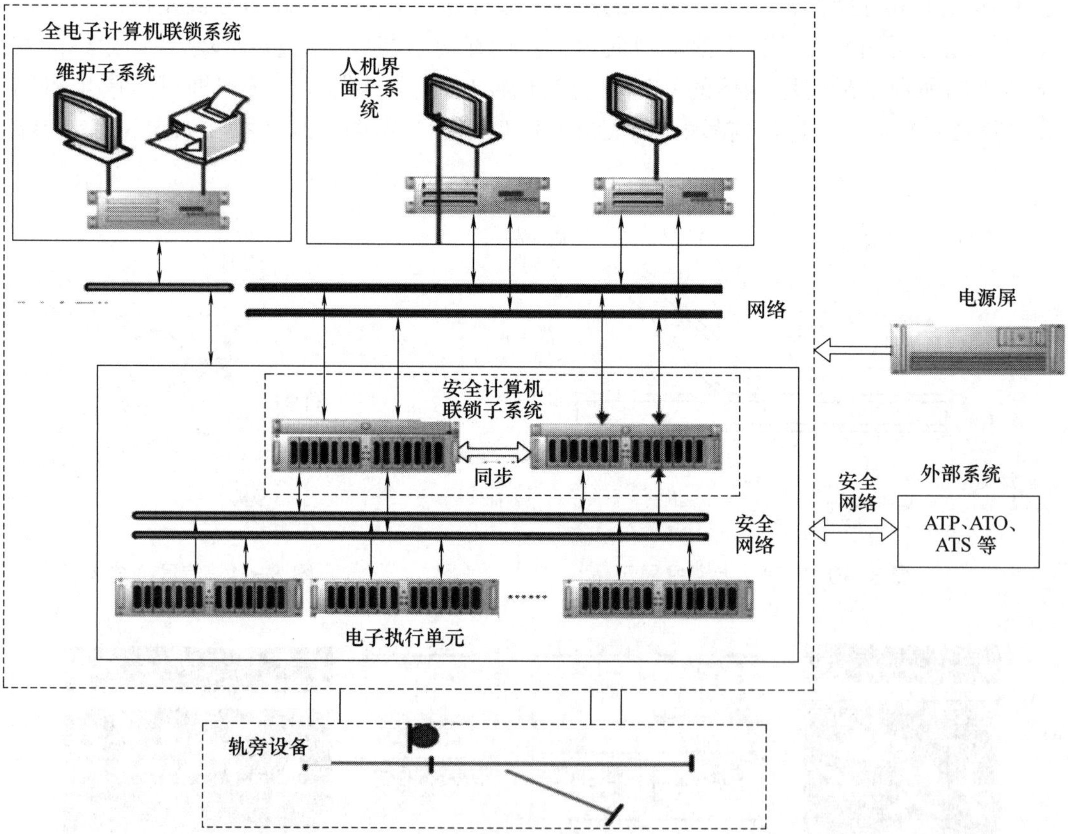

图 3-44　全电子计算机联锁系统架构图

全电子计算机联锁系统代表着信号联锁领域的技术进步，是新一代信号控制的基础核心技术，具有电子化、智能化、网络化特征，主要技术优势如下。

1. 高安全性、高可靠性

全电子计算机联锁系统基于风险的系统化分析方法和理论支撑，依据国内外轨道交通信号系统安全性和可靠性方面的参考标准，通过全面的硬件元器件失效模式和影响分析，以及传统计算机联锁的功能失效分析，实现定性和定量指标计算，确保系统的高可靠性和高安全性。

2. 高可用性

全电子计算机联锁系统以计算机技术、智能化技术、网络技术为基础，可实现双系热冗余设计，且电子执行单元板卡可支持热替换，维修可不中断运营，提高系统的可用性。

3. 高可维护性

全电子计算机联锁系统可对电子执行单元板卡及轨旁信号设备状态进行在线实时检测和监测，可具有自诊断、故障自动定位的功能，当检测到故障时，系统可自动对设备故障状态进行报警，并给出维护提示。

4. 易于扩展

全电子计算机联锁系统无论是硬件还是软件均采用标准化、模块化结构和设计，不同规模、不同业务需求的站/段/场，可通过配置进行定型设计，可实现分布式部署，扩展灵活，易于升级、改造。

5. 集成化程度高，工程化能力强

全电子计算机联锁系统采用电子化的驱采接口设计，减少继电电路，结构上更加简单清晰，设备紧凑占用体积小。采用分布式部署时，可以省去大量电缆，大幅度降低工程造价，且随车站规模增大，成本节省更为显著。电子执行单元采用网络接口，易于实现分布式部署，可方便实现区域计算机联锁功能和分布式联锁功能，进一步提升工程化能力，可明显缩短联锁系统的安装调试工期。

任务总结

本任务主要介绍了计算机联锁的工作原理。重点分析了TYJL-Ⅱ型计算机联锁、SICAS计算机联锁系统和全电子联锁的特点等。计算机联锁是由一套专用的软件来实现车站信号、进路、道岔间的联锁关系的设备。它自动采集处理信号机、道岔、轨道电路的信息，把车站值班员的控制命令和现场的各种表示信息输入计算机，进行联锁关系逻辑运算，实现对车站信号设备的控制和监督。

任务四　联锁进路控制

任务引入

进路控制过程可分为进路建立和进路解锁两个过程。进路建立过程是指从值班员办理进路开始、到信号开放为止的过程，需检查进路建立条件，对进路上道岔进行锁闭。解锁阶段是指列车通过时，解除进路上多组道岔的锁闭。解锁过程必须安全，不能提前解锁、错误解锁、该解锁时不解锁。

知识课堂

一、进路建立

按照进路的控制过程要求，进路建立阶段执行顺序分解为进路选择、道岔控制、进路锁闭和信号控制四个阶段。

1. 进路选择

进路选择的基本任务如下：

（1）检查操作人员的操作手续是否符合操作规范。

（2）检查所选进路是否处于空闲状态，其敌对进路是否已事先建立。

（3）对于选出的进路所涉及的信号、道岔和轨道电路分别设置征用标志，以防止其他进路使用。

（4）将选出进路中涉及的监控对象及对监控对象的状态要求等记录下来，以某种格式供以后联锁使用。

2. 道岔控制

检查进路中各个道岔的实际位置与进路中所需的位置是否相符。如果不符而且道岔未处于锁闭状态，则生成道岔控制命令，将道岔转换到所需位置。

3. 进路锁闭

当与进路有关的道岔位置符合进路需求、进路在空闲状态且没有建立敌对进路等条件满足时，实现进路锁闭。设置进路锁闭这一进程的目的有两个：一是为下一步开放信号创造条件；二是万一信号由于某种原因而不能开放时，可使用其他方式指挥列车沿进路运行，仍是安全的。

4. 信号控制

在进路锁闭后可立即使防护进路的信号机开放，以指示列车驶入进路。但考虑到在信号开放期间可能有非法车辆闯入进路，道岔的位置也可能因违章作业而改变，因此在信号开放期间，除了检查进路锁闭外，还须不间断地检查进路空闲和道岔位置是否正确，一旦发生异常现象，信号应立即关闭。

【实例分析】

某区段部分信号平面图，如图 3-45 所示。选排 D11→5G 的调车进路，则进路建立过程如下：

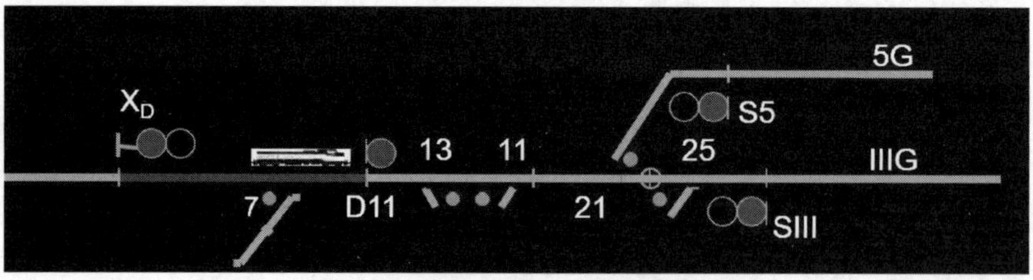

图 3-45 某区段部分信号平面图

（1）操作。按压进路始端按钮 D11A 和终端按钮 S5DA。

（2）选路。选出进路中信号点（D11、S5）和道岔位置（9/11 定位、13/15 定位、

21 反位)。

(3) 道岔转换。21 道岔向反位转换。

(4) 进路选排一致检查。

(5) 锁闭进路(进路显示白光带)。

(6) 开放信号。D11 点亮白灯。

二、进路解锁

1. 正常解锁

正常解锁指列车通过进路中的轨道区段后自动解锁，一般分为分段解锁和一次解锁。一次解锁是指车列完整通过进路后，进路自动解锁；分段解锁是指车列每完整通过进路中一个轨道电路区段，该区段自动解锁。

分段解锁时，要证明车确实进入了进路内方区段、确实离开了进路内方区段，该区段才能解锁。一般采用“三点检查法”。以图 3-46 中区段为例，当满足以下条件时，b 区段自动解锁：

(1) 前一轨道区段 a 和本轨道区段 b 同时被占用。

(2) 前一轨道区段 a 出清并解锁。

(3) 本轨道区段 b 和下一轨道区段 c 同时被占用。

(4) 本轨道区段 b 出清且后一区段 c 被占用。

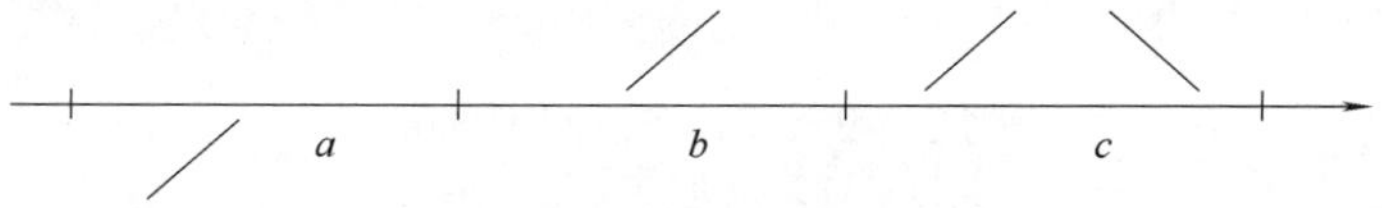

图 3-46　三点检查法示意图

2. 取消进路

取消进路是指进路建立后，因人为需要而取消进路的一种解锁方式。一旦进行取消进路的操作，进路始端信号机立即自动关闭，检查是否需要延时。如果不需要延时，立即取消进路；否则延时 30s 后检查进路的第一个轨道区段是否解锁或被车占用，如已解锁或被车占用终止解锁，否则立即取消进路。

3. 人工解锁

进路建立好以后，当车已驶入接近区段时，进路就处于接近锁闭状态，这时若想变更计划，就不能用取消进路的方法了，而必须用人工解锁。

4. 故障解锁

正常情况下，进路应随着列车驶过进路而自动逐段解锁，但可能由于某种故障，如轨道电路不能正常工作，区段可能不能正常解锁。因此，需要人为强行使该区段解锁，这种人为方式即为故障解锁或强行解锁。

三、其他进路控制

1. 多列车进路控制

进路分为单列车进路和多列车进路，这主要是因为城市轨道交通运行间隔小，车流密度大，列车的运行安全由 ATP 系统保护，所以在一条进路中可能出现多列列车在运行。

多列车进路示意图如图 3-47 所示。S1→S2 为多列车进路，只要监控区空闲，以 S1 为始端的进路就可以排出，S1 信号开放。

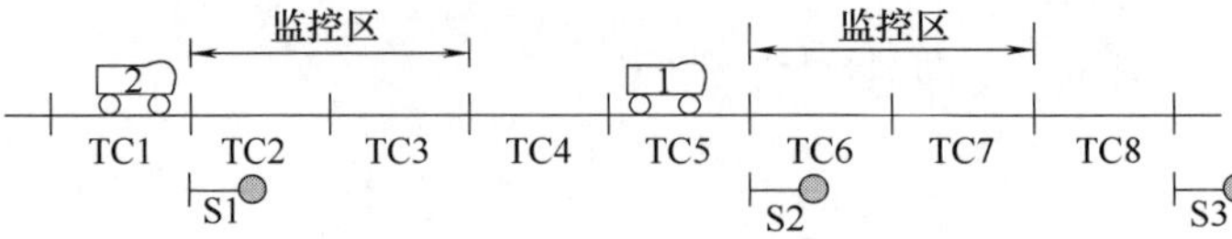

图 3-47　多列车进路示意图

对于多列车进路，当列车 1 离开进路始端信号机的监控区后，可以排列车 2 相同始终端的进路。列车 2 进路排出，列车 1 通过后，进路中的轨道区段直到列车 2 通过后解锁。

如图 3-48 所示，S6→S7 为多列车进路，列车 1 通过 TC2、TC3、TC4 以后，这三个轨道区段正常解锁，这时，可以再次排列进路 S6→S7，S6 开放绿色信号。如果列车 1 继续前进，则通过区段 TC5、TC6、TC7 后，这三个区段不解锁，只有在列车 2 通过这三个区段后才解锁。如果第二次排列的进路需要取消，这时只能取消从始端信号机 S6 到列车 1 之间的进路，其余的进路会随着列车 1 通过后自动解锁。

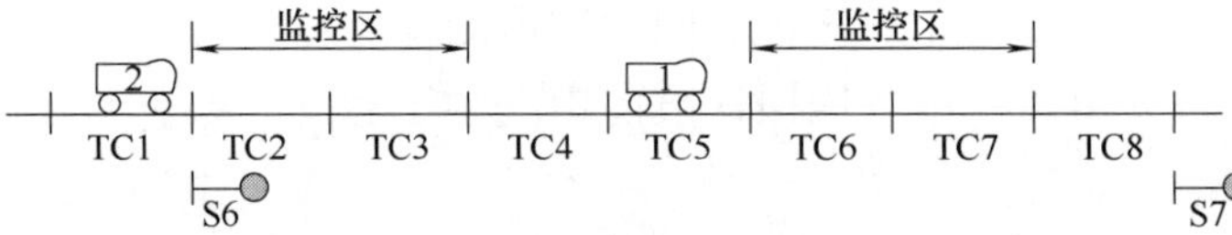

图 3-48　多列车进路排列图

2. 追踪进路控制

追踪进路为联锁系统本身的一种自动排列进路功能。列车接近信号机，占用触发区段（触发区段是指列车占用该区段时引起进路排列的区段，触发区段可能是信号机前方第一个接近区段，也可能是第二个接近区段）。追踪进路排出的前提除了满足进路排出的条件外，进路防护信号机还必须具备进路追踪功能。

如图 3-49 所示，S3、S4 具有追踪功能，TC1、TC5 分别是 S3、S4 为始端的进路的触发区段，列车占用 TC1 时，S3→S4 进路自动排出，S3 开放。列车占用 TC5 时，S4→S5 进路自动排出，S4 开放。

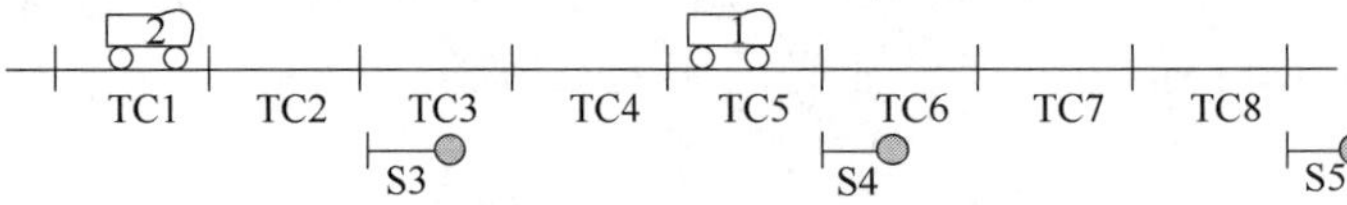

图 3-49　追踪进路示意图

3. 折返进路

列车折返进路作为一般进路纳入进路表。通常，通过列车自动选路，追踪进路或人工排列的折返进路从指定的折返线开始。

4. 联锁监控区段

在装备准移动闭塞的城市轨道交通中，开放信号机前联锁设备不需要检查全部区段，只要检查部分区段，这些被检查的区段叫做联锁监控区段。

联锁监控区段即排列进路时信号机开放所必须空闲的区段，一般为信号机内方两个区段，如图 3-50 所示。如监控区段内有道岔，则在最后一个道岔区段后加一区段作为监控区段。监控区段的长度应满足驾驶模式转换的需要。进路设有监控区段时，只要监控区段空闲，进路防护信号机便可正常开放。

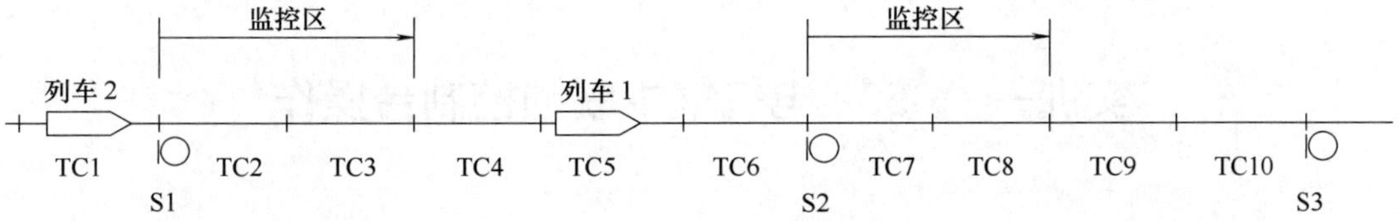

图 3-50　联锁监控区段

5. 保护区段

为了保证列车的运行安全，避免列车由于某种原因不能在信号机停住而导致事故的发生，充分考虑列车的制动距离及线路等因素，在停车点后设置了保护区段，即终端信号机后方的 1~2 个区段为保护区段，如图 3-51 所示。进路可以带保护区段或不带保护区段排出。

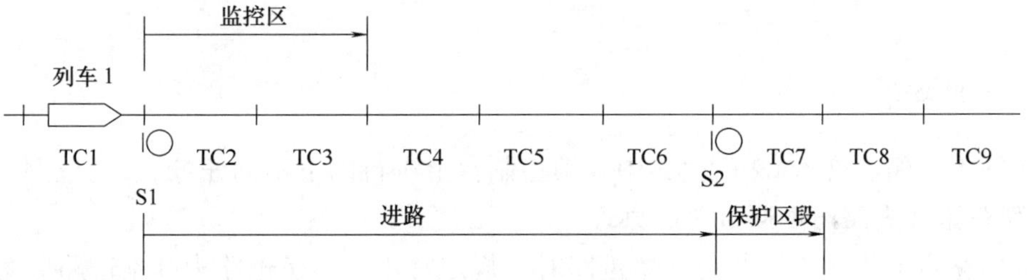

图 3-51　联锁保护区段

6. 侧面防护

城市轨道交通侧面防护是为了避免其他列车从侧面进入进路，与列车发生侧面冲突，如图 3-52 所示。根据防护对象的不同，侧面防护可以分成主进路的侧面防护和保护区段的侧面防护两种。

道岔为一级侧面防护，信号机为二级侧面防护。排列进路时先找一级侧面防护，再找二级侧面防护。

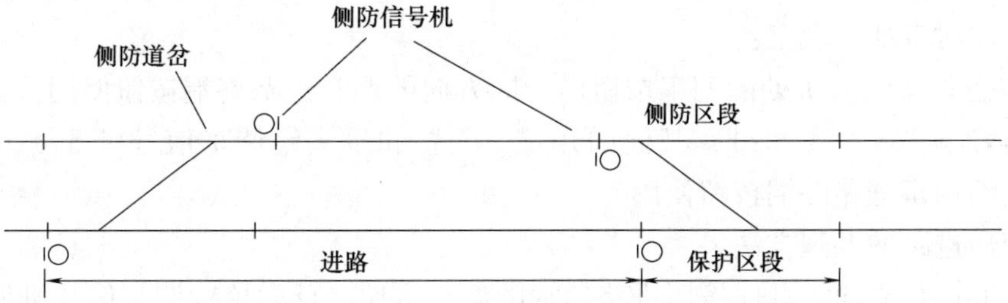

图 3-52　侧面防护

任务总结

本任务主要介绍了联锁系统的进路控制。包含进路的建立、进路的解锁、其他进路控制内容。进路的操作控制是城轨运营维护人员需要重点掌握的主要技能之一。

实践技能

实训一　6502 电气集中联锁控制台操作

一、实训目的

(1) 认识 6502 电气集中联锁室内、室外设备。
(2) 熟悉 6502 电气集中联锁控制台盘面布局。
(3) 能够在控制台上办理列车基本进路、变通进路、调车进路等。

二、实训准备

6502 电气集中联锁实体控制设备一套（或者安装有 6502 操作软件的实训计算机一套）。

三、实训内容

学生两人一组，在 6502 电气集中联锁控制台上进行以下实训任务。

1. 列车基本进路与变通进路的办理

站内由一点向另一点运行有几条进路时，规定常用的一条进路为基本进路；基本进路一般是两点间最近、对其他进路作业影响最小的进路。此时，基本进路以外的进路叫作变通进路。

列车基本进路的办理方法：按列车的运行方向，先后按压进路始端列车按钮和终端列车按钮。

列车变通进路的办理方法：按列车的运行方向，顺序按压进路始端的列车按钮、变通按钮、进路终端的列车按钮。

2. 调车基本进路与变通进路的办理

调车基本进路的办理方法：凡调车信号机处的调车按钮均可作为始端按钮使用，作为终端按钮使用时有如下规定：

(1) 单置调车信号机处的调车按钮作为同方向的调车进路终端按钮使用。

(2) 除单置调车信号机外，其他如并置、差置和尽头线调车信号机等处的调车按钮作为反方向的调车进路终端按钮使用。

调车变通进路的办理方法：

按调车的运行方向，顺序按压进路始端的调车按钮、反向单置调车信号机处的调车按钮或变通按钮、终端的调车按钮；如果进路上无反向单置调车信号机或变通按钮，那么就按长调车进路分段办理。

3. 进路办理练习

如图 3–53 所示为某车站信号设备平面图，进路办理练习步骤如下：

（1）X 至 5G 接车进路。

（2）X 至ⅢG 接车变通进路。

（3）D1 至 D13 调车进路。

（4）D17 至 D7 调车进路。

（5）D5 至ⅡAG 调车进路。

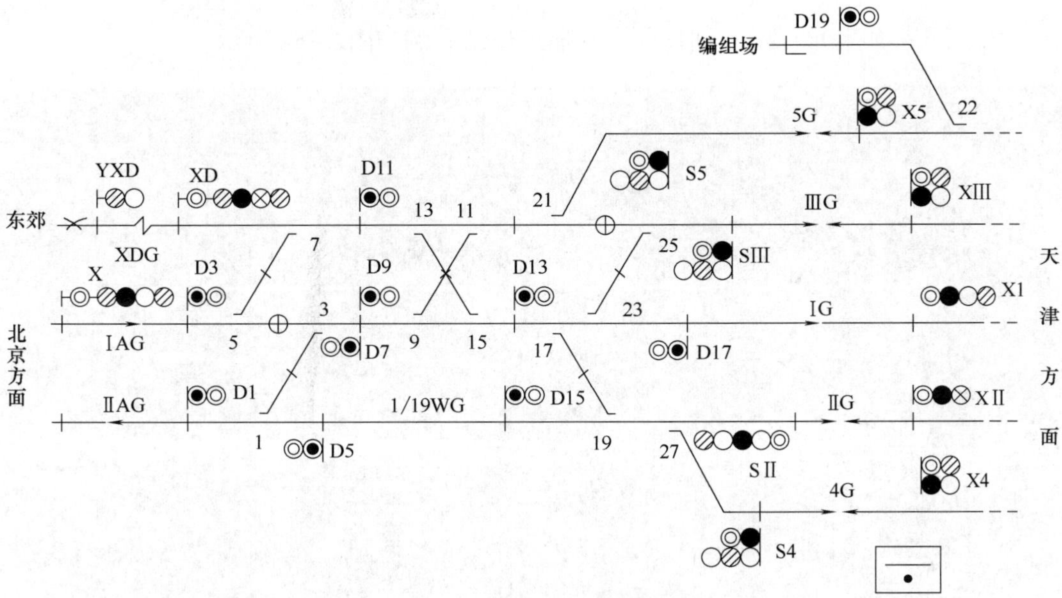

图 3–53　某车站信号设备平面图

四、实训考核标准

本实训考核包含过程考核、实操考核和结果考核，考核标准及分值分配见附录 B　实训考核评价表。其中实操过程中着重考核小组成员对 6502 控制台布局及操作的熟悉程度，各种进路操作办理的准确性。

五、注意事项

（1）可反复练习，通过不同的 6502 控制台进行操作，加强技能训练。

（2）提前熟练 6502 控制台的布局。

实训二　计算机联锁工作站操作

㊟ 本实训项目对标 1+X 城市轨道交通站职业技能等级证书的技能要求，能够对计算机联锁工作站进行操作。

一、实训目的

（1）了解计算机联锁工作站的布局。

（2）会操作计算机联锁工作站。

二、实训准备

计算机联锁现地工作站仿真实训设备。

三、实训内容

学生两人一组完成以下实训任务。现地工作站实例如图 3-54 所示。

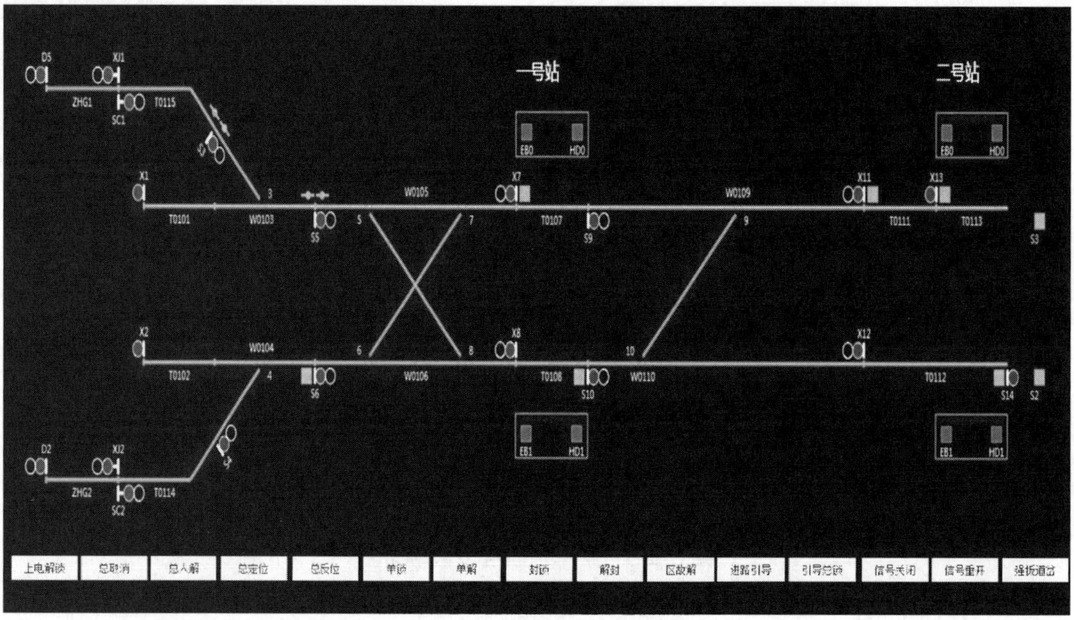

图 3-54　某车站现地工作站布局图实例

（1）认识联锁工作站区域常用按钮。

（2）进路建立。操作排列一条普通列车进路。依次为按钮进路的始端按钮、终端按钮。进路锁闭，显示白光带，信号机显示绿灯或者黄灯。

（3）总取消。点击“总取消”按钮，点击已经建立的进路始端按钮，进路取消，区段解锁，保护区段解锁。

（4）总人解。前置条件：进路开放，接近区段显示占用；使用“总取消”按钮取消该进路，信号机变为红灯，区段未解锁。点击“总人解”按钮，输入密码，点击进路始端按钮，系统开始倒计时，倒计时结束后，该区段解锁。

（5）道岔总定位。点击“道岔总定位”按钮，并点击反位的道岔，道岔随操作命令进行定位转动。

（6）道岔总反位。点击“道岔总反位”按钮，并点击定位的道岔，道岔随操作命令进行反位转动。

（7）道岔单锁。点击“道岔单锁”按钮，并点击道岔，道岔名称变为红色，道岔单独锁闭，单锁后不再响应道岔定、反位操作命令。

（8）道岔封锁。点击“道岔封锁”按钮，并点击道岔，道岔处被封锁，道岔封锁后，不能再排列通过该道岔的进路。

（9）区故解。前置条件：建立一条进路，设置该进路内非第一区段故障，该区段显示绿色光带。点击“区故解”命令，弹出密码窗，输入密码，并点击绿色光带；进行一次确认及二次确认，该绿色光带消失，区段锁闭解锁。

四、实训考核标准

本实训考核包含过程考核、实操考核和结果考核，考核标准及分值分配见附录B　实训参考评价表。其中实操过程中着重考核小组成员对现地工作站布局及操作的熟悉程度，各种进路操作办理的准确性。

五、注意事项

（1）可反复练习，通过不同计算机联锁区工作站进行操作，加强技能训练。

（2）提前熟悉计算机联锁工作站的布局。

（3）注意不同厂家的计算机联锁工作站操作会有不同。

思政课堂

联锁线就是生命线

某年某月，昆明开往郑州的324次旅客列车行至京广线荣家湾站时，与停在站内4道的818次旅客列车尾部冲突，造成324次旅客列车机后1至9车颠覆，10至11车脱轨。818次旅客列车机后15至17车（尾部3辆）颠覆。该起行车事故共造成126人死亡、230人受伤。后经调查分析：这起事故中施工人员将道岔X1、X3配线之间跨接二极管，甩开转辙机内部配线的联锁条件，人为构通了道岔假表示，使得联锁失效，是造成这起特别重大事故的根本原因。室内配合人员在未登记联系的情况下擅离职守，没有及时向室外人员通知列车运行情况，也是导致事故发生的重要原因。

课堂讨论：通过对联锁失效重大安全事故的分析，谈谈你对作业过程中遵章守纪的理解。

应知应会试题

一、填空题

1. 联锁是指____________、____________、____________之间相互制约的关系。

2. 城市轨道交通中，____________是指列车从一个地点运行至另一个地点所经过的路径。

3. ____________是车站值班员集中控制和监督全站的道岔、进路和信号机，指挥列车运行和调车作业的控制中心。

4. 计算机联锁设备硬件上一般采用分层结构形式，主要有______________、______________、______________、______________等。

5. 进路的控制过程可以分为____________和____________两个过程。

二、选择题

1. 控制车站的道岔、进路和信号设备称为（　　）。

A. 信号机　　B. 联锁设备　　C. 转辙机　　D. 联锁装置

2. （多选题）进路包括（　　）。

A. 接车进路　　B. 发车进路　　C. 通过进路　　D. 调车进路

3. 计算机联锁用于实现联锁逻辑运算给出输出指令的是（　　）。

A. 人机交互层　　B. 逻辑控制层　　C. 采集驱动层　　D. 室外设备层

4. （多选题）计算机联锁系统主要功能包括（　　）。

A. 联锁逻辑运算　　B. 轨道电路信息处理

C. 进路、道岔控制　　D. 信号机控制

三、名词解释

1. 联锁
2. 基本进路与变通进路
3. 敌对进路
4. 联锁图表
5. 联锁机

四、简答题

1. 简述联锁的基本内容。
2. 简述 6502 电气集中联锁设备的组成。
3. 简述 TYJL-Ⅱ型计算机联锁系统的组成。
4. 简述进路的建立过程。
5. 简述进路的解锁手续。

项目四　城市轨道交通列车自动控制系统

项目导入

配套视频

城市轨道交通列车自动控制系统

随着计算机和网络技术的迅速发展，信号系统内部、信号系统与通信系统、信号系统与其他信息化系统正在加速重新整合和融合，数字化、网络化、智能化、综合化成为轨道交通通信信号系统发展的趋势。

列车自动控制系统（ATC）是城市轨道交通最大的安全系统，起着控制列车安全运行和提高行车效率的作用。城市轨道交通列车自动控制系统的发展经历了多次革命性的变革：从最初依靠司机的视线控制发展到人工臂板信号控制、信号灯显示控制，再到模拟轨道电路、数字轨道电路、基于无线通信列车自动控制系统（CBTC）、全自动运行系统（FAO），到如今的互联互通、车车通信等。

目前城市轨道交通列车自动控制系统已成为城市轨道交通调度指挥和运营管理的中枢神经。若要提高运输能力、降低运营成本，取得良好的社会效益与经济效益，必须配备现代化的轨道交通列车自动控制系统。

本项目主要介绍城市轨道交通列车自动控制系统的组成、原理、功能及应用情况。

项目结构关系图

城市轨道交通列车自动控制系统知识分析（图 4-1）。

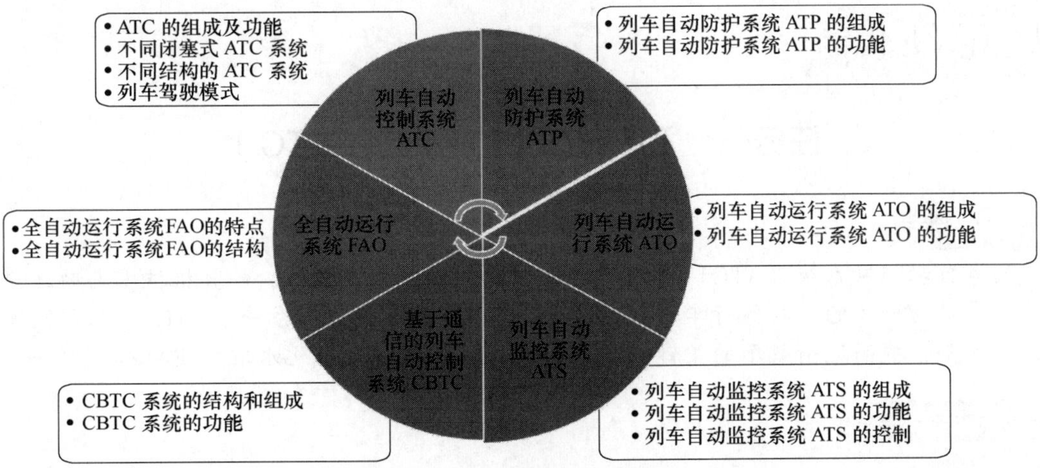

图 4-1　项目四结构关系图

项目四内容紧密对接城市轨道交通客运服务岗位、司机岗位、通信信号岗位的基本知识、能力和职业道德素养要求进行项目任务的划分及编写，涵盖了列车自动控制系统

（ATC）、列车自动防护系统（ATP）、列车自动运行系统（ATO）、列车自动监控系统（ATS）、基于通信的列车自动控制系统（CBTC）和全自动运行系统（FAO）等知识。

教学目标

一、知识目标

（1）了解列车自动控制系统的组成及作用。
（2）理解点式和连续式列车自动控制系统的应用情况。
（3）理解列车自动驾驶模式及使用情况。
（4）掌握列车自动防护系统、列车自动运行系统、列车自动监控系统的结构及功能。
（5）掌握基于通信的列车自动控制系统的特点和关键技术。
（6）掌握全自动运行系统特点。

二、能力目标

（1）列车速度防护的基本操作。
（2）列车驾驶模式的切换操作。
（3）列车监控系统中心及车站级别的工作站的规范操作。

三、素质目标

（1）培养“安全第一、爱岗敬业、使命担当”的工作理念和作风。
（2）培养理论联系实际、自主学习的学习习惯。
（3）树立严谨的工作作风、良好的职业道德。
（4）培养勇于突破、敢于创新的意识品质。

理论知识

任务一　列车自动控制系统（ATC）

任务引入

列车自动控制系统（ATC）是将先进的控制技术、通信技术、计算机技术与轨道交通信号技术融为一体的，具备行车指挥控制与管理功能的自动化系统。ATC是保障轨道交通行车安全、提高运输效率的关键，是轨道交通技术装备现代化水准的重要标志之一。

知识课堂

一、列车自动控制系统的组成和功能

1. ATC系统的组成

列车自动控制系统（Automatic Train Control，ATC）（以下简称“ATC系统”）是城市

轨道交通运行控制系统的重要组成部分，由列车自动防护（Automatic Train Protection，ATP）、列车自动驾驶（Automatic Train Operation，ATO）和列车自动监控（Automatic Train Supervision，ATS）三个子系统，如图 4-2 所示。（简称“3A”子系统）组成。各子系统之间相互支持，实现对列车的控制，保障列车的安全行驶和高效运输。

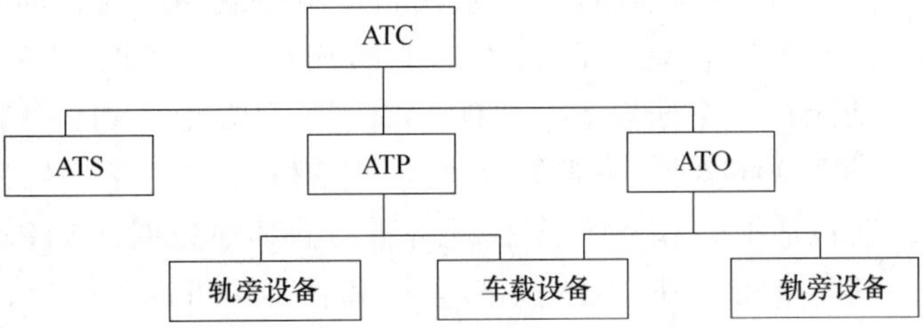

图 4-2　ATC 系统基本构成框架

2. ATC 系统的组成

ATC 系统按地域分为五部分：控制中心设备、车站及轨旁设备、车辆段设备、试车线设备、车载设备等。

ATC 系统包括地面设备与车载设备两部分。地面设备生成并传递列车控制所需要的全部基础数据，如列车运行的限制速度、线路信息等。车载设备通过传输媒介将地面设备传来的信号进行信息处理，形成列车速度控制数据及列车制动模式，并不断监督和控制列车的运行。

ATC 系统设备分布于控制中心（OCC）、车站和轨旁设备及列车上。ATC 系统结构框图如图 4-3 所示。在控制中心内，设置有分布式中心计算机系统、中心数据传输系统、信息管理系统等。中心计算机系统通过内部冗余结构进行全部数据的处理和行车指挥功能，这种结构符合故障—安全原则和可靠性要求。数据传输系统可以对所辖车站及运行中的列车实现双向高速数据传递。

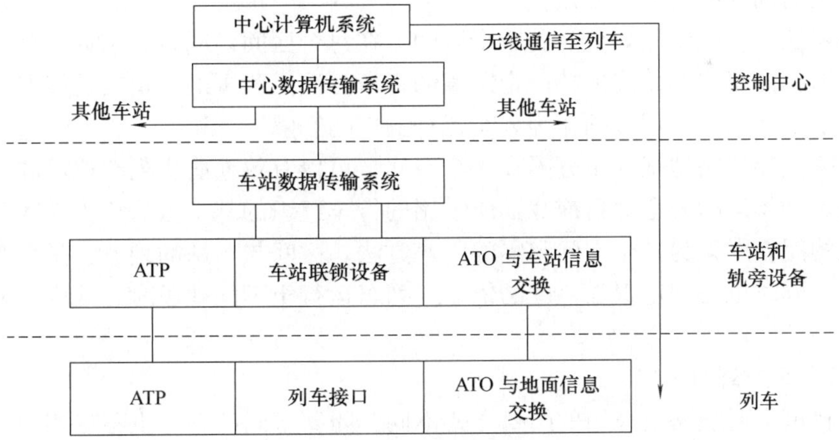

图 4-3　ATC 系统结构框图

3. ATC 系统的功能

ATC 系统主要包括五个功能：ATS 功能、联锁功能、列车检测功能、ATC 功能和列车识别功能。

（1）ATS 功能。可自动或人工控制进路，进行行车调度指挥，并向行车调度员和外部系统提供信息。ATS 功能主要由位于控制中心 OCC 内的设备实现。

（2）联锁功能。响应来自 ATS 功能的命令，在随时满足安全准则的前提下，管理进路、道岔和信号的控制，将进路、轨道电路、道岔和信号的状态信息提供给ATS和ATC。联锁功能由分布在轨旁的设备来实现。

（3）列车检测功能。一般由轨道电路或相应的计轴装置完成。

（4）ATC功能。在联锁功能的约束下，根据ATS的要求实现对列车运行的控制。ATC功能有三个子功能：ATP/ATO轨旁功能、ATP/ATO传输功能和ATP/ATO车载功能。ATP/ATO轨旁功能负责列车间隔和报文生成；ATP/ATO传输功能负责发送感应信号，它包括报文和ATC车载设备所需的其他数据；ATP/ATO车载功能负责列车的安全运营、列车自动驾驶，且给信号系统和列车司机提供接口。

（5）列车识别功能。通过多种渠道传输和接收各种数据，在特定的位置传给ATS，向ATS报告列车的识别信息、目的号码、乘务组号和列车位置数据，优化列车运行状态。

二、不同闭塞制式的列车自动控制系统

1. 闭塞的定义

为了确保列车在区间内的运行安全，列车由车站向区间发车时，必须确认区间内没有列车，并需遵循一定的规律组织行车，以免造成列车正面冲突或追尾等事故。这种为保证列车运行安全，在组织列车运行时通过设备或人工方式控制，使连续发出的列车保持一定间隔安全行车的办法，称为行车闭塞法，简称闭塞。

2. 区间行车组织方法

区间行车组织的基本方法一般有以下两种：时间间隔法与空间间隔法。

时间间隔法，即列车按照事先规定好的时间由车站发车，使前行列车和追踪列车之间始终保持一定时间间隔的行车方法。

空间间隔法，即把线路划分为若干个区间，在每个区间内同时只准许一列车运行，使前行列车和追踪列车之间始终保持一定距离的行车方法。我国的轨道交通线路以车站为分界点划分为若干区间，采用区间作为列车运行的空间间隔。

空间间隔法能严格地把列车分隔在两个空间，可以有效地防止列车追尾和正面冲突事故发生，确保列车运行安全。目前我国所采用的行车组织的基本方法均为空间间隔法，所以现在常说的闭塞默认为基于空间间隔的闭塞方法。区间与车站的划分，是行车组织的一项重要工作，同时也是划定责任范围的依据。列车运行至不同地段时必须取得相应的凭证或许可。

3. 闭塞区间的划分

在城市轨道交通线路上采用的闭塞方式不同，闭塞区间的划分也不尽相同。

（1）采用站间闭塞时，在单线上，以两个车站的进站信号机机柱的中心线作为车站与区间的分界线，如图4-4所示。在双线或多线上，分别以各线路的进站信号机机柱或站界标的中心线作为车站与区间的分界线。两站间的线路区段称为站间区间，如图4-5所示。

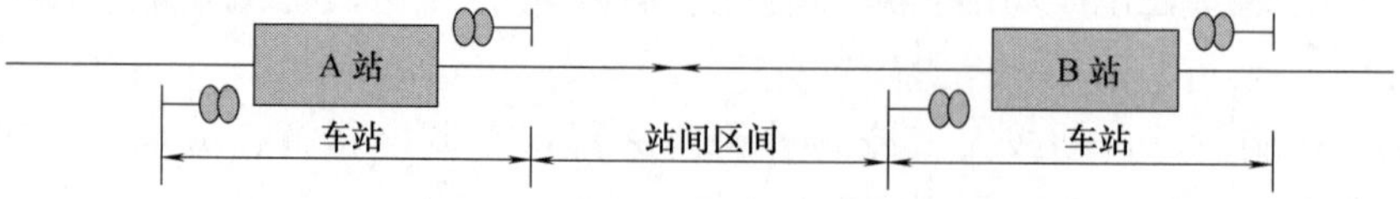

图4-4　单线线路闭塞区间的划分

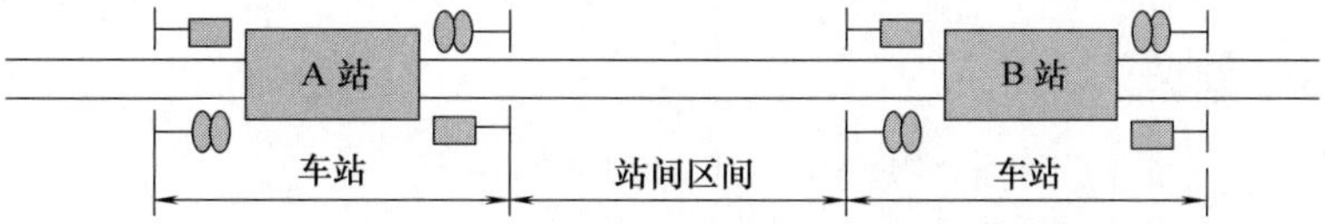

图 4-5 双线线路闭塞区间的划分

（2）采用大区间闭塞时，通常根据作业需要将某些大站设置为闭塞区车站，并非所有的车站都是闭塞分区的分界点，两闭塞区车站之间的线路区段称为大区间，其他车站则为大区间的闭塞分区分界点，如图 4-6 所示。

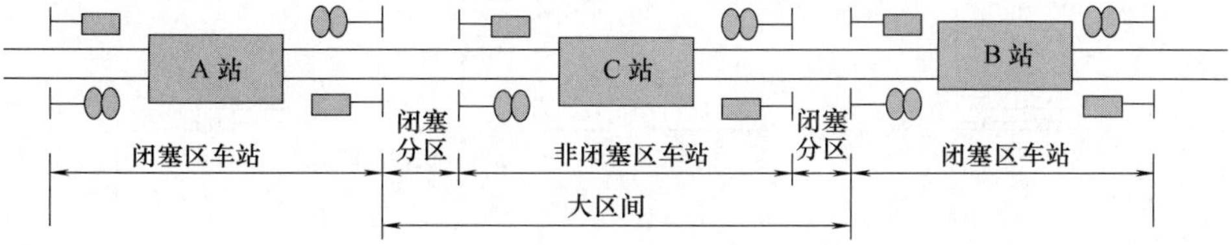

图 4-6 大区间闭塞的划分

（3）当采用移动闭塞时，分界线为同方向能够保持最小行车间隔的前行列车尾部和追踪列车头部，这个闭塞区间是可以移动的，如图 4-7 所示。

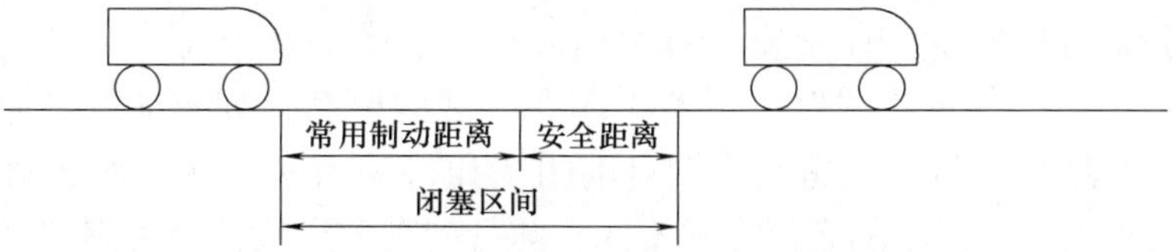

图 4-7 移动闭塞区间的划分

（4）超速防护自动闭塞是指将区间划分为若干闭塞区段，借助列车自动防护系统和列车运行自动完成闭塞功能的行车组织方式，它是地面 ATP 和车载 ATP 两大部分组成。地面 ATP 将当前的速度码发送到车载 ATP 中，车载 ATP 接收地面 ATP 发送来的速度码。若列车的实际速度超过目标速度时，系统将实施制动来保证列车的运行安全。其闭塞区间即为超速防护闭塞分区，行车凭证为车载信号的绿色灯光相对应的速度值。

4. 自动闭塞的分类

从闭塞制式的角度自动闭塞可以分为固定闭塞、准移动闭塞和移动闭塞三种。

（1）固定闭塞式 ATC。固定闭塞是基于传统轨道电路的闭塞方式，闭塞分区按照线路条件经牵引计算来确定，一旦划定将固定不变。固定闭塞的速度控制模式是分级的，即台阶式的。运行列车间的空间间隔是若干个闭塞分区，闭塞分区数依划分的速度级别而定。

一般情况下，闭塞分区是用轨道电路或计轴装置来划分的，它具有列车定位和占用轨道的检查功能。追踪目标点为前行列车所占用闭塞分区的始端，后行列车从最高速开始制动的计算点为要求开始减速的闭塞分区的始端，这两个点都是固定的，空间间隔的长度也是固定的。当列车运行速度超过限速指令时，对列车实施制动控制，固定闭塞速度曲线如图 4-8 所示。

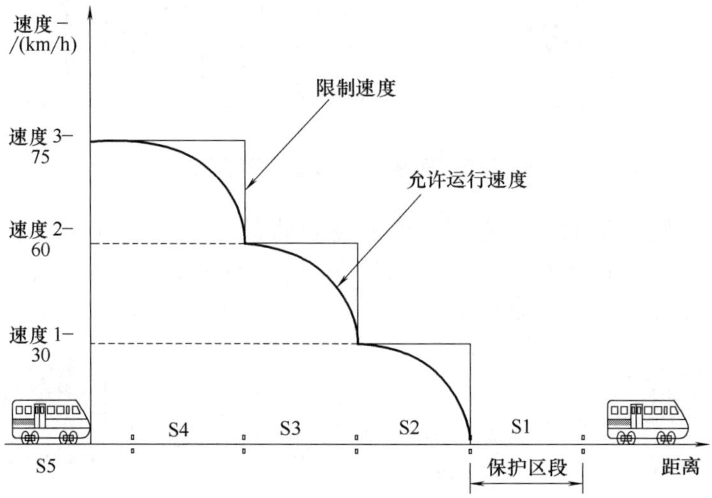

图 4-8　固定闭塞速度曲线

（2）准移动闭塞式 ATC。准移动闭塞是基于轨道电路、应答器和无线传输系统，通过地面控制中心，轨间传输电缆和车载设备等设备，将地面传至车上的前方目标点的距离等一系列基础数据，由车载计算机实时计算出列车允许速度曲线，并按此曲线对列车的实际运行速度进行监控，确保列车运行不越过前方目标点的安全距离。

准移动闭塞中继续保留将线路分成若干闭塞分区的概念，列车前方目标点的安全距离为固定闭塞分区，是介于固定式超速防护自动闭塞和移动闭塞自动闭塞之间的一种闭塞方式。准移动闭塞对前、后列车的定位方式不同，前行列车的定位仍沿用固定闭塞的方式，后行列车的定位则采用连续的或移动的方式。目标距离控制模式根据目标距离、目标速度及列车本身的性能确定列车制动曲线，不设定每个闭塞分区速度等级，采用一次制动方式。

准移动闭塞的追踪目标点是前行列车所占用闭塞分区的始端，留有一定的安全距离，而后行列车从最高速开始制动的计算点是根据目标距离、目标速度及列车本身的性能计算决定的。后行列车的追踪目标点相对固定，在同一闭塞分区内不依前行列车的走行而变化，制动的起始点是随线路参数和列车本身性能不同而变化的。空间间隔的长度也是不固定的。显然准移动闭塞的追踪运行间隔要比固定闭塞小一些。准移动闭塞速度曲线如图 4-9 所示。

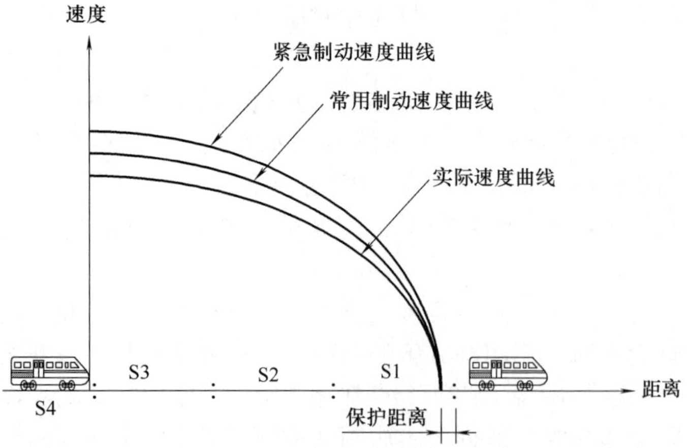

图 4-9　准移动闭塞速度曲线

（3）移动闭塞式 ATC。移动闭塞是基于感应环线或无线传输系统，通过地面控制中心、轨间传输电缆和车载设备等设备，将地面传至车上的前方目标点的距离等一系列基础数据，由车载计算机实时计算出列车最大允许速度曲线，并按此曲线对列车的实际速度进行监控，达到列车超速自动防护，确保列车运行不越过前方目标点的安全距离。

移动闭塞线路没有固定划分的闭塞分区，列车间隔是动态的，并随前一列车的移动而移动；列车间隔是按后续列车在当前速度下所需的制动距离，加上安全余量计算和控制的，确保不追尾；制动的起点和终点是动态的，轨旁设备的数量与列车运行间隔关系不大；可实现较小的列车运行间隔；采用地-车双向传输，信息量大，易于实现无人驾驶。移动闭塞速度曲线如图 4-10 所示。

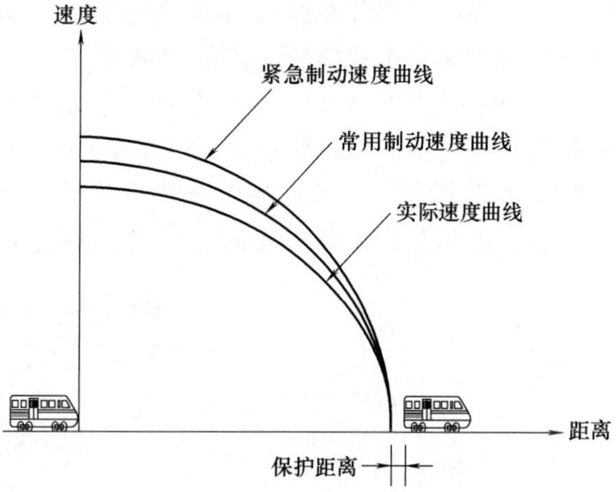

图 4-10　移动闭塞速度曲线

三、不同结构的列车自动控制系统

ATC 系统按照其信息传递的方式可以分为点式 ATC 系统和连续式 ATC 系统。

1. 点式 ATC 系统

点式 ATC 系统由车载设备和地面设备组成，主要是地面应答器、轨旁电子单元以及车载设备。点式 ATC 系统的主要功能是实现列车超速防护，所以又称为点式 ATP 系统。点式 ATC 系统基本结构，如图 4-11 所示。

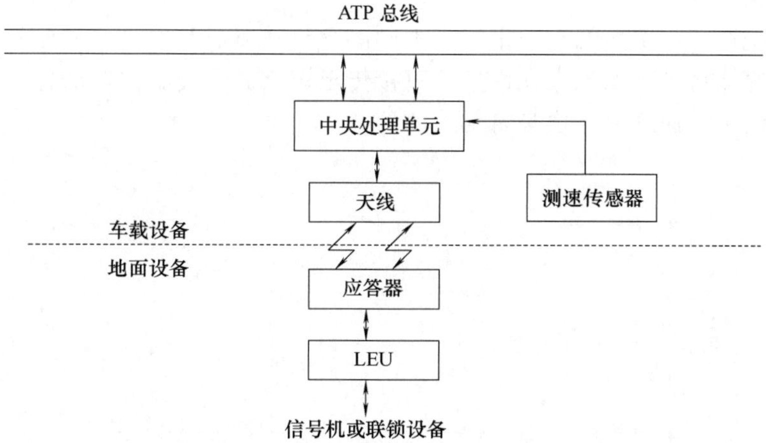

图 4-11　点式 ATC（P）系统基本结构

点式 ATC 系统所使用的地面应答器具有高信息容量、结构简单等优点，但是难以胜任高密度的情况。后行列车通过地面应答器获知前方有车后算出一条制动曲线，后行列车驶过时前车已驶离，后行列车通过地面应答器时不能得到新的信息，只能减速到下一个地面应答器。点式 ATC 系统对列车的速度控制是阶梯式的，不利于列车的平稳驾驶。

（1）地面应答器。地面应答器通常设置在信号机旁或者设置在一段需要降速的缓行区间的始、终端。接收车载设备发射的能量，内部寄存器按协议以数码形式存放实现列车速度监控及其他行车功能所必需的数据。

（2）轨旁电子单元LEU。轨旁电子单元是地面应答器与信号机之间的电子接口设备，任务是将不同的信号显示转换为约定的数码形式。

（3）车载设备。车载设备由车载应答器、测速传感器、中央处理单元、驾驶台上的显示装置、操作与记录装置等部分组成，如图4-12所示。

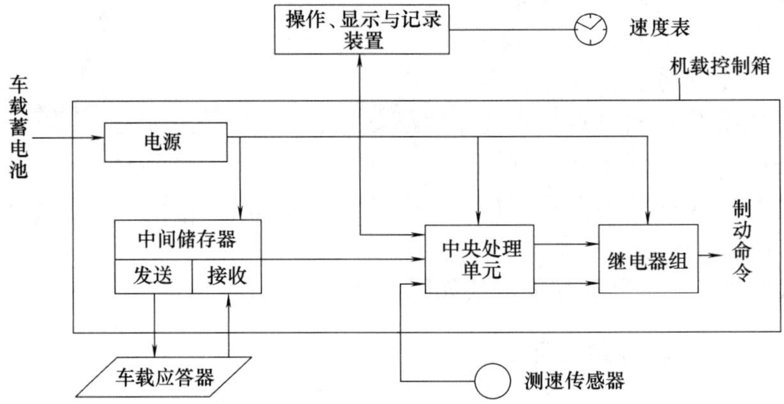

图4-12　点式ATC系统车载设备组成

2. 连续式ATC系统

连续式ATC系统有速度码系统和距离码系统两种。当轨道电路区段上无车时，轨道电路发送的是轨道电路检测信号或检测码；当列车驶入轨道电路区段时，立即转发速度信号或者有关数据电码。

速度码系统通常用不同的频率来代表不同的允许速度，如图4-13所示。由控制中心通过信息传输媒体将列车的最大允许速度直接传至车上，这类制式在信息传递与车上信息处理方面比较简单，速度分级也是阶梯式的。

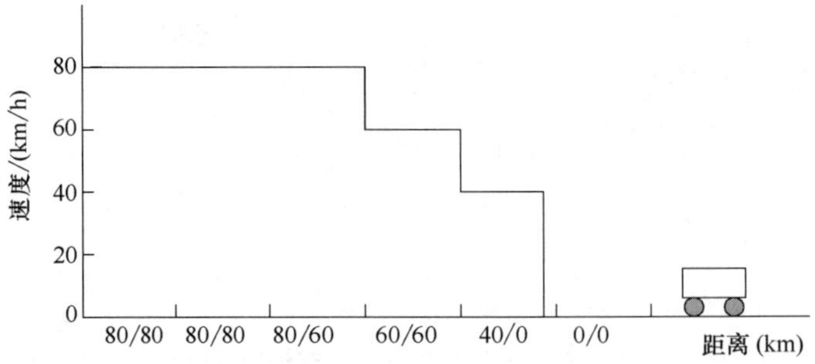

图4-13　阶梯式限速曲线（图中“80/80”是区段“入口/出口”限制速度）

距离码系统从地面传至车上的是前方目标点的距离等一系列基本数据，车载计算机根据地面传至车上的各种信息（如区间最大限速、目标点距离、目标点允许速度、区间线路坡度等）以及存在车载单元内列车自身固有数据（如列车长度、常用制动及紧急制动的制动率、测速及测距信息等），实时计算出允许速度曲线，并按此曲线对列车的实际运行速度进行监控。

我国大多数城市轨道交通的ATC采用距离码系统。距离码系统的数据传输、实时计算以及列车车速监控都是连续的，所以速度监控是实时、无级的，可以有效地实现平稳驾驶与节能运行，如图4-14所示。

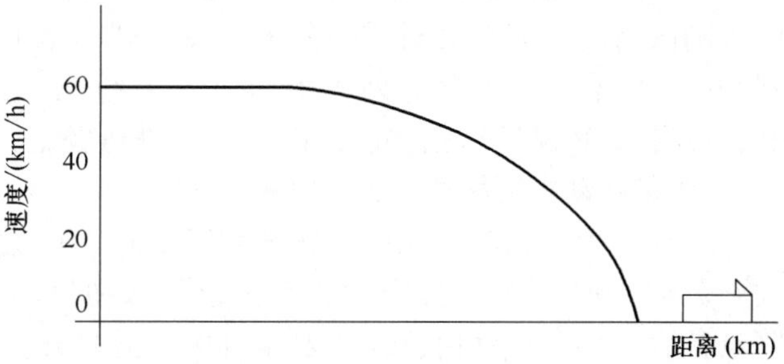

图4-14　连续ATC速度控制

四、列车驾驶模式

列车驾驶模式分为正线的列车自动运行模式（ATO模式）、ATP监督下的人工驾驶模式（CM模式或ATPM模式）、限制人工驾驶模式（RM模式）和非限制人工驾驶模式（URM模式或NRM模式）及列车折返时的列车自动折返模式（AR模式）。某地铁列车驾驶模式选择开关，如图4-15所示。

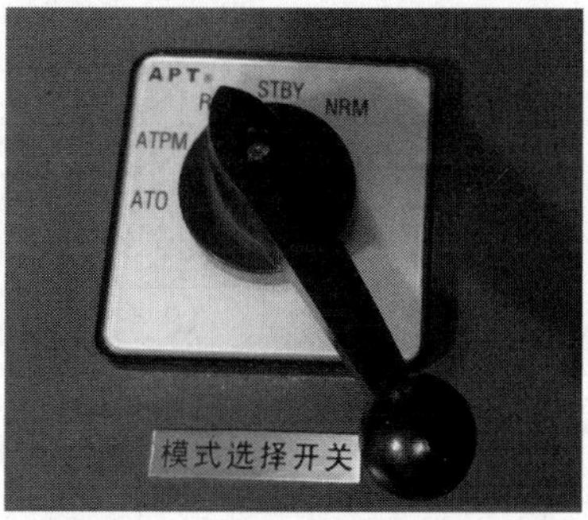

图4-15　驾驶模式选择开关

1. 列车自动运行模式（ATO模式）

ATO模式是正线上列车运行的正常模式，此模式时列车能够正常接收ATP/ATO信息，自动控制列车启动、加速、制动，定位停车和车门、站台门的开启。司机只需要观察线路情况，列车DMI、TOD显示屏、门全关闭指示灯显示等，发现异常及时处理，观察监视器显示确认无人上下车后，使用站台侧关门按钮关闭客室车门。列车司机将模式开关选择至“ATO”位，司控器置于“0”位，按压ATO启动按钮大于2s，可启动该模式。

2. ATP监督下的人工驾驶模式（CM模式或ATPM模式）

此模式时司机在ATP的监督下使用司机控制器平稳操纵列车运行，列车启动、加速、常用制动、开门等都由司机操作，ATP设备实时监督列车速度。当列车接近ATP限制速度时给出警告，提醒司机减速行驶。如果司机不能及时减速到限制速度以下，ATP自动启动紧急制动，直到停车。此模式由司机将模式开关选择至“ATPM”位，司控器置于非“0”位时启动。

3. 限制人工驾驶模式（RM模式）

此模式是一种受约束的人工操作，必须“谨慎运行”。列车由司机根据轨旁信号驾驶，ATP仅监督允许的最大限速值。一般车载ATP给出一个25km/h的限制速度，列车一旦超过此速度，ATP系统就会实施紧急制动。该运行模式通常在下列情况下使用：

（1）列车在车辆段范围内（非ATC控制区域）运行时。

（2）正线运行中，联锁设备、轨道电路、ATP轨旁设备、ATP列车天线或地对车通信其中之一发生故障时。

（3）列车在正线退行时。

4. 非限制人工驾驶模式（URM 模式或 NRM 模式）

此模式是不受限制的人工驾驶（无 ATP 监督）模式，用于车载 ATP 设备故障以及车载设备测试情况下完全关断时的列车驾驶。列车是由司机根据轨旁信号和调度员的口头指令驾驶的，没有速度监督。列车由司机人工驾驶，ATP 的紧急制动输出被车辆控制系统切断，没有 ATP 保护措施。这种模式必须进行登记，列车运行安全完全由司机负责。

5. 列车自动折返模式（AR 模式）

列车到达折返站时，此模式实现列车的自动折返。在规定停站时间结束后，司机选择模式开关到“AR”位，按压“自动折返”按钮启动，列车自动进入折返线并停车，折返进路具备后，列车自动由折返线发车到站台并打开车门和站台门。

任务总结

本任务主要介绍了列车自动控制系统的组成及作用、不同闭塞制式的列车自动控制系统、不同结构的列车自动控制系统及列车驾驶模式等内容。当前城市轨道交通具备高安全性、高速、节能等特性，现代城市轨道交通已经发展成为以列车自动控制系统为核心的综合自动化系统。

配套视频

ATP 系统

任务二　列车自动防护系统（ATP）

任务引入

城市轨道交通的信号系统中，列车自动防护（Automatic Train Protection，ATP）系统是非常重要的组成部分，它能有效降低列车驾驶员的劳动强度，提高行车效率，为列车行驶提供安全保障。如果没有 ATP 系统，列车的行车安全需要由列车驾驶员保障，这样会造成列车驾驶员过度疲劳，产生安全隐患，为行车作业效率带来负面影响。

知识课堂

ATP 系统是保证行车安全、防止列车进入前方列车占用区段和防止列车超速运行的设备。ATP 系统负责全面的列车运行保护。ATP 车载设备具有常用制动和紧急制动两级防护控制的能力，在常用制动失效后，可实施紧急制动。

列车常用制动是列车在正常行驶过程中，由列车的制动系统施加给列车的制动。

列车紧急制动是列车在超速行驶或遇到其他会危及列车行车安全的异常情况时，对列车施加的制动。列车紧急制动时所产生的制动力，是列车的制动系统所能提供的最大制动力。列车紧急制动的响应时间比列车常用制动的响应时间要短；一旦对列车实施了紧急制动，只能通过特殊处理才能将紧急制动解除。

某地铁驾驶台上司控器手柄的紧急制动位（EB），如图 4-16 所示。某地铁驾驶台上常用的制动显示灯和紧急制动按钮，如图 4-17 所示。

一、列车自动防护系统（ATP）的组成

ATP 系统主要由两部分组成，即用以实现控制列车运行的车载设备和用以产生控制信息的轨旁设备。ATS 系统负责监督和控制 ATP 系统；联锁系统和轨道空闲检测装置为

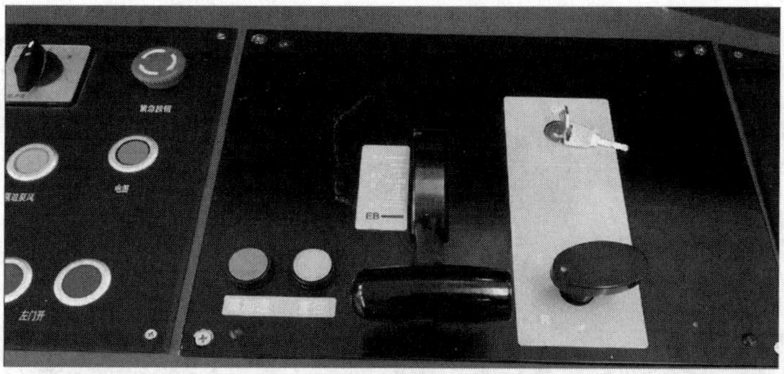

图 4-16　某地铁驾驶台上司控器手柄的紧急制动位（EB）

ATP 提供基层的安全信息；列车是 ATP 的控制对象。

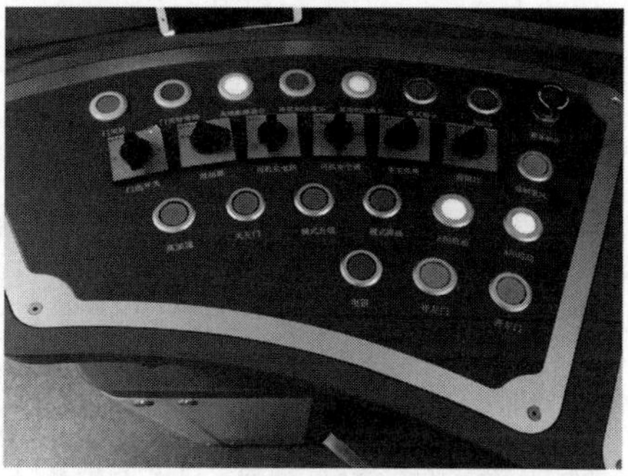

图 4-17　某地铁驾驶台上常用制动显示灯和紧急制动按钮

1. ATP 车载设备

ATP 车载设备主要包括车载主机、驾驶员状态显示单元、速度传感器、列车地面信号接收器、列车接口电路、电源和辅助设备等，如图 4-18 所示。

（1）车载主机。ATP 的车载主机由各种印刷电路板、输入/输出接口板、安全继电器和电源等设备组成。这些设备分层放在机柜中，各板之间利用机柜上的总线进行通信，如图 4-19 所示。

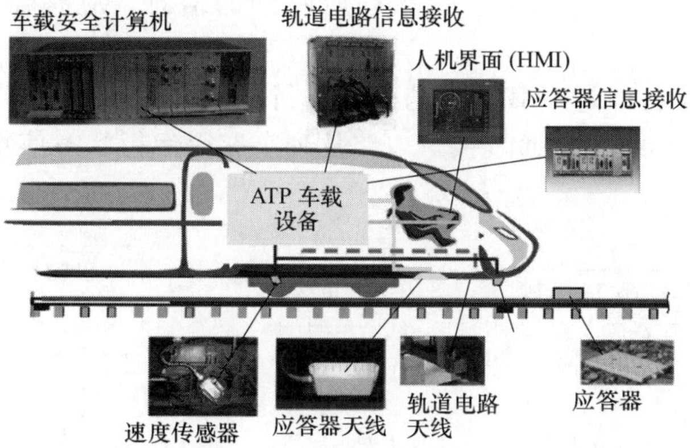

图 4-18　ATP 车载设备

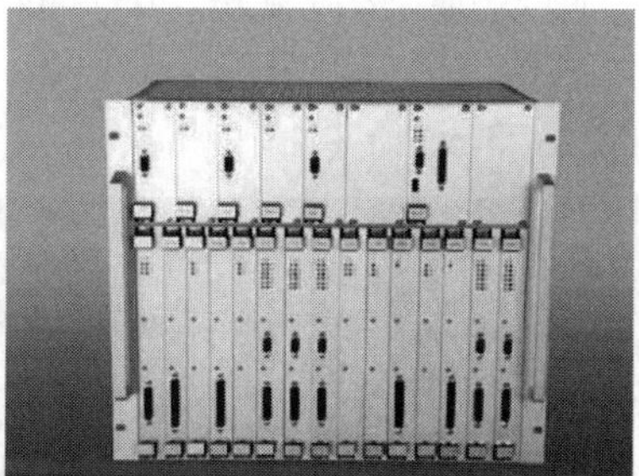

图 4-19　ATP 车载主机

（2）状态显示单元。状态显示单元是车载系统与列车驾驶员之间的人机界面，可以显示列车当前运行速度、列车到达某点的目标速度列车的走行距离、列车的驾驶模式和有关设备的运行状况等信息状态显示单元同时设置有一些按钮，用于驾驶员控制列车运行，如图 4-20 所示。

（3）速度传感器。通常在列车上装有两个速度传感器，安装在列车的车轴上，用于测量列车的运行速度和列车运行距离及判定列车运行的方向，如图 4-21 所示。有些列车也会安装多普勒雷达测速。

图 4-20　状态显示单元

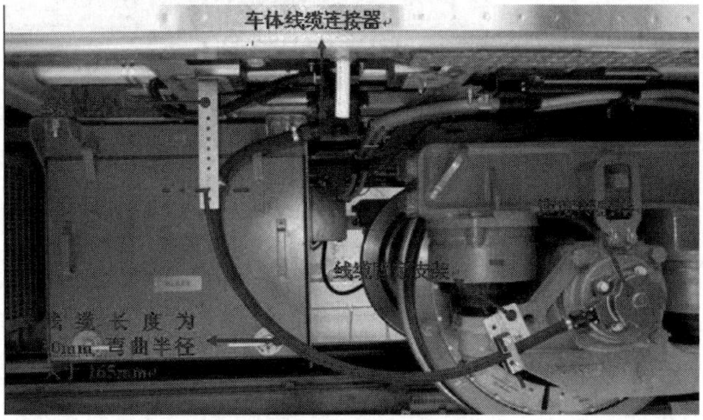

图 4-21　速度传感器

（4）列车地面信号接收器。列车地面信号接收器安装在列车底部，用于接收从轨道传来的信息。这些信息可以由地面轨道电路发送，或由安装在地面的专用设备（如应答器）发送给列车。根据所接收的信息格式、容量和处理速度等因素，列车地面信号接收器被设计为感应天线或其他形式，以保证列车在能及时接收和处理所收到的信息。应答器天线如图 4-22 所示。

（5）列车接口电路。ATP 的车载设备通过车载主机与列车进行接口，车载主机将控制信息通过接口电路传送给列车，同时车载主机通过接口电路从列车获得运行状态信息，如图 4-23 所示。

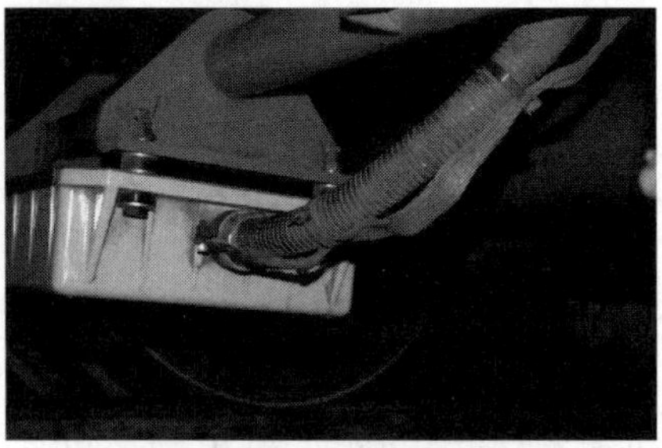

图 4-22　应答器天线

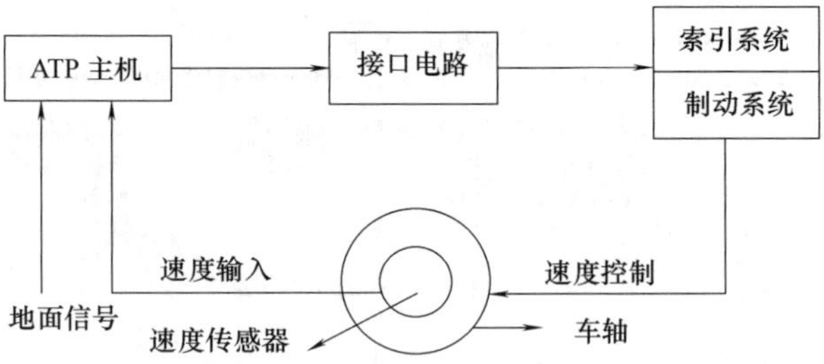

图 4-23　ATP 系统与列车之间的接口关系

（6）电源和辅助设备。列车为 ATP 提供所需的电源，列车上还有列车运行模式选择开关、各种电源开关和其他一些辅助设备等。

2. ATP 轨旁设备

ATP 系统的核心设备安装在列车上，但是它所需的主要信息来自轨旁设备。根据城市轨道交通信号系统的不同制式，列车自动防护系统地面设备可以设置点式应答器、轨道电路或计轴器，向列车传递信息，由安装在列车上的设备接收和处理。

（1）点式应答器。通常会在线路上间隔一定的固定距离设置点式应答器（图 4-24），存储线路中有关列车运行的信息。在列车经过时，由安装在列车车底的查询器感应接收或读取信息，然后由车载主机对这些信息进行综合分析处理。

图 4-24　应答器

（2）轨道电路和计轴器。轨道电路除了具有表示列车是否占用轨道的功能外，还可以向线路实时发送列车运营所需的信息，由列车接收和处理。现在使用较为广泛的计轴器，同样具有检查区段占用与空闲的功能，而且不受轨道线路道床状态等的影响。

二、列车自动防护系统功能

ATP 系统通常需要和联锁系统共同作用完成列车安全运行的保护作用。ATP 车载设备能连续检测列车的位置、监督速度限制、防护点和根据列车在站台区域的精确停车控制列车车门和站台安全门。ATP 轨旁设备连续监视和检查联锁条件，比如道岔的监督、紧急停车按钮监督、侧面防护和其他进路的情况。

1. 速度监督与超速防护

ATP 轨旁设备从联锁和轨道空闲检测系统获得驾驶指令，整理成相应格式的数据后传输至 ATP 车载设备。驾驶指令通常包括目标速度、目标距离、最大允许线路速度和线路坡度等。ATP 车载设备通过这些数据计算当前位置的列车允许速度，最终将列车运行所需的数据由驾驶室显示器指示给司机。某驾驶台速度显示器如图 4-25 所示。

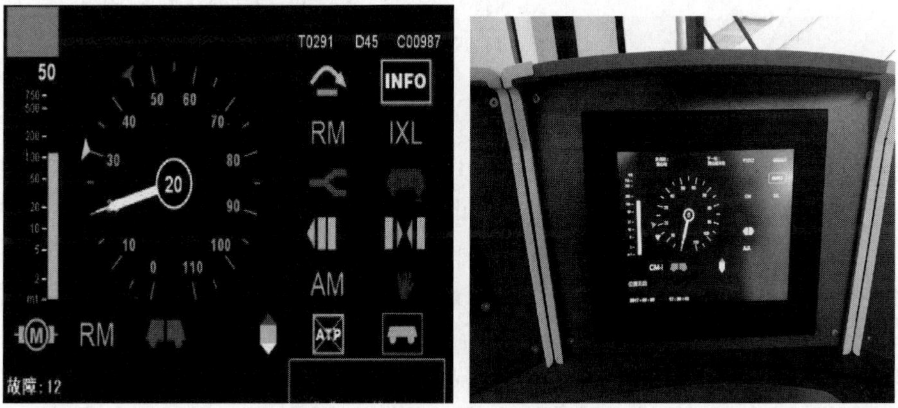

图 4-25　某驾驶台速度显示器

ATP 车载设备对列车实际运行速度与列车允许速度进行比较。当列车实际运行速度超过列车允许速度时，ATP 的车载设备就会发出制动命令，发出报警后控制列车进行常用全制动或实施紧急制动，使列车自动制动。

2. 测速与测距

（1）测速。列车运行速度的测量是速度控制的依据。速度值的准确和精度直接影响列车控制的效果。测速有车载设备自测和系统测量两种方式。车载设备自测设备有测速电动机、轮脉冲传感器和多普勒雷达测速器等，它们安装在拖车的轮轴上。

（2）测距。ATP 车载设备通过连续测量列车行驶的距离，可以随时查找列车的精确位置。可采用沿线路等间距放置的地面应答器进行测速测距。地面应答器的数据由装在列车上的查询器读取。每个地面应答器都有独一无二的识别号，存储在 ATP/ATO 系统存储器中。系统可以确保在指定范围内对轮脉冲速度传感器发出的信号进行自动重新校正，进一步确定列车位置。

3. 车门与站台安全门控制

当列车在车站的预定停车区域内停稳且停车点的误差在允许范围内时，地面定位天线会收到车载定位天线发送的停稳信号，列车从 ATP 轨旁设备收到车门开启命令，ATP 才会允许车门操作，车载定位天线和地面定位天线才能很好地感应耦合并进行车门开关操作。

列车停站时间结束，地面停站控制单元启动 ATP 轨旁设备，停发开门信号，由司机关闭车门，同时站台安全门关闭。

4. 列车检测

采用轨道电路或计轴器等 ATP 轨旁设备作为列车检测设备。通过发送不同的信息检测区段是否有车占用，通常检测的数据送入联锁设备中。

5. 停车点防护

停车点有时就是危险点，危险点在任何情况下都是不能越过的，因为这会导致危险情况发生。如站内有车时，停车点为车站的起点，在停车点前方通常需设置一段防护段，ATP 系统通过计算得出紧急制动曲线，即以该防护区段入口点为基础，保证列车不超越入口点，如图 4-26 所示。

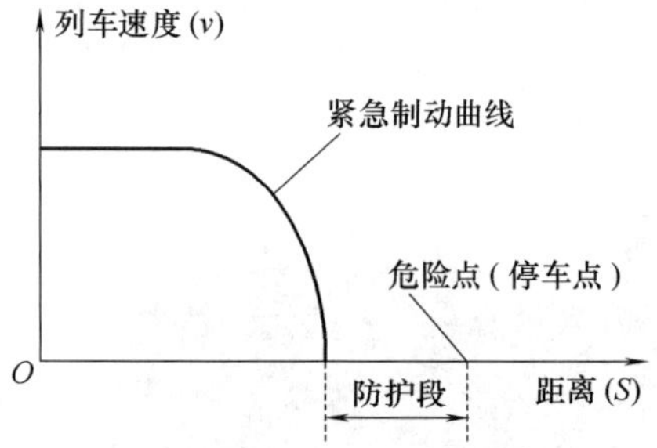

图 4-26　停车点防护

6. 司机人机接口（MMI）功能

MMI 提供信号系统与司机的接口。借助 MMI，司机可以按照 ATP 系统的指示运行。MMI 向司机显示实际速度和最大允许速度，以及 ATP 设备的运行状态。MMI 还会显示列车运行时产生的重要故障信息，在某些情况下伴有音响报警（例如超过最大允许速度）。显示信息的类型和范围取决于设备的操作规程和 ATP 设备的配置。

MMI 功能包括司机显示功能和音响报警功能。

（1）司机显示功能。司机显示功能向司机提供驾驶列车时所需的全部信息，包括实际速度、允许速度、从最大限制的 ATP 功能条件下推算出的目标距离/速度、“驾驶状态”（即在牵引、惰性和制动方式下移动）、“运行模式”（RM、SM、ATO 或 AR 模式），列车折返运行。列车停在预定停车窗以外的车门状态、列车车门打开一侧的情况、关门指令、出站命令、车辆段显示、实施紧急制动、ATP/ATO 故障等。

（2）音响报警功能。当列车速度/位置超过警告速度曲线时会发出音响报警。音响报警功能的输入是 ATP 速度曲线、列车实际速度和位置、ATP 功能紧急制动实施的显示。音响报警功能的输出对司机进行音响报警。图 4-27 所示为驾驶台上的音响报警灯。

图 4-27　驾驶台上的音响报警灯

7. 折返功能

当列车停在折返轨，会自动选定 AR 模式，并接收到相应的报文。此时，安装在司机操作控制台上的 AR 指示灯亮起，并显示可以执行折返处理。司机按压 AR 按钮表示接受，AR 指示灯闪亮。司机关闭驾驶控制台，列车并在没有司机的情况下实施自动折返。司机离开原驾驶室，如果需要的话司机会走到列车另一端的驾驶室。在折返有效时，列车另一端驾驶室里的 AR 指示灯闪亮，表示该驾驶室已经可以使用。司机打开当前驾驶室的司机操作控制台，ATP 车载单元进入 SM 模式并准备列车的返回运行。

任务总结

本任务主要介绍了列车自动防护系统的组成及功能。它是列车自动控制系统（ATC）的安全中心。尤其在城市轨道交通运营作业繁忙的线路上，列车自动防护系统的设置非常必要，它是行车作业的安全保障。

配套视频

ATO 系统

任务三　列车自动运行系统（ATO）

任务引入

ATP 是城市轨道交通列车运行时不可少的安全保障，列车自动驾驶（ATO）则是提高城市轨道交通列车运行水平（准点、平稳、节能）的技术措施。人工驾驶列车运行时，司机操纵驾驶手柄控制列车加速、减速和停车。而 ATO 则可以实现正常情况下的高质量自动驾驶，提高列车的运行效率，增强列车驾乘舒适度，节省能源。ATO 系统是提高城市轨道交通列车运行水平的重要技术措施。

知识课堂

ATO 主要用于实现“地对车控制”，即用地面信息实现对列车驱动、制动的控制，包括列车自动折返，根据控制中心指令自动完成对列车的启动、牵引、惰性和制动，显示车门和站台安全门开关信号，使列车以最佳工况安全、正点、平稳地运行，如图 4-28 所示。

ATO 实现列车自动驾驶，需要 ATP 和 ATS 提供支持。ATP 向 ATO 提供列车运行的速度、线路允许速度、目标速度和目标距离，以及列车当前所处位置等基本信息；ATS 向 ATO 提供列车运行作业和计划。

当列车处在自动驾驶模式时，车载 ATO 运用牵引和制动控制，实现列车的自动运行。

图 4-28 列车自动驾驶

ATO 为非故障-安全系统，其控制列车自动运行，主要目的是模拟最佳司机的驾驶，实现正常情况下高质量的自动驾驶。

一、列车自动运行系统组成

ATO 系统主要由轨旁设备和车载设备组成。

1. ATO 轨旁设备

ATO 轨旁设备通常也用作 ATP 轨旁设备，接收与列车自动运行有关的信息。地面信息接收发送设备和轨道环线都属于 ATO 轨旁设备。如点式应答器和轨道电路能够接收来自列车 ATO 车载天线发送的信息，也能够把 ATS 有关信息通过轨道环线或其他轨旁设备发送到列车上，由列车 ATO 车载设备进行接收和处理。

地面信息接收发送设备通常安装在线路旁，调谐控制部分通常安装在信号设备室内，轨道环线安装在线路上。

2. ATO 车载设备

ATO 车载设备主要包括设在列车两端司机室内的 ATO 车载控制器及安装在列车两端司机室车体下的两个 ATO 接收天线和两个 ATO 发送天线。ATO 车载设备还包括 ATO 附件，这些附件用于速度测量、定位和司机接口。

车载 ATO 子系统一般车头、车尾各设置一套，通过与车载 ATP 子系统共用头尾通信以及车辆接口设备实现 ATO 的相关功能，并确保系统的可靠性与可用性。ATO 车载子系统组成如图 4-29 所示。司机控制台如图 4-30 所示。

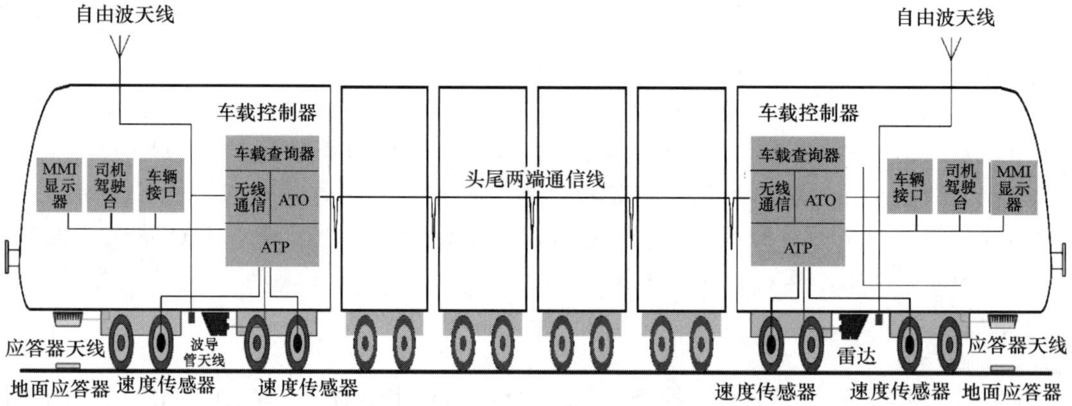

图 4-29 ATO 车载子系统组成

ATO 车载设备通常和 ATP 车载设备安装在同一个机架内。ATO 车载控制器是 ATO 的核心组成部分，它从 ATP 车载设备获得必要的信息，如列车运行速度和列车位置信息等，并进行实时处理，计算出列车当前所需的牵引力和制动力，向列车发出请求。列车牵引或制动系统收到请求指令后，对列车施加牵引或制动，使列车得到实时控制。ATO 车载控制器，如图 4-31 所示。

图 4-30　司机控制台

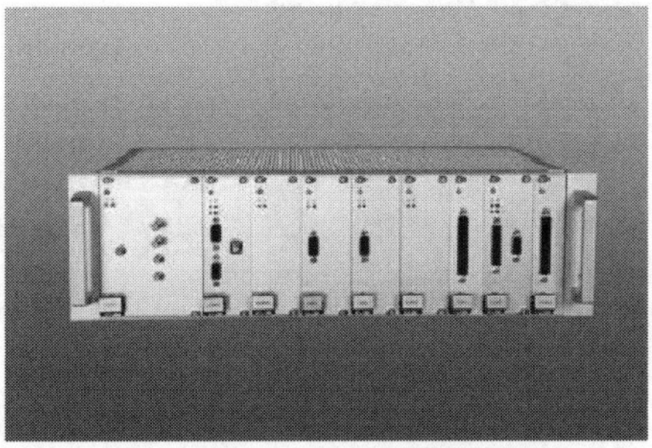

图 4-31　ATO 车载控制器

ATO 车载天线一般安装在列车第一列编组车体下，如图 4-32 所示。ATO 车载天线接收地面 ATS 传输的信息，同时向地面 ATS 发送列车状态信息，常用的自由波和波导天线，如图 4-33 所示。

图 4-32　车载天线

司机接口使列车司机通过人机界面可以选择列车运行模式，操纵列车在相应模式下运行。

ATO 子系统没有独立的设备，它与 ATP 子系统共用车载硬件设备。ATO 子系统的软件安装在与车载 ATP 子系统共用的车载计算机中，但使用独立的 CPU。

图 4-33　自由波和波导天线

车载 ATO 设备为主备冗余，当主 ATO 单元发生故障时，会自动从主 ATO 单元切换到备用 ATO。主 ATO 和备用 ATO 单元运行同样的软件，得到相同的传感器输入和独立计算。在一个时间，只有一个 ATO 单元是主 ATO，与其他子系统，如 ATP、车辆、TOD 和 ATS 等接口。备用 ATO 不提供任何输出。

ATO 具有一个双向通信系统，通过车载 ATO 天线和地面 ATO 环线允许列车直接与车站内的 ATS 连接，可以实现最佳的运行控制，完成程序停车、运行图和时刻表调整、轨旁/列车数据交换、目的地和进路控制等功能。

ATO 具有定位停车系统，为列车提供精确的位置信息，帮助列车实现精确停车。精确定位系统为天线和接近盘。接近盘如图 4-34 所示。

图 4-34　接近盘

二、列车自动运行系统（ATO）的功能

ATO 的功能分为基本控制功能和服务功能。基本控制功能包括自动驾驶、无人自动折返、自动控制车门开闭，这三个控制功能独立地运行。服务功能包括列车位置、允许速度、巡航/惰行、PTI 支持功能等。

1. ATO 基本控制功能

（1）自动驾驶。驾驶台 ATO 启动按钮，如图 4-35 所示。

① 自动调整列车运行速度。ATO 车载控制器通过比较列车实际运行速度、ATP 给出的最大允许速度和目标速度，并结合线路的情况，自动控制列车的牵引和制动，使列车在区间内的每个区段始终控制速度运行，并尽可能减少牵引、惰行和制动之间的转换。

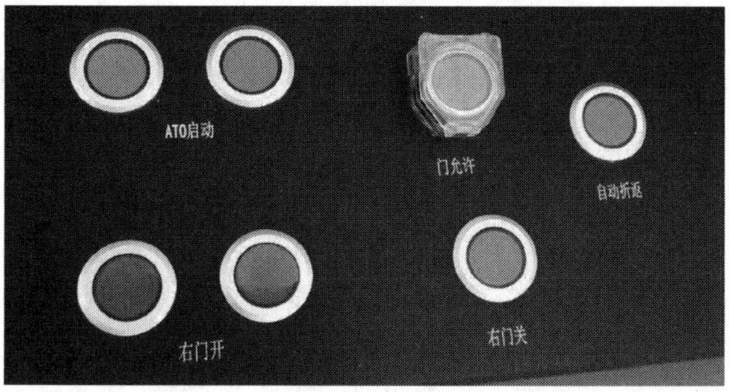

图 4-35　驾驶台 ATO 启动按钮

② 停车点的目标制动。车站停车点作为目标点，由 ATP 轨旁单元和 ATS 系统控制。当停车特征被启动后，ATO 系统基于列车速度、预先决定的制动率和距停止点的距离计算出制动曲线，采用最合适的速度使列车减速，并准确、平稳地停在规定的停车点。

③ 车站自动发车。当发车安全条件符合时，ATO 会给出启动显示，司机按下启动按钮，ATO 使列车从制动停车状态转为驱动状态。

④ 区间内临时停车。ATP 系统给出目标位置及制动曲线，并将数据传送给 ATO 系统车载设备，ATO 系统得到目标速度为“0”的速度信息后自动启动列车制动器，使列车平稳停在目标点前方 10m 左右，此时车门由 ATP 系统锁闭。一旦前方停车目标点取消，速度信息改为“进行”后，ATO 会使列车自动启动。

⑤ 限速区间。临时性限速区间的数据由轨道电路等轨旁设备通过固定格式的报文传输给 ATP 车载设备，再由 ATP 车载设备将减速命令经 ATO 传达给动车驱动、制动控制设备之间的接口。对于长期的限速区间，数据可事先输入 ATO，在执行自动驾驶时，ATO 会自动考虑到该限速区间。

（2）无人自动折返。无人自动折返是一种特殊情况下的驾驶模式，在这种驾驶模式下无需司机控制，而且列车上的全部控制台将被锁闭。从接收到无人驾驶折返运行许可时，列车就自动进入 AR 模式。授权经驾驶室 MMI 显示给司机，司机必须确认这个显示，并得到授权锁闭控制台。只有按下站台的 AR 按钮以后，才能实施无人驾驶列车折返运行。

（3）自动控制车门开闭。ATO 是车门控制命令的发出者，ATO 只在自动模式下执行车门开启。当列车到达定位停车点，ATO 发出停车信号给 ATP，以保证列车制动，ATP

检测车速为零，由 ATP 监督是否具备开门条件，当 ATP 给出开门命令时，可以按事前的设定由 ATO 自动打开车门，也可由司机手动打开正确一侧的车门。同时，车辆发送信息给地面，打开相应的站台安全门。

列车停站结束后，司机按下关门按钮，如图 4-36 所示，发出关门信号，同时发送信号给站台关闭安全门，车站检查站台安全门关闭且锁紧，允许 ATP 发送速度命令信息，列车检查车门关闭且锁紧，启动出站。

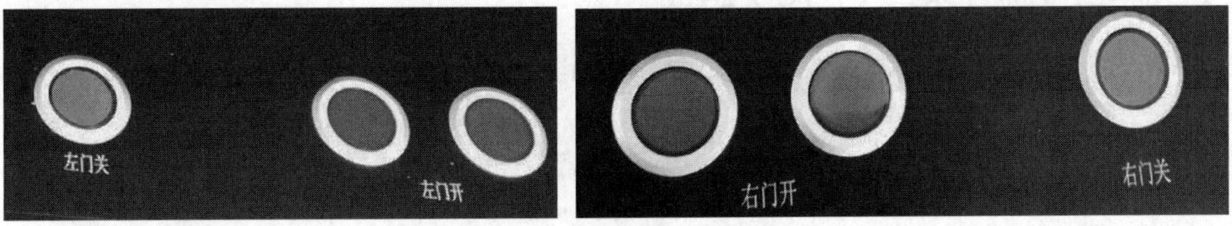

图 4-36　驾驶台关门按钮

2. ATO 系统服务功能

（1）列车位置功能。列车位置功能指的是从 ATP 功能中接收当前列车的位置和速度等详细信息。根据上一次计算后所运行的距离来调整列车的实际位置。

（2）允许速度功能。允许速度功能为 ATO 速度控制器提供列车在轨道任意点的对应速度值。这个速度没有被优化，只是低于当前速度限制和制动曲线给出的限制。

（3）巡航/惰行功能。巡航/惰行功能指的是按照时刻表自动实现列车区间运行的惰行控制，同时节省能源，保证最大能量效率。ATO 巡航/惰行功能协同 ATS 中的 ATR（列车自动调整）功能，并通过确定列车运行时间和能源优化轨迹功能实现巡航/惰行功能。

（4）PTI 支持（列车识别）功能。列车识别功能指的是通过多种渠道传输和接收各种数据，在特定的位置（通常设在列车进入正线的入口处）传给 ATS，向 ATS 报告列车的识别信息、目的号码和乘务组号，以及列车位置数据，以优化列车运行。

任务总结

本任务主要分析了列车自动运行系统的组成及功能。列车自动运行系统在 ATP 子系统的安全防护下，根据 ATS 提供的信息自动控制列车运行，完成列车的自动调整、定点停车和节能控制。

配套视频

ATS 系统

任务四　列车自动监控系统（ATS）

任务引入

列车自动监控系统（ATS）是城市轨道交通运营的重要组成部分，根据时刻表对全线列车进行监控，实现进路控制、运行图管理、列车移动监督、运行调整和仿真与培训等功能。ATS 利用可靠的网络结构，与 ATP 和 ATO 一起完成对全线列车运营的管理和监控功能。

知识课堂

ATS 主要实现对列车运行的监督和控制，包括列车运行情况的集中监视、自动排列进路、自动列车运行调整、自动生成时刻表、自动记录列车运行实迹、自动进行运行数据统计及自动生成报表、自动监测设备运行状态等，辅助调度人员对全线列车进行管理。

ATS 能与 ATP、计算机联锁设备或继电联锁设备配套使用，并有与时钟系统、旅客向导系统和综合监控系统的接口。ATS 为非故障—安全系统，列车的安全运行由 ATP 来保证。

一、列车自动监控系统（ATS）组成

ATS 主要由控制中心设备、车站设备、车辆段设备等组成，如图 4-37 所示。

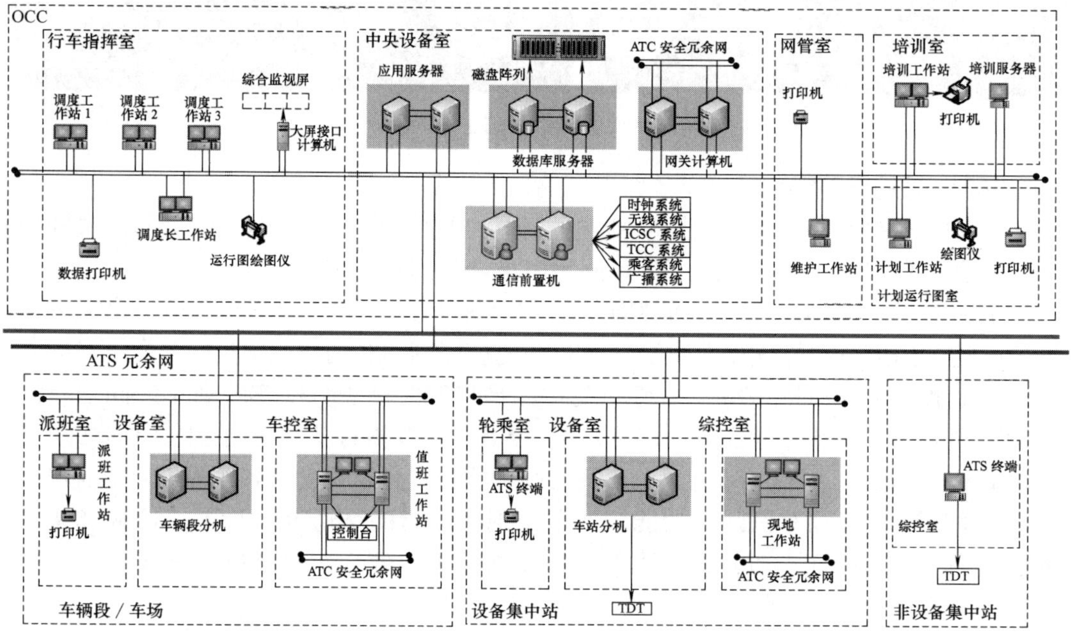

图 4-37　ATS 组成

1. 控制中心设备

控制中心设备是 ATS 的核心，用于状态表示、运行控制、运行调整、车次追踪、时刻表编制及运行图绘制、运行报告、调度员培训与其他系统的接口。控制中心设备组成，如图 4-38 所示。

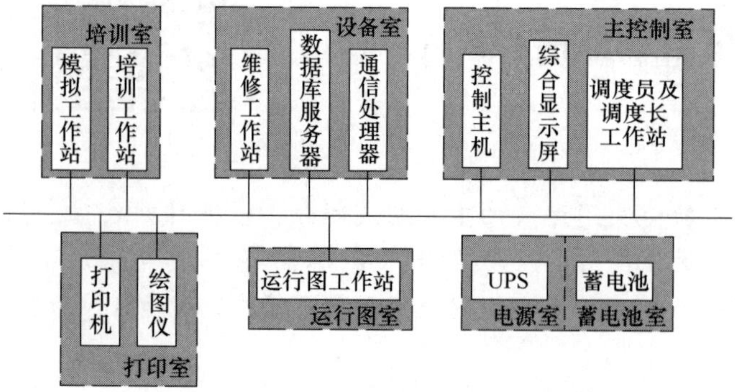

图 4-38　ATS 控制中心设备组成

ATS 控制中心设备主要包括设于设备室的应用服务器、数据库服务器、通信服务器、系统管理服务器、时刻表服务器等中心计算机系统，设于主控制室的综合显示屏、调度员及调度长工作站，设于运行图室的运行图工作站和设于培训室的培训/模拟工作站，如图 4-39 所示。

（1）中心计算机系统。主要

用于保证系统可靠性，为主副双套设备，可自动或人工切换。应用服务器负责全线的 ATS 功能，完成列车追踪、自动调度、自动进路、自动列车调整和控制请求确认等功能。数据库服务器持续存储接收到的事件、ATS 用户控制请求，ATS 自动给控制请求、报警，并为用户生成包含所有这些数据的报告。通信服务器提供与其他子系统和外部系统间的接口和协议转换，包括时钟、通信传输系统、车站通信系统、综合监控系统等。系统管理服务器主要负责系统数据存储，处理不受运行事件影响的数据，如系统配置、计划时刻表、计划运行图等，只有在系统启动或询问指令或参数设置才需要从系统管理服务器中读取数据。时刻表服务器用来建立离线时刻表的操作平台，主要是进行时刻表的编译。系统管理服务器存储的计划时刻表由时刻表服务器提供。

图 4-39 控制中心综合显示屏和工作站

（2）综合显示屏。主要用来监视正线列车运行情况和监视系统设备状态。

（3）调度员和调度长工作站。用于显示信号平面布置图、监控信号系统设备，是行车调度指挥和实际操作的平台。调度员在控制中心监视和控制联锁设备和行车，工作站显示计划运行图和实际运行图。

（4）运行图/时刻表编辑工作站。用于建立并修改基本的时刻表，该时刻表将被载入 ATS 用于自动运行。

（5）培训/模拟工作站。使用列车运行的仿真软件，仿真列车运行和异常，不参与实际列车控制，主要进行实习调度员模拟操作。

2. 车站设备

车站分集中联锁站和非集中联锁站。

（1）集中联锁站设备。集中联锁主要由 ATS 分机以及车站现地控制工作站组成。

ATS 分机是设备集中站的核心设备，负责与车站联锁系统、车站 ATP 系统、发车指示器进行接口，负责将联锁采集的表示信息，及车站 ATP 设备传递过来的列车位置、状态等信息传递到调度中心 ATS 系统。车站 ATS 分机还要将调度中心传递过来的进路指令及列车运行指令，通过联锁和 ATP 系统传递到地面和车载设备。ATS 分机需要具备本地计划存储功能，当中心 ATS 与车站 ATS 中断时，ATS 分机能够按照预定的计划继续生成指令控制地面和车载设备。

集中联锁站设置 ATS 车站现地控制工作站，提供列车运行的本地显示和经由 ATS 授权后的联锁区域本地控制功能。ATS 车站现地控制工作站用户监视本联锁区内列车的移动。在正常运营状态下，工作站可以实现车站 ATS 工作站的功能；在降级运营模式下，工作站具有本地控制功能。车站控制室 ATS 工作站，如图 4-40 所示。

（2）非集中联锁站设备。非集中联锁站也由 ATS 分机以及车站现地控制工作站组成。

ATS 分机只是一个经过功能裁剪的轻量级分机。非集中联锁站的 ATS 分机不需与联锁和 ATP 设备接口，只需要完成发车指示器信息内容的计算驱动，负责车站现地控制工

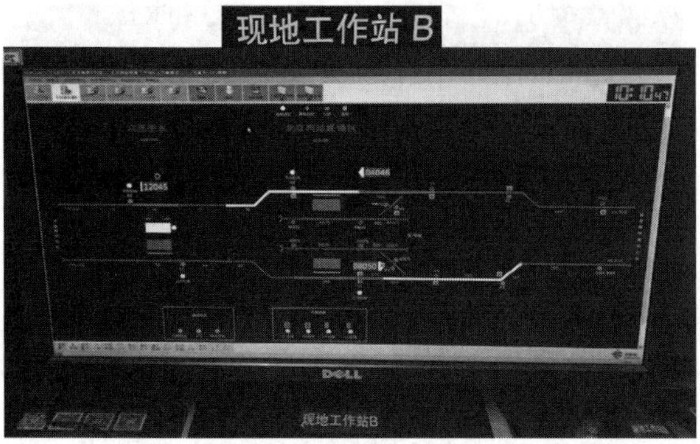

图 4-40　车站控制室 ATS 工作站

作站与中心以及其他系统数据的转发。非集中联锁站的现地控制工作站也较集中联锁站的现地控制工作站简单，主要是提供站场以及列车车次号监视功能，还提供基本的扣车、跳停办理等功能。

非集中联锁站设备功能简单，根据不同的应用要求，可以省略掉分机系统，将现地控制工作站与设备集中站分机相连。非集中联锁站的 PTI、PIS 均通过集中联锁站的 ATS 分机与 ATS 系统联系。有岔非集中联锁站的道岔和信号机由集中联锁站的计算机控制，通过集中联锁站的 ATS 分机接收 ATS 系统的控制命令。

3. 车辆段/停车场设备

（1）ATS 分机。车辆段一般设一台 ATS 分机，用于采集车辆段内存车库线的列车占用与进/出车辆段的列车信号机的状态，在控制中心显示屏上显示信息，以便控制中心及车辆段值班员及车辆管理人员了解段内停车库线列车的车次及车组运用情况，正确控制列车出段。车辆段不纳入正线统一的按照计划作业自动进路办理流程，ATS 分机只与联锁接口，提供车辆段人工操作指令处理，并将车辆段站场表示信息传递到中心 ATS。

（2）车辆段终端。车辆段派班室和信号楼控制室各设一台终端，与车辆段 ATS 分机相连，根据来自控制中心的实际时刻表建立车辆段作业计划，如图 4-41 所示。车辆段终端通过与中心 ATS 交互，获取列车运行计划，生成司机出乘计划，并将机车运行计划上传到中心 ATS 系统。车辆段联锁设备，通过 ATS 分机控制中心交换信息，实现段内运行列车的追踪监视，车辆段与控制中心间提供有效的传输通道。

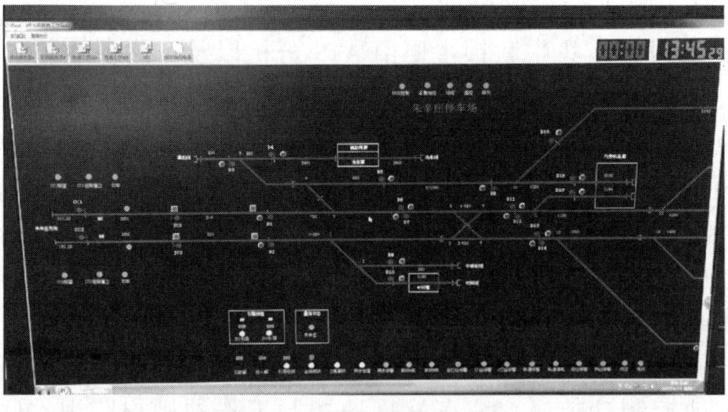
图 4-41　车辆段控制终端

二、列车自动监控系统功能

1. 列车监视和跟踪

进行在线列车的监视、跟踪、车次的移位及显示。

（1）列车监视。列车监视是用计算机再现列车运行情况。列车运行由轨道空闲和占用的信号设备来驱动。

（2）车次号输入、追踪、记录和删除。当列车由车辆段或其他地点进入正线运行时，ATS 将根据计划时刻表自动给计划列车加入车次号。列车车次号的输入方式有：在读站自动输入车次号、时刻表系统提出车次号、系统自动生成虚假车次号、调度员人工输入车次号。列车车次号输入用于修改和确认列车车次信息。

（3）列车运行识别。列车运行由轨道占用信号从“空闲”到“占用”的切换显示来识别。一旦列车运行被检测到，就会通过计算机再现。

（4）集中显示。控制中心表示分为大屏表示盘和显示器。在站场布置图上显示正线全线列车运行及信号设备的工作状况，如列车位置及车次号、信号显示、道岔位置、轨道电路状态、进路状态及开通方向、车站控制状态（站控或遥控）、行车闭塞方式、站台扣车状态、信号设备报警等，以及根据调度员的需要在显示器上显示车辆段内列车运用状况及各种报告。某地铁线路对在线列车的监视和跟踪，如图 4-42 所示。

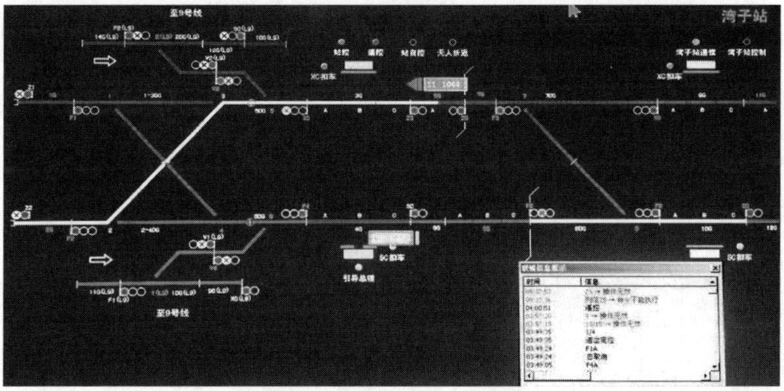

图 4-42 某地铁线路对在线列车的监视和跟踪

2. 自动排列进路

控制中心能对列车进路、信号机、道岔实现集中控制，可根据当日列车运行计划时刻表自动控制列车运行，包括：自动办理正线各种进路并控制办理的时机，自动控制列车驶入、离开正线的时机，自动控制车站列车停车时间及发车时机。必要时，通过办理控制权转移手续，可将控制权转移至车站。通过列车进路系统，实现了进路自动排列，节约调度员大量的操作工作量。自动排列进路，如图 4-43 所示。

在进路设定指令输出到联锁设备之前，需进行若干可行性检查，该检查将决定执行或拒绝命令。首先要进行进路始端检查，以确定没有排列敌对进路；然后进行触发区段检查，确定没有其他列车处于该列车和进路入口之间，确认该列车是否到达进路的始端。接着要进行进路可用性检查，目的是防止将不能执行的命令发送到联锁设备。

3. 时刻表编辑

时刻表系统向 ATS 提供时刻表数据，并向外部系统提供时刻表数据，为停站时间表正线装载设置界面，为时刻表的离线修改设置界面，为使用中的时刻表增加和删除列车行程设置界面，按自动列车跟踪请求安排列车识别号。

系统提供时刻表编制数据库，行车调度员人工设置数据产生计划时刻表。计划时刻表

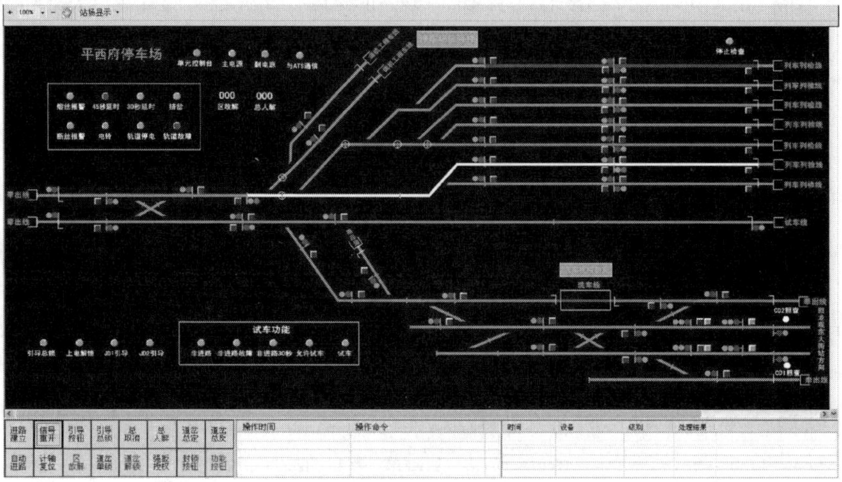

图 4-43　自动排列进路

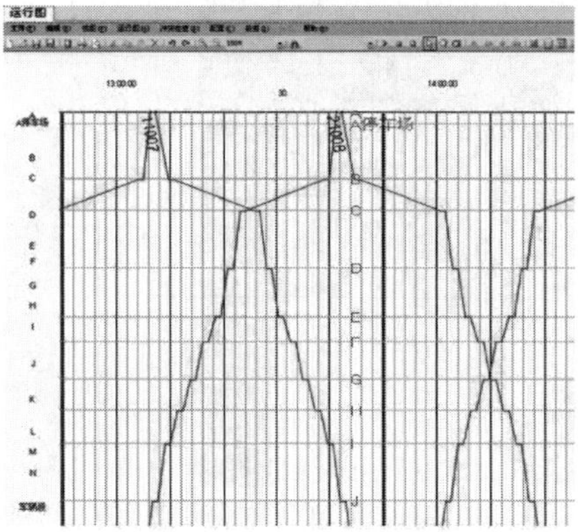

图 4-44　运行图显示

从控制中心传到 ATS 分机，控制中心 ATS 根据列车的实际情况绘制列车运行实迹图。系统随时对时刻表的状态进行比较，在发生偏离的时候显示给行车调度员，如图 4-44 所示。

4. 列车自动调整

由于许多随机因素的干扰，列车运行难免偏离基本运行图，尤其是在列车运行密度高的城市。一辆列车晚点往往会波及许多其他列车。当出现车辆故障或其他情况时，列车运行紊乱程度更加严重。这就需要从整体上大范围调整已紊乱的运行秩序，尽快恢复正常运行。

列车运行调整可分为自动调整和人工调整两种类型。自动调整方式下，主要采用的方法是时刻表调整和运行间隔调整。

时刻表调整模式下系统能够自动控制列车运行。若列车因为某种原因偏离计划时刻表，系统将自动调整列车的运行等级（区间运行速度）或停站时间，使列车时刻表之间的偏差降至最低。

运行间隔调整能自动管理列车运行，平衡正线上列车到达各个车站的时间间隔。调整停站时间，然后在打开的窗口中调整站停时间并确认。

人工调整方式下，中心调度员对有关站台实施扣车、提前发车或跳停；改变列车在区间的走行时分、停站时分；对计划运行图进行在线修改，包括对单列车或多列车的进存修改。甚至对所有列车进行时间平移，增加或删除运行计划线，改变列车的始发站，调整停站时间、终到站及始发时间，调整列车出入车辆段的时间等。

5. 运行报告

ATS 能记录大量运营数据，如列车运行里程数、实际列车运行图、列车运行与计划时间的偏差、设备的状态信息，设备的故障信息、操作命令及其执行结果、重大运行事件等，如图 4-45 所示。

ATS 系统所记录的事件都应该有备份。通过选择，可回放已被记录的事件，提供数据备份和恢复功能，并可回放和查询，还可以提供运行分析报告。

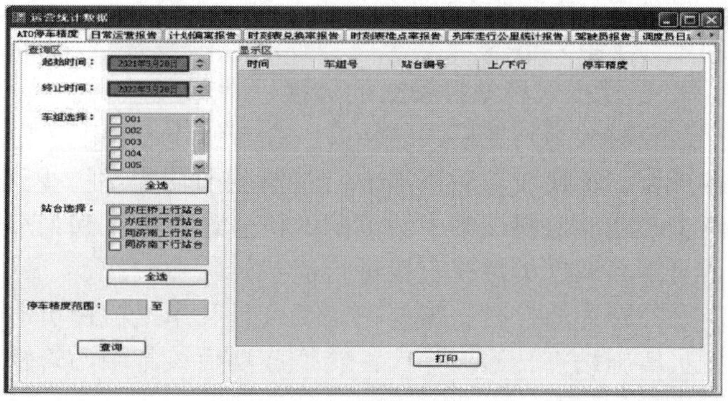

图 4-45　运行数据统计

6. 监测与报警

ATS 能及时记录被监测对象的状态，有预警、诊断和故障定位功能；监测列车是否处于 ATP 保护状态；监测信号设备和其他设备结合部的状态；具有在线监测与报警功能，但监测过程应不影响被检测设备的正常工作。

在相应工作站上，ATS 报告所有故障报警的状况并予以视觉提示，直到恢复正常状态为止。ATS 对重要的故障以音响报警提示，直到确认报警状况为止。

三、列车自动监控系统控制

ATS 的控制分为遥控和站控两种模式，如图 4-46 所示。遥控模式下由 ATS 系统完成整个运营组织，包括根据时刻表实现列车运营的管理和调整、列车追踪、进路自动排列。站控模式下 ATS 只完成列车运营管理和列车追踪。这两种控制模式的转换是通过在车站现地控制工作站人工操作的方式实现的，转换前提是得到中心调度授权同意。

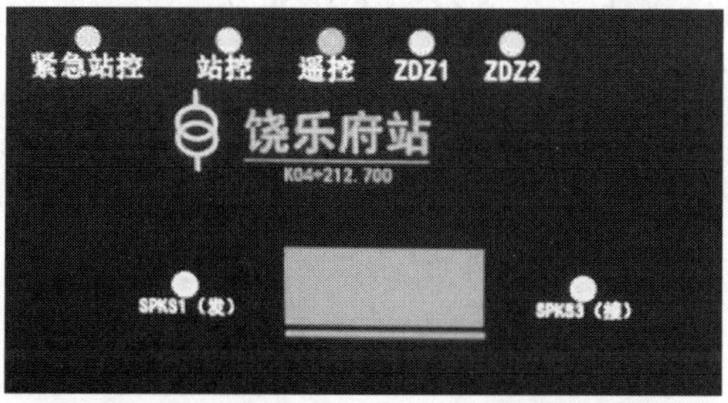

图 4-46　ATS 工作站上的遥控和站控模式

1. 遥控模式

遥控模式是 ATS 的正常运行模式，大部分情况下是自动进行的，无须行车调度员干预，ATS 根据联锁表、计划运行图自动设置列车进路，根据计划运行图自动控制列车运行时分和停站时分。控制中心一般仅起监视作用，由 ATS 分机进行列车运行的自动控制。

如果正常的自动运行发生问题时，ATS 分机向 OCC 发出报警信号，要求行车调度员人为干预，此为控制中心 ATS 人工控制方式。此时行车调度员根据需要，脱离系统的自动运行。ATS 能实现对列车分配、进路办理和道岔转换的全面人工控制。

2．站控模式

ATS 正常情况下的车站级控制：车站值班员未修改，所有原自动控制仍由中央 ATS 自动控制，原人工控制由车站值班员控制，原自动调整和非自动调整列车维持原方式。

ATS 故障下的车站级控制方式：车站值班员未修改，原进路和信号机控制模式不变，运行图下载到车站 ATS 分机控制，不能自动调整，根据时分缺省值控制行车。

ATS 分机故障的车站联锁设备控制：现地工作站人工排列进路，联锁设备人工控制，信号机设为联锁自动进路，列车不能实现自动调整。

车辆段/停车场总是处在站控模式，ATS 系统只监不控，ATS 站机实现车辆段/停车场内列车的车组号追踪。

3. 遥控模式和站控模式的转换

遥控模式到站控模式的转换，在控制中心调度员电话授权后，车站值班员实施遥控转站控操作，转换成功后该集中站管辖范围转为站控模式。如控制中心和该车站通信正常，控制中心能够监视该集中站范围的信号设备状态和列车运行情况。紧急情况下，车站工作人员可不经调度员授权直接进行遥控转站控操作。

站控转为遥控时，需要中心调度员和车站值班员电话确认，具备转换条件后，由车站值班员实施站控转遥控操作，转换成功后该集中站管辖范围恢复为遥控模式。

任务总结

本任务主要分析了列车自动监控系统 ATS 的组成及功能。ATS 是城市轨道交通运营的核心，在 ATP 和 ATO 系统的支持下，ATS 根据运行时刻表完成对全线列车运行的自动监控，自动控制或由人工监督和控制正线列车进路，辅助调度人员对全线列车进行运营管理。

任务五　基于通信的列车自动控制系统（CBTC）

任务引入

随着通信技术的发展，以信号控制为核心的传统轨道交通信号系统开始演变成基于通信的列车自动控制系统（Communication Based Train Control，CBTC）。该系统可靠性及可用性大大提高，成为列车控制系统技术的发展趋势。CBTC 是利用高精度的列车定位，双向连续、大容量的车–地数据通信，车载、地面的安全功能处理器实现的一种连续自动列车控制系统。

知识课堂

一、 CBTC 系统的结构与组成

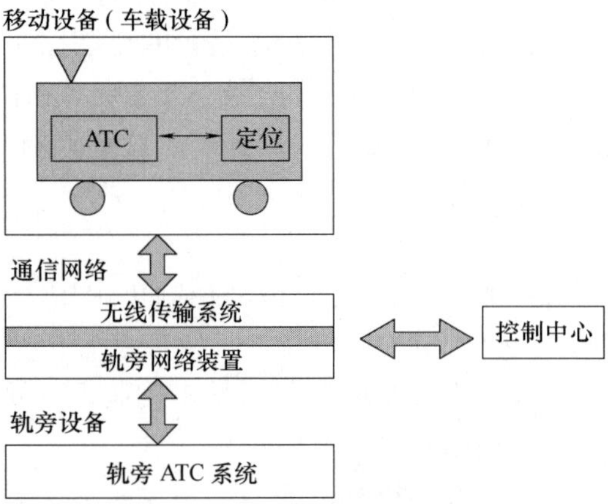

图 4–47　CBTC 系统基本组成框图

1. 基本结构

CBTC 系统是一个连续数据传输的自动控制系统，能够执行列车自动防护、列车自动运行和列车自动监控。CBTC 系统主要由移动设备（车载设备）、轨旁设备、通信网络、控制中心组成，如图 4–47 所示。

CBTC 系统通过开放的数据通信网络实现了列车与轨旁设备的实时双向通信，信息量大，并通过采用基于 IP 标准的列车运行控制结构，实现了列车运行控制。CBTC 的基本原理如图 4–48 所示。

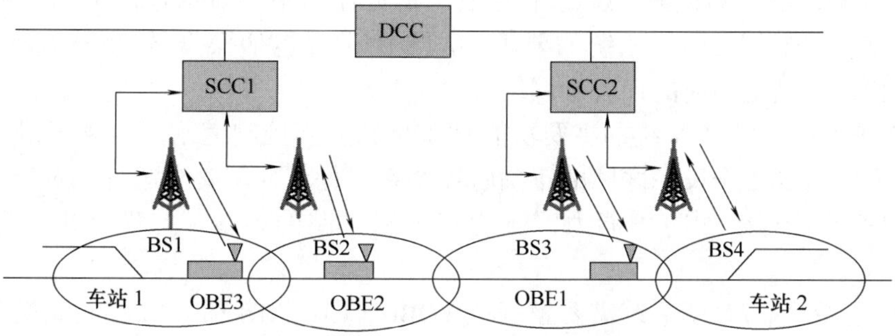

图 4-48　CBTC 系统的基本原理

调度控制中心（Dispatch Control Center，DCC）控制多个车站控制中心（Station Control Center，SCC），实现相邻 SCC 之间的控制交接。SCC 通过管辖范围内的多个基站（Base Station，BS）与覆盖范围内的车载设备（On Board Equipment，OBE）实时双向联系。

2. 系统组成

一般典型的 CBTC 系统包括列车自动监控系统（Automatic Train Supervision，ATS）、数据库存储单元（Database Storage Unit，DSU）、区域控制器（Zone Controller，ZC）、计算机联锁（Computer Interlocking，CI）、轨旁设备（Wayside Equipment，WE）、车载控制器（Vehicle On Board Controller，VOBC）和数据通信系统（Data Communication System，DCS）等。典型的 CBTC 系统整体结构如图 4-49 所示。整个系统可以划分为地面设备和车载设备两大部分，地面设备和车载设备通过数据通信网络连接起来，构成系统的核心。各子系统分别实现 CBTC 系统所要求的功能。

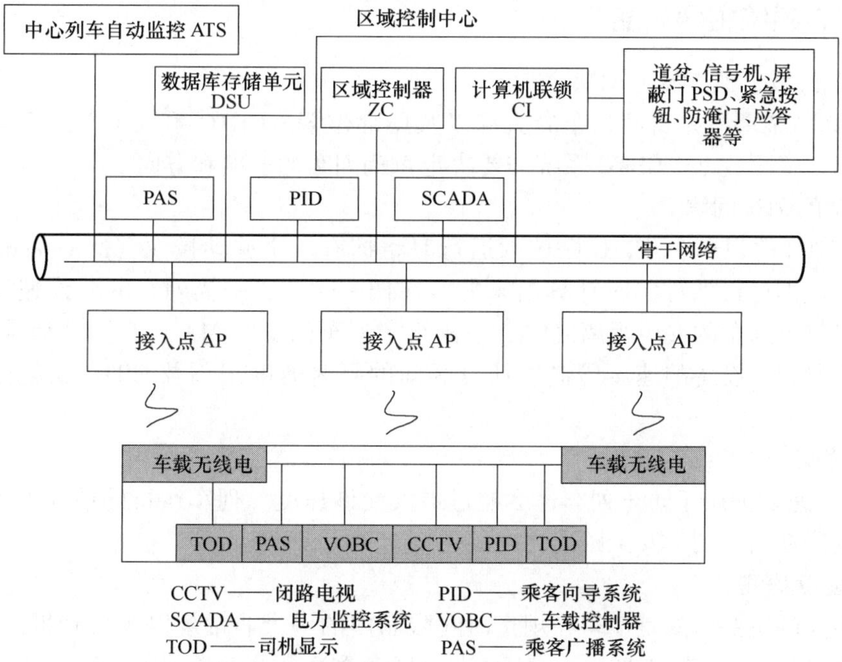

图 4-49　典型的 CBTC 系统整体结构框图

（1）ATS 子系统。ATS 子系统的主要功能是在控制中心显示控制范围内的列车运行状态及设备状态。根据 CBTC 系统的要求，ATS 中设置包括操作员工作站、时刻表工作站、培训工作站和其他相应的设备和网络等。

（2）CI 子系统。CI 子系统的主要功能是监督和直接控制道岔、轨道区段、信号机和其他室外设备，实现各个设备之间的正确联锁关系，保证列车安全运行。对于来自设备的错误操作，CI 具备有效的防护能力，还能够根据进路的始端、终端办理进路、取消进路等。

（3）ZC 子系统。ZC 子系统需要根据从 VOBC、CI、ATS 和 DSU 接收到的各种状态信息和数据信息，为位于 ZC 控制区域范围内的列车生成移动授权 MA，并及时将 MA 通过 DCS 发送给车载 VOBC 设备以控制列车的运行状态。

（4）VOBC 子系统。在 VOBC 子系统中，为确保安全，列车必须对自身位置和运行方向进行精确判定。为判定位置，列车的车载计算机与转速计、速度传感器、加速度计及轨旁定位应答器共同合作，实现列车的准确定位。

（5）DSU 系统。在 CBTC 系统中，列车定位将不再依据轨道电路，而是由车载本身来实现，这样就需要地面和车载同时拥有一个统一的数据库来实现整个系统的调度和协调统一。数据存储单元 DSU 即是用来完成整个 CBTC 系统数据库管理工作的子系统，该数据库包括静态数据库、动态数据库、配置数据库、参数数据库等。在 CBTC 系统中，数据库的安全性和重要性是显而易见的，因此必须采取冗余设计来实现，其安全可靠性的级别等同于 ZC 和 CI 设备。

以上所列举的仅是 CBTC 系统的典型结构，实际的系统可能由于不同的设备供应商、不同的工程需要而不同。

二、CBTC 系统主要功能

1. 列车位置、速度及方向决定

CBTC 系统需要决定每两列车的头部以及尾部位置。CBTC 系统不需要手动输入列车位置以及列车长度数据。CBTC 系统需要决定每辆列车的速度和方向。

2. 安全的列车间隔

配有 CBTC 的列车在 CBTC 区域内运行时将拥有一个移动授权（Movement Authority，MA），这是根据运行条件实时计算出来的。在任一时刻，一辆列车的允许速度都设置为使列车停在前方列车的安全距离之内。一辆给定列车的实时 MA 还受到其他因素的影响，如区间速度限制、设备的速度限制、任意区间的临时速度限制及 CBTC 及轨旁设备的故障等。

3. 超速防护

CBTC 超速防护用于防止列车速度超过最大允许速度。列车运行的最大速度是使得列车能够安全停在前方列车安全距离之内的速度。

4. 零速度探测

这项功能的主要目的是使得在规定时间限制内的一个非常规停车得到批准。CBTC 系统的故障会批准一个非常规停车，从而进行紧急刹车。当列车速度高于“零速度”时，列车控制系统控制的车门是不允许打开的。

5. 车门开启控制

CBTC 系统禁止列车控制系统开启车门，除非同时满足以下条件：①列车处于零速度状态；②最小服务刹车程序在车门开启时起作用；③将要开启的车门位于车门开启区域。只有当车门处于站台内并且列车与站台处于同一侧车门开启区域时，才允许车门开启。

6. 紧急制动

CBTC 系统在紧急情况下能够进行紧急刹车，并能够在条件不满足时制止紧急刹车程序的执行。在大多数的应用中，紧急刹车是在非常规停车末执行的，或者当非常规停车实施后列车刹车服务不能足够地减慢列车速度时执行。

7. 线路联锁

CBTC 系统提供联锁功能来防止列车相撞或者出轨。移动授权 MA 只有在线路锁闭后才能延伸到联锁线路上。一旦 MA 进入联锁路段线路就将锁闭，直到列车驶出联锁路段。大多数情况下，虽然联锁在 CBTC 区域外，并由传统的信号进行控制，列车可以无缝地进入或驶出 CBTC 区域，CBTC 系统将和轨旁设备及联锁设备连接以提供列车所需的防护功能。

任务总结

本任务主要分析了基于通信的列车自动控制（CBTC）系统的组成及功能。CBTC 系统采用先进的通信和计算机技术，使得列车的定位更加精确，控制更加灵活，安全有效地缩短了列车间隔，提高了列车运行的安全性与可靠性。

任务六　全自动运行系统（FAO）

任务引入

全自动运行（Fully Automatic Operation，FAO）系统是控制列车运行、保证行车安全、提高运输效率、传递行车信息、改善行车人员劳动强度的关键设备，是名副其实的列车“神经中枢”，广泛应用于城市轨道交通、中低速磁浮和市域线路车辆。

知识课堂

一、FAO 系统概述

全自动运行系统 FAO 是基于现代计算机、通信、控制和系统集成等技术实现列车运行全过程自动化的新一代城市轨道交通系统。《城市轨道交通全自动运行系统技术指南》为轨道交通线路自动化运营程度定义了 5 个等级，从低到高依次为 GoA0、GoA1、GoA2、GoA3 和 GoA4，如图 4-50 所示。

GoA0：TOS（目视下行车模式）。

GoA1：NTO（非自动列车运行）。司机控制列车的启动和停车、车门的操作以及紧急情况或突然变更进路的处理。在该模式下有自动列车防护 ATP 装置。

GoA2：STO（半自动列车运行）。启停与区间运营都是自动控制的，部分需要司机确

自动化等级	运行类型	行驶中调整列车	列车停车	关闭车门	干扰时间下运行	故障时间下维持运行
主要由司机负责操作指令						
GoA0	带司机的ATP	司机	司机	司机	司机	司机
GoA1	带司机的ATP	司机	司机	司机	司机	司机
GoA2	STO	自动	自动	司机	司机	司机
主要由系统负责操作指令						
GoA3	DTO	自动	自动	乘务员	乘务员	乘务员
GoA4	UTO	自动	自动	自动	自动	乘务员

图 4-50　列车运行自动化等级

认列车启动，车门开关可人工或自动实现，紧急情况需要人工介入。

GoA3：DTO（有人值守下的自动化运行）。无需司机，但是需要乘务员干预车门开关并处理紧急情况。

GoA4：UTO（无人值守下的自动化运行）。所有运营场景和紧急处理场景全部实现自动化，无需人工干预。

FAO 系统包含自动化等级 GoA3 和 GoA4，即 FAO 系统的运行模式包括有人值守的列车自动运行（DTO）和无人值守的自动运行（UTO）。

1983 年世界上第一条 FAO 城轨线法国里尔 1 号线开通运营。新加坡东北线是世界上第一条实现正线、车辆段全自动运行的大运量地铁，于 2003 年 6 月开通运营。巴黎地铁 1 号线是世界上首条由人工驾驶改造为 FAO 的线路，于 2012 年 12 月开始以 FAO 运行。2017 年年底开通的北京燕房线是国内首条采用完全自主化全自动运行技术和成套装备的线路。近年来，北京、上海、深圳、成都、武汉、苏州等多城市开始运营全自动运行系统线路。城轨全自动运行系统线网规模正在逐步扩大。相比现有城市轨道交通 CBTC 系统，FAO 系统引入了自动控制、优化控制、人因工程等领域的最新技术，进一步提升了自动化程度。FAO 系统具有更安全、更高效、更节能、更经济、更高服务水平的突出优点，已成为城市轨道交通技术的主要发展方向。

FAO 系统的基本特点如下：

（1）智能高效。支持全自动运行模式与有人驾驶模式；支持网络化运营；提高运营可靠性；降低运维成本，更加智能高效。

（2）安全可靠。车辆段与正线采用一体化管理，为运营人员和乘客提供更好的防护；增加障碍物检测等多种措施，在突发情况下实现多系统联动。

（3）融合控制。发挥列车控制系统集成优势，通过 ATO 与牵引、网络、制动系统的融合控制，实现最优控制；降低时延，提高命令的执行效率，提高乘客的舒适度。

（4）节能降耗。采用基于牵引传动效率规划列车运行曲线，降低传动斜损耗，实现单车节能；对各供电分区内列车进行协同控制，提升再生能量使用率，实现多车协同节能，节能降耗更优。

（5）基于城轨云平台，资源共享。采用信号、牵引、制动一体化设计，时延更低、响应更快、控制更优、更加精确，实现高度自动化与深度集成、综合节能优化，从而提高行车服务质量。

二、FAO 系统基本结构

FAO 系统包括信号、车辆、综合监控、通信、站台门等设备系统。FAO 系统各机构间的连接和设备共用，深度集成机电、供电、信号。ATS 界面集成闭路电视监控 CCTV、乘客信息系统 P1S、站台门、互联门禁、时钟、自动售检票系统 AFC 等，提升了设备的利用效率，为联动提供了条件；进行了充分的数据交换，将运营的多个系统进行统一管理。

全自动运行系统不是简单的采用新技术、新设备。它结合中国轨道交通的特点，进行系统设计，并制定与系统相匹配的运营规则，更好地发挥全自动运行系统的效能。

北京地铁燕房线的全自动运行系统构架如图 4-51 所示。控制中心可以实现对正线和停车场的监控功能，当控制中心行调对正线和停车场控制时，停车场行调只具备全线监视功能。停车场行调具备对停车场设备的控制功能和对全线设备的监视功能，不具备对正线设备的控制功能。控制中心行调与停车场行调之间通过权限移交实现对停车场区域的控制，同时系统可根据用户需求灵活配置，对中心调度操作车辆段/停车场权限进行限制。

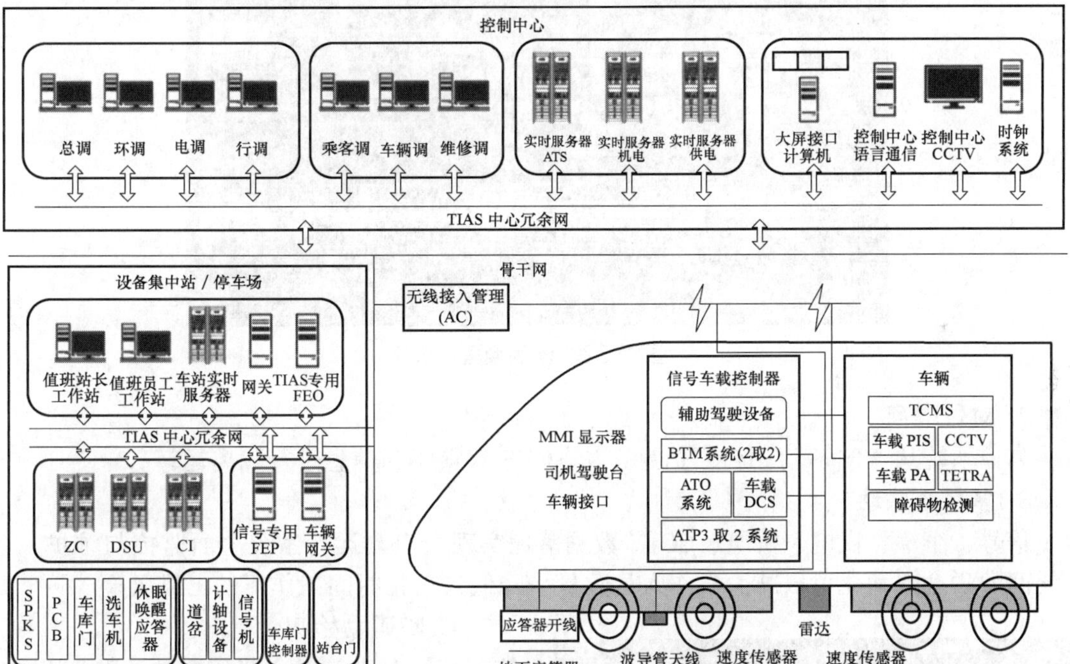

DSU— 数据存储单元；TIAS— 行车综合自动化系统；ZC— 区域控制器；CI— 微机联锁系统；PCB— 站台再关门按钮；SPKS— 轨旁人员作业防护开关；BTM— 车载查询器；PA— 广播系统；FEP— 前端处理器；TCMS— 列车控制和监控系统；TETRA— 陆地无线集群通信；CCTV— 闭路电视监控系统

图 4-51　北京地铁燕房线全自动运行系统架构

乘客调：服务车上及站台乘客，响应车上紧急呼叫、站台清客、车辆、站台广播、控制车载 CCTV 等；发送 PIS 等信息。

车辆调：主要完成对列车信息监控，与传统司机的角色一致；人工休眠、唤醒、清扫时间、远程控制空调、电热照明、开/关门等；远程复位或旁路；列车火灾报警复位与确认。

维修调：整合信号、综合监控维护调度，新增车辆维修报警功能，监视全线设备状态及报警处理；场内设置行调、车辆调度。

三、运营场景

运营场景是 FAO 技术体系的核心，根据每日运营早间到晚间列车运行的主线，包含正常的处理和异常的处理，形成大场景、小场景、细小场景等，可直接用于指导全自动运行系统的建设和运营。下面对 FAO 系统的一些关键场景进行说明。

1. 休眠唤醒

控制中心根据运营计划远程自动唤醒列车，列车和车载设备自动上电，并执行设备自检、静态测试、动态测试；列车唤醒成功后，列车根据计划自动出库。根据中心命令在规定区域进行休眠。信号系统辅助驾驶系统及车地通信设备使用车辆蓄电池供电，蓄电池容量应支持 7×24h。休眠唤醒界面如图 4-52 所示。

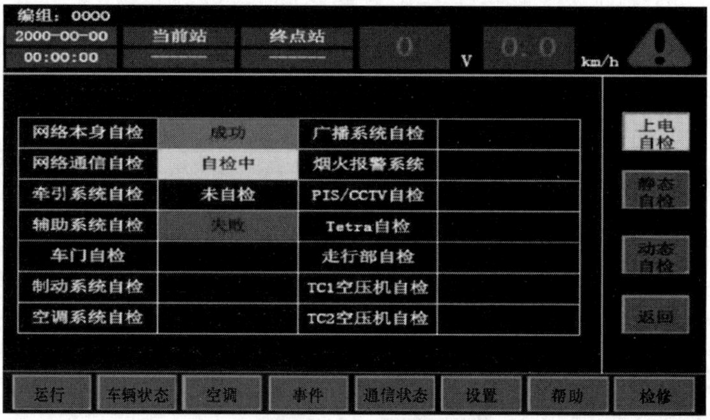

图 4-52　休眠唤醒界面

2. 对位隔离

列控系统从 ATS 获得站台门信息、从 TCMS 获得车门信息进行隔离运算。

3. 多系统联动

信号、车辆、供电、机电、CCTV 数据落地实现全自动运行系统全面监控与维护。各系统间的联动自动化可以减少操作人员数量，降低人员长时间工作下的出错风险。

4. 障碍物检测

车辆车头前方安装传感器检测障碍物，检测到障碍物后，车辆将障碍物信息传递给信号系统，信号系统输出紧急制动停车，并汇报地面 ATP 以建立防护区域；中心进行报警，同时联动区间 CCTV，查看现场情况，通知人员到事发地点处理。障碍物检测场景如图 4-53 所示。

图 4-53　障碍物检测场景

5. 清客

对于计划列车，在折返站和终到站

（含临时清客站台）系统自动触发站台清客，同时触发车辆/站台清客广播及 PIS，列车到站后打开车门不关闭。站台值班员进行清客完成确认后，按压站台端部的站台关门按钮（图 4–54），关闭车门和站台门，列车自动发车。中心乘客调通过调用车载 CCTV 视频，远程确认清客完毕后，发送远程关门指令。行调可设置或取消站台固定清客、站台临时清客；取消清客后，停站倒计时结束，列车自动关门并发车。

图 4–54 站台关门按钮

6. 车门状态丢失

列车在线路任意位置采集到车门处于非关闭且锁闭状态时，上报中心系统，联动车载 CCTV，根据列车具体位置采取如下措施：列车在区间则继续运行进站精确停车；列车速度小于等于 3km/h 且列车与站台区域有重叠时，立即实施紧急制动。

7. 远程复位

当发生转向架制动故障时，列车切除牵引无法继续全自动驾驶运行，可通过远程切除单个转向架故障继续完成本次全自动驾驶运行。当车辆设备发生故障时，可通过控制中心向车载发送远程复位指令，远程复位车辆设备故障，继续全自动驾驶运行至最近的站台。

8. 乘客紧急呼叫

全自动运行系统乘客通过激活列车客室内的紧急呼叫，直接与中心乘客调进行通话，车载 CCTV 自动推送视频至乘客调，实现乘客调远程为列车上乘客提供服务。紧急警报器和乘客调如图 4–55 所示。

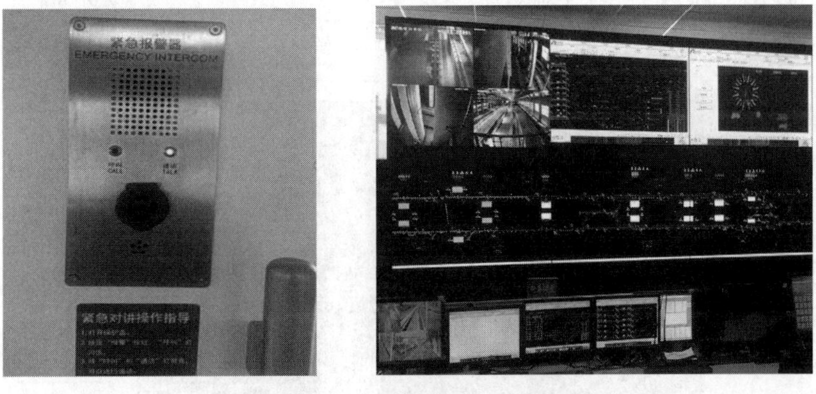

图 4–55 紧急报警器和乘客调

任务总结

本任务主要分析了全自动运行系统 FAO 的基本特点，并以北京地铁燕房线为例，介绍了 FAO 系统的构架。全自动运行不是单纯为了减少驾驶员/乘务员数量，而是为了进一步增强城市轨道交通系统装备的功能和性能，是衡量城市轨道交通系统先进水平的标尺，是城市轨道交通技术的重要发展方向。

实践技能

实训一　列车驾驶台认知与操作实训

㊣ 本实训项目对标 1+X 城市轨道交通乘务职业技能等级证书技能要求，能够完成各种驾驶模式下的驾驶操作和模式的转换。

一、实训目的

（1）认识列车驾驶台。

（2）能够对驾驶台进行基本操作。

（3）会进行驾驶模式的转换操作。

二、实训准备

地铁模拟驾驶器。

三、实训内容

学生两人一组，依托城轨实训中心地铁模拟驾驶器实训系统，完成以下实训任务（本任务以轨道交通 SFM13 型电动客车为例进行介绍）。

（1）认识模拟驾驶器组成，各功能按钮及显示灯含义。

（2）认识模拟驾驶器 MMI（图 4-56）并进行功能复述。

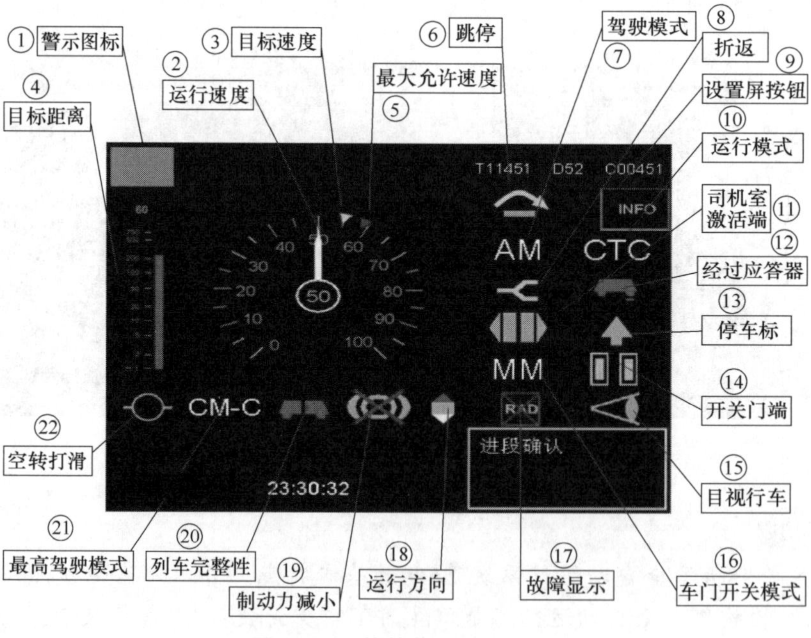

图 4-56　模拟驾驶器 MMI

模拟驾驶器 MMI 各功能介绍如下。

① 警示图标：根据列车运行状况，显示三种不同警示图标。

② 运行速度：列车当前运行速度。

③ 目标速度：到达目标距离时的速度。

④ 目标距离：到下一个速度限制或停车点的距离。

⑤ 最大允许速度：超过该速度将触发报警，直至产生紧急制动。

⑥ 跳停：在接收到跳停信号后显示该图标。

⑦ 驾驶模式：当前列车使用的驾驶模式，包括 AM、CM、RM、AR 等模式。

⑧ 折返：进入折返区域时显示该图标。

⑨ 设置屏按钮：设置列车参数。

⑩ 运行模式：运行线路的信号模式，包括 CBTC、BLOC 和 IL 等。

⑪ 司机室激活端：当前激活的司机室端。

⑫ 经过应答器：经过应答器时，显示图标。

⑬ 停车标：位于停车标区域时，显示图标。

⑭ 开关门端：显示列车的开关门端。

⑮ 目视行车：在 IL 或 EUM 模式下，采用人工监督驾驶时，显示红色图标。

⑯ 车门开关模式：显示车门开关模式，包括 AA、AM、MM 等模式。

⑰ 故障显示：在 RAD、ATP、ATO 等出现故障时，显示相应图标。

⑱ 运行方向：根据列车运行的方向，显示前进或后退的指示图标。

⑲ 制动力减小：制动力减小时，显示图标，制动力正常时，显示图标。

⑳ 列车完整性：列车完整性丢失时，显示红色图标，正常则显示绿色图标。

㉑ 最高驾驶模式：本次运行的最高驾驶模式，包括 CBTC_AM（AM-C）、CBTC_CM（CM-C）、BLOC_AM（AM-B）、BLOC_CM（CM-B）和 IL_RM（RM-I）等模式。

㉒ 空转打滑：当车轮出现空转打滑时，出现图标。正常时，显示图标。

（3）模拟驾驶器基本操作练习。SFM13 型电动客车模拟驾驶器如图 4-57 所示。设备开机，运行正常后，设定具体线路，可进行人工驾驶操作练习和 ATO 驾驶操作练习。

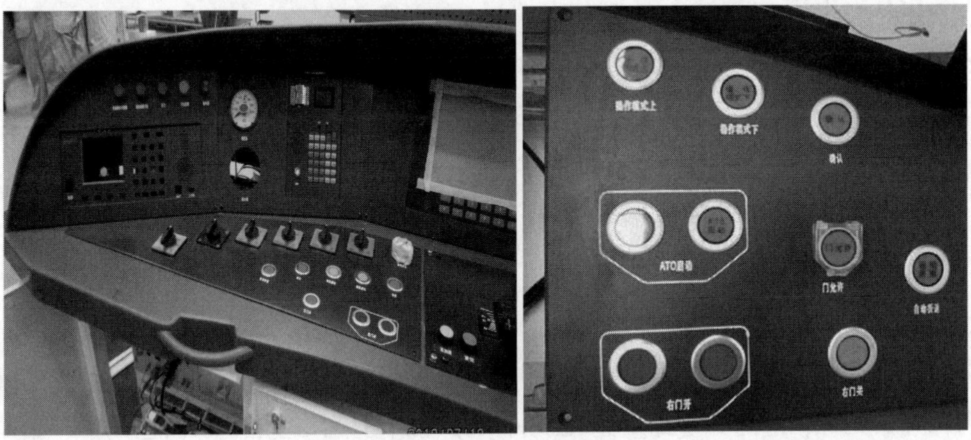

图 4-57　模拟驾驶器

（4）驾驶模式转换操作练习。驾驶模式包括 AM、CM、RM、AR 等模式。

① 最高驾驶模式选择。选择列车本次运行的最高驾驶模式，驾驶模式从低到高共 5 个等级，分别为 IL_ RM、CM-B、CM-C、AM-B 和 AM-C，默认最高驾驶模式为 CM-B。

操作时机：列车速度为零。

操作方法：按压“操作模式上”按钮，增加驾驶模式等级，按压“操作模式下”按钮，降低驾驶模式等级，在达到预定的最高驾驶模式时，按压“确认”按钮设定本次运行的最高驾驶模式。

② RM 驾驶模式选择。在需要将 AM 或 CM 模式转换到 RM 模式时进行此操作。

操作时机：列车速度为零。

操作方法：按压“确认”按钮，进入 RM 驾驶模式。

四、实训考核标准

本实训考核包含过程考核、实操考核和结果考核，考核标准及分值分配见附录 B 实训考核评价表。其中实操过程中着重考核小组成员对模拟驾驶器的认识和掌握程度，驾驶模式操作转换的熟练程度。

五、注意事项

不同的模拟驾驶器界面布置不同，操作方式也会有所不同。

实训二　ATS 工作站操作

一、实训目的

（1）认识 ATS 工作站的整体布局；

（2）能够操作 ATS 工作站，会进行办理进路、取消进路、站台扣车和跳停等操作。

二、实训准备

ATS 仿真工作站

三、实训内容

学生两人一组，依托城轨实训中心 ATS 仿真工作站，完成以下实训任务。ATS 工作站如图 4-58 所示。

1. 认识 ATS 工作站的整体布局

（1）熟悉站场的整体布置情况，包括信号机、道岔、轨道区段等；

（2）熟悉工作站上跳停、扣车、总取消、总人解、总定位、总反位等按钮。

2. ATS 工作站操作练习

（1）办理进路。点击进路始端信号机，选择并点击代办的进路，点击确定，始端信号机名称开始闪烁，进路办理命令正在执行。办理成功后，进路显示白色光带，始端信号机开放。

（2）取消进路。点击已经办理进路的始端信号机，选择并点击待取消的进路，点击确定。办理成功后，进路白色光带消失，始端信号机关闭。

（3）站台扣车。在ATS工作站场界面上点击扣车按钮，选择好扣车方向，点击确定，扣车设置成功。站台上显示字母“H”。

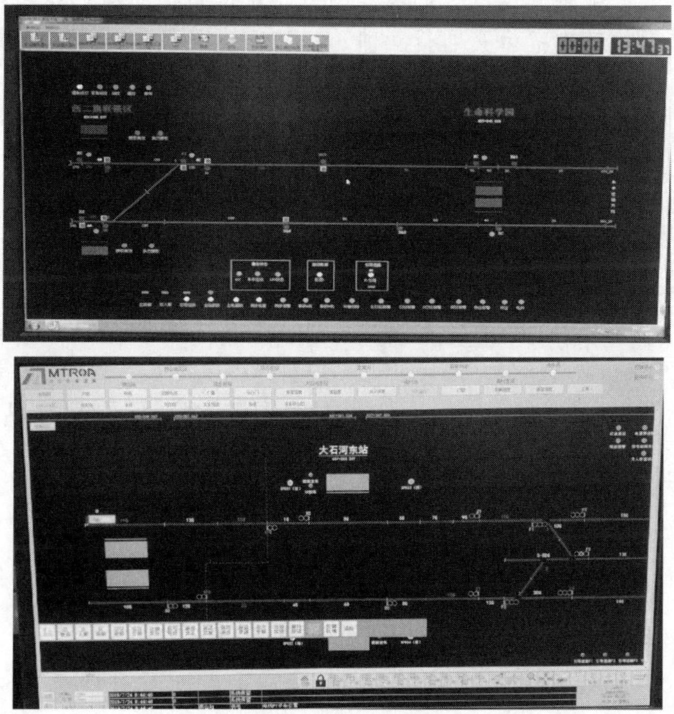

图4–58　ATS工作站

四、实训考核标准

本实训考核包含过程考核、实操考核和结果考核，考核标准及分值分配见附录B　实训考核评价表。其中实操过程中着重考核小组成员对ATS工作站的认识和掌握程度，ATS工作站进路操作的熟练程度。

五、注意事项

不同地铁线路ATS工作站界面布置不同，操作方式也会有所不同。

思政课堂

致敬地铁神医，榜样力量

杨才胜，高级技师，北京地铁通信信号分公司检修一项目部技术研发室主任。北京地铁信号系统结构复杂、设备众多，信号系统是列车安全运行的重要保障。杨才胜及团队针对信号系统的关键设备，在运行和维护中发现痛点、研制方案、解决难题、填补了多项技术空白。为了让北京地铁的“大脑”和“神经”始终处于最健康的状态，他恪守“我以我才胜担当”的人生格言，成为专治地铁“脑梗”“神经迟滞”等疑难杂症的“信号神医”。他曾获得“首都劳动奖章”“国企楷模·北京榜样”等荣誉，享受国务院政府特殊津贴，并领衔国家级“杨才胜技能大师工作室”。

课堂讨论：执着、坚持、奉献、创新，造就了中国轨道交通行业的腾飞，努力学习榜样精神，才能在未来的工作中为交通行业快速、安全发展做出自己的贡献。

致敬工匠，安全行车第一人

廖明，北京地铁13号线回龙观乘务中心电动列车司机。先后获得地铁公司“金手柄”奖、“首都劳动奖章”、“全国五一劳动奖章”、“全国十佳最美职工”、“全国劳动模范”及“国企楷模北京榜样”等称号。他每天驾驶列车往返在北京地铁13号线上，42km一圈，64次开门、关门，100次主手柄操纵，300次呼唤应答，工作数十年，规定动作从没有出现过错误。

廖明凭着精益求精、锲而不舍的“工匠精神”，专注于本职，将责任与安全刻入心间，用百万公里安全行车无事故刷新了世界纪录。他用实实在在的“工匠精神”感染了每一位地铁人，为平凡的岗位增添了一抹光辉的色彩，以恪尽职守的品质书写了地铁司机的骄傲。

课堂讨论：谈谈对“守初心，担使命，履职尽责的工匠精神”的理解。

时速350km的自动驾驶列车

2022年1月，一辆以冰雪蓝为主色调的“复兴号”列车从北京清河站1号站台缓缓开出，如图4-59所示。得益于ATO自动运行系统，这趟复兴号冬奥智能型动车组列车在世界上首次实现时速350km自动驾驶，具备车站自动发车、区间自动运行、到站自动停车、车门自动控制等功能，运行以后实现了停车精准度和列车运行正点率两个百分百。强大的自动运行系统不仅使停车精度高，还让奥运列车真正成为节能的绿色列车。由自动运行系统计算出最优的控制曲线，实现节能减排。与司机手动驾驶相比，列车从张家口运行到北京能够节能7%。

图4-59　复兴号冬奥智能型动车组列车

课堂讨论：了解我国自动驾驶技术的发展史，感受当前中国城轨列车驾驶技术的先进性，分组讨论轨道交通的创新节能技术。

“最强大脑”特殊时期跑出“超常超强运行图”

2020年为使乘客密度满足公共卫生服务要求，北京地铁在大多数线路运用“超常”条件下的“超强”运行图（“双超”运行图），并采取了增加车次、多交路运行、减少列车运行间隔、大站快车等措施。北京地铁利用有限的车辆资源，实现了对客流时空规律的精准分析、线路资源的精准运用、运力的精准投放，以及列车满载率的实时精准监测，降低列车满载率。同时为配合“双超”运行图降低满载率的要求，北京地铁调度指挥中心还在原有客流平台的基础上进行升级，建立了客流实时监控平台，精准监测运行列车的实时满载率。

“双超”运行图实施后，北京地铁的运营成本不升反降。据统计，13 条实施“双超”运行图的线路，列车日走行里程减少 3.05 万车公里，下降 2.1%；年走行公里预计降低约 1000 万车公里，节省运营成本约 1.35 亿元。

课堂讨论：通过对北京地铁“双超”运行图实施情况的了解，谈谈对“需求导向、持续创新、首善服务”理念的理解。

中国轨道交通自主创新的领跑者

在轨道交通的发展历史上，信号系统的作用十分重要，它是列车运行的凭证，对于提高列车通过能力、提高运能、保证行车安全起着至关重要的作用。

为了摆脱长期依赖国外进口技术的局面，我国国内信号厂商紧密跟踪国际技术发展，走自主创新研发道路，经过艰难的技术攻关，探索研制出了拥有自主知识产权的、先进的 CBTC 系统。

中国铁道科学研究院、北京交控科技有限公司、北京全路通信信号研究设计院等企业在 CBTC 系统的研发上走在前列。其他多家单位通过数年攻关，也研制出了不同类型的 CBTC 系统，为中国城市轨道交通建事业做出了突出的贡献。

课堂讨论：我国科学家通过艰苦卓绝的努力，实现信号系统设备由国外设备垄断转变为国内设备主导，请谈谈对“勇于突破、自主创新、科技强国”的认识。

应知应会试题

一、填空题

1. 从闭塞制式的角度自动闭塞可以分为固定闭塞、准移动闭塞和________三种。

2. 列车运行自动防护系统（ATP）包括________、________、________及________、________等组成。

3. 列车运行自动运行系统（ATO）包括________及________。

4. 列车运行自动监控系统（ATS）主要由________、________及________等组成。

5. 车站设备主要有集中联锁站和________。

6. 基于通信的列车自动控制系统简称________。

7. FAO 系统的全称是________。

8. 轨道交通线路自动化运营程度定义了 5 个等级，从低至高依次为 GoA0、________、________、________、________和 GoA4。

二、选择题

1. ATC 是列车（　　）系统。

A. 自动保护　　B. 自动监控　　C. 自动运行　　D. 自动控制

2. （多选）ATC 系统按地域可分为（　　）等。

A. 控制中心设备　B. 车站及轨旁设备　C. 车辆段设备　D. 车载设备

3. （多选）ATC 系统包括（　　）功能。

A. ATS 功能　B. 联锁功能

C. 列车检测功能　D. ATC 功能和 PTI 功能

三、简答题

1. 简述 ATC 系统的结构和原理。
2. 列车驾驶模式有哪些？
3. 简述 ATP 系统的主要功能。
4. 简述 ATO 系统的主要功能。
5. 简述 ATS 系统的主要功能。
6. 简述 CBTC 系统的主要功能。

项目五　城市轨道交通语音通信系统

配套课件

城市轨道交通语音通信系统

项目导入

城市轨道交通运营工作中需要工作人员之间或工作人员与乘客之间进行沟通，语音沟通是最快捷、最可靠的方式之一。城市轨道交通设置了固定工作人员之间的公务电话和专用电话系统，固定工作人员与移动工作人员之间、移动工作人员相互之间的无线通信系统，以及乘客广播系统。

公务电话主要用于运营、管理和维护部门之间的公务通信以及与公用电话网用户的通信联络。专用电话系统是为列车运行、调度指挥、防灾报警等提供安全可靠、迅速通信的重要系统。广播系统用于地铁运营时对乘客进行公告信息广播，发生灾害时兼做救灾广播。无线调度通信系统用于列车运行指挥和防灾应急通信，为固定人员与流动人员间及流动人员相互之间提供语音和数据通信服务。

本项目主要介绍城市轨道交通电话系统、广播系统、无线调度通信系统的具体应用情况。

项目结构关系图

城市轨道交通语音通信系统知识分析（图 5-1）。

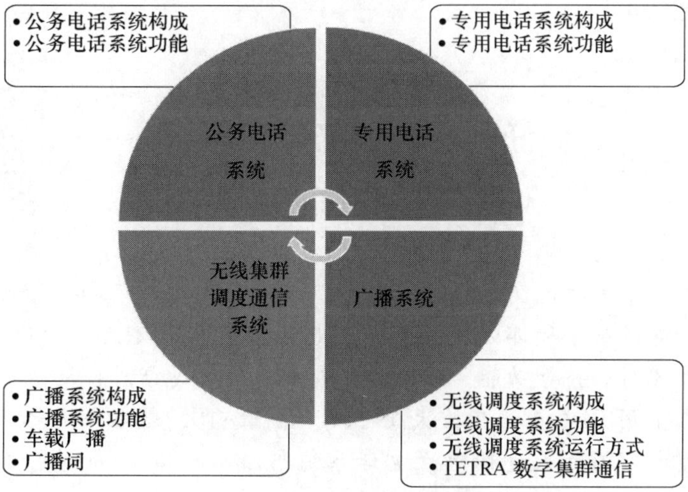

图 5-1　项目五结构关系图

项目五内容紧密对接城市轨道交通客运服务岗位、司机岗位、通信信号岗位的基本知识、能力和职业道德素养要求进行目标设定、理论与实训任务划分与编写，涵盖了电话系统的组成及功能、广播系统的组成及功能、无线调度通信系统的组成及功能等内容。

教学目标

一、知识目标

（1）了解公务电话系统的组网。
（2）理解专用电话的种类及使用。
（3）理解广播系统的作用和结构。
（4）掌握广播系统的控制。
（5）掌握集群和专用通信方式的特点。
（6）掌握无线调度系统的结构。

二、能力目标

（1）会使用公务电话完成呼入、呼出和电话会议。
（2）能够根据需要选择广播区和广播词等完成广播任务。
（3）能够使用无线调度完成单呼、组呼、全呼，实现调度命令的发布和接收。

三、素质目标

（1）培养“爱岗敬业”的意识和工作作风。
（2）培养自主学习的习惯。
（3）培养学生理论联系实际的思维习惯。
（4）培养严谨的工作作风、良好的职业道德及创新意识。

理论知识

配套视频
公务电话系统

任务一　公务电话系统

任务引入

公务电话系统为城市轨道交通办公管理部门、运营管理部门和维修部门提供一种固定的通话服务，包括电话业务和部分非话业务。电话系统具有交换、计费、识别非话业务、自我诊断、维护管理新业务等功能。系统除了能提供内部通话外，还应能与市内公众电话网互联，实现与本市用户（包括直拨火警 119、匪警 110、救护 120 等特殊用户）通话，而且还可以实现国内、国际长途国际。电话系统与城市轨道交通的无线集群调度系统互联，用以实现城市轨道交通公务电话与无线调度电话的互联、互通。

知识课堂

电话系统为城市轨道交通的管理、运营和维修人员提供语音服务。电话系统主要分为公务电话系统和专用电话系统。但是目前部分新建地铁线路采用公务、专用电话系统合并设计的方案，构成一个统一的公务、专用合一的电话交换系统，在同一控制中心进行运营操作与管理，但公务、专用电话系统软、硬件分别设置，具有功能独立、运营独立、管理维护独立等系统隔离特性。公务电话和专用电话系统又处在同一个交换平台上，共享电话交换机公共部件，共享中继链路和网络管理系统。控制中心机房公务电话设备，如图 5-2 所示。

图 5-2　控制中心机房公务电话设备

一、公务电话系统构成

公务电话相当于企业的内部电话网，其核心是程控数字交换机，再通过中继线路与城市市话网相连，实现城市轨道交通内部对外通话。程控数字交换机的分机分布在城市轨道交通的各办公管理部门、控制中心、车站、设备室等需要通话的区域。公务电话系统能与轨道交通指挥中心公务电话交换机连接，实现地铁内部各线间的电话互通。地铁公务电话系统能与公用电话网连接，实现地铁用户与公网用户间的通信。

公务电话系统主要由设置于控制中心的程控数字交换机、停车场备用程控数字交换机、车站程控数字交换机、网络系统、电话终端和计费系统构成，系统通过传输系统提供的 2Mb/s 通道相连，构成公务电话交换网，如图 5-3 所示。

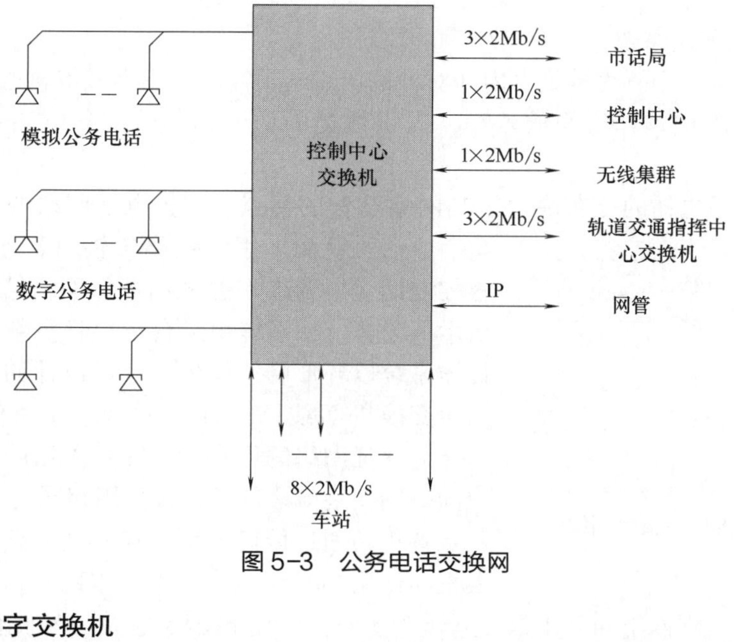

图 5-3　公务电话交换网

1. 程控数字交换机

程控数字交换机是公务电话的核心，它实质上是一部由计算机软件控制的数字通信交换机，按用途可分为市话、长话和用户自动交换机，如图 5-4 所示。交换机在硬件上采用全模块化结构，提供高集成度、高可靠性、高功能、低成本的硬件产品。软件上采用高级语言，具有多种为数据交换和连接而设计的系统软件，功能强大。

图 5-4　程控数字交换机

程控数字交换机的主要任务是实现用户间通话的接续。基本划分为两大部分：话路设备和控制设备。话路设备主要包括各种接口电路和交换网络；控制设备在纵横制交换机中主要包括标志器与记发器。而在程控数字交换机中，控制设备为电子计算机，包括中央处理器（CPU）、存储器和输入/输出设备。

控制部分是程控数字交换机的核心，其主要任务是根据外部用户与内部维护管理的要求，执行存储程序和各种命令，以控制相应硬件实现交换及管理功能。

程控数字交换机能够提供许多新的用户服务功能，如缩位拨号、来电显示、定时叫醒、呼叫转移等业务，不再是单一的语音业务。它还可以通过故障诊断程序对故障进行检测和定位，在发生故障时迅速及时处理，因此它在维护管理上和可靠性上具有优越性。为满足交换机外部条件的需要，增加新业务往往只改变软件即可。

2. 公务电话网络系统

在城市轨道交通中，为满足对内和对外的语音通信需求，提高城市轨道交通人员的信息沟通、运营管理和维修组织的效率，提供便捷的语音通话，公务电话系统采用专网建设。

城市轨道交通电话的分布决定了其网络结构的特点。程控电话网络的用户线路距离短、通话质量高、用户线路传输衰耗小、可靠性高，程控电话交换网络一般采用环形网络结构，如图 5-5 所示。公务电话系统由三台用户程控数字交换机通过传输系统以环形网络构成。这样设计的优点是当任意两台交换机间线路中断，可通过迂回传输线保持通话，以保证网络的可靠性，并且采用同一厂家设备组成同类网使终端之间的连接采用相同的方式。

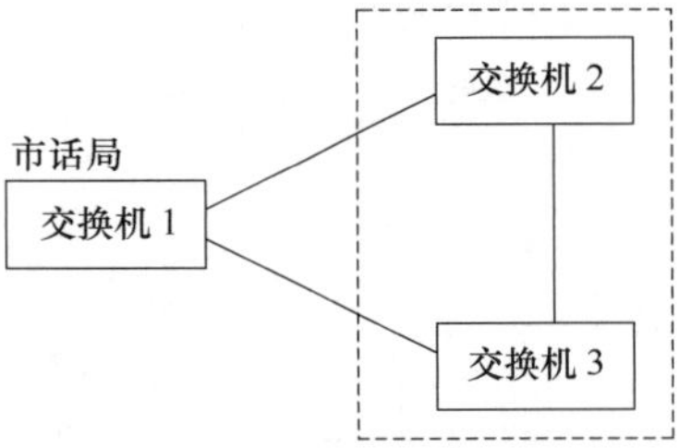

图 5-5　环形电话交换网络

各车站通过传输系统节点实现话路集中分配，交换机间使用 2Mb/s 数字中继，本网和市话局采用全自动呼出呼入方式，本网出局采用直接进入电话局程控数字交换机，入局则由电话机程控数字交换机选组直接接出。

3. 公务电话

公务电话一般使用普通电话机、多功能电话机、数字电话机等，都具备双音多频按键、留言显示灯、响灯，有重拨和来电显示等功能。常用的公务电话话机，如图 5-6 所示。

图 5-6　公务电话话机

二、公务电话系统的功能

公务电话完成城市轨道交通内部语音通信，具备交换、计费、多方通话、服务等功能。

1. 交换功能

（1）内部呼叫及出入局呼叫，网内用户之间呼叫，采用直拨用户 5 位内部号码的方式。

（2）对市话局的自动呼入、呼出，国内、国际长途，人工、自动呼入、呼出，以及话费立即通知等功能，市话呼入采用 8 位市话号码直入方式，市话呼出显示 8 位市话号码。

（3）“119”“110”“120”特种业务呼叫自动转移至市话局的“119”“110”“120”等特种业务呼叫上。全线公务电话用户直接拨打“119”“110”“120”等特种业务号码，直接连接到市话局的特种业务上。

（4）通过停车场交换机及控制中心出入市话。一般全线市话接入设置在停车场主交换系统上，全线各站及控制中心节点用户通过停车场交换机出入市话。

2. 计费功能

对用户开展网内、网外、国内、国际长途各种业务，按时间分段进行分类实时计费，应留有定期和脱机计费功能。计费系统能存储 1 年以上话单。

3. 多方通话功能

公务电话交换机配置有多方会议系统，该会议功能支持全线用户参与。在各车站及控制中心分别配置有多方电话会议系统，每个节点交换机都可以同时召开独立的电话会议。这样的配置可充分满足用户对多方电话会议功能的需求。

4. 服务功能

（1）公务交换系统具有综合业务数字网（Integrated Services Digital Network，ISDN）交换能力，具有数字接口，能与分组交换网连接，具有向宽带 ISDN 过渡性能。

（2）公务交换系统提供语音邮箱，存储时间不少于 200h。

（3）公务交换系统提供虚拟网功能，实现多交换机虚拟专网服务，全线车站、控制中心及停车场交换机形成虚拟专网，共享服务功能。

（4）数字程控公务电话交换系统能接入模拟和数字式电话，并支持传真机、调制解调器等通信终端设备接入，具有自动判别用户传真、数据等非话业务的功能，并能保证此类业务接续的连续性而不被其他呼叫插入或中断。

（5）数字程控公务电话交换系统采用 2M 数字中继接口与 TCC 等外部系统进行数字

式连接，提供全自动组网功能，在地铁全网中可联系其他地铁线用户实现5位直拨功能，使授权的无线便携台用户能够全自动与公务电话用户实现通话接续。具备与公网分组交换网相连的条件，数字程控公务电话交换系统IP网关中继卡板提供10/100Mb/s的以太网接口，顺应通信技术发展的潮流，IP网关中继卡板支持会话初始协议（SIP）、媒体网关控制协议（MGCP），基于高速IP通道可承载语音、视频、数据、广播、会议等。

（6）分机热线功能，可以设置当用户摘机不拨号时，延时一段时间后立即自动转接至指定用户。延时时间间隔可以根据用户需求进行灵活调整。

（7）话务台功能，可实现自动查号、语音查号、呼叫转接，根据话务台要求支持中文显示。

（8）维护管理功能，网管系统能够满足复杂、大型网络的管理需求，系统具有灵活的扩充能力，可以适应需求多变的环境。一套网管能对本系统（包括控制中心、车辆段及各车站交换机）进行集中维护和统一管理，同时要考虑到对既有线和新建线的统一管理，以及与相关网管系统的互联，以充分共享资源，提高管理效率。

任务总结

本任务主要分析了城市轨道交通公务电话系统的组成及功能。公务电话系统一般按车辆段、车站两级结构进行组网，由设置在车辆段和车站的数字程控交换机、电话机及各种终端、配线架等辅助设备构成。公务电话系统用于地铁内部各部门之间的电话联系，为地铁的运营、管理、维护等部门的工作人员提供服务。

配套视频

专用电话系统

任务二　专用电话系统

任务引入

专用电话系统是调度员和车站、车辆段值班员指挥列车运行和下达调度命令的重要通信工具，是为列车运营、电力供应、日常维修、防灾救护、票务管理提供指挥手段的专用通信系统。专用电话系统具有单呼、组呼、全呼、紧急呼叫和录音等功能，系统可为站内各有关部门提供与车站值班员之间的直达通话，以及车站值班员与邻站值班员的直达通话。系统设备高度安全可靠，操作方便快捷。

知识课堂

一、专用电话系统组成

根据地铁企业运营需要和业务性质，专用电话系统包括调度电话、站内电话、站间电话和专用维修电话等。

调度电话主要是为列车运营、电力供应、防灾救护、票务管理等提供可靠的指挥手段，它包括行车调度台、电力调度台、防灾/环控调度台。站内电话是用于车站（段）值班员利用本系统与站（段）内重要部门用户直接进行通话的专用通信设备。站间电话是用于车站值班员与相邻车站（段）值班员直接进行通话的专用通信设备。站内电话、站间电话功能应采用专用调度系统的车站分系统实现。专用维修电话，是为相应系统及段、场提供直通电话业务的专用通信设备。

专用电话系统由主用控制中心系统、停车场备用控制中心系统和车站系统等独立节点组成，如图 5-6 所示。专用电话控制中心系统由主系统、调度台、录音设备，以及车站的分系统、值班台、调度分机、站内电话分机、区间电话机等构成。专用电话系统的构成如图 5-7 所示。

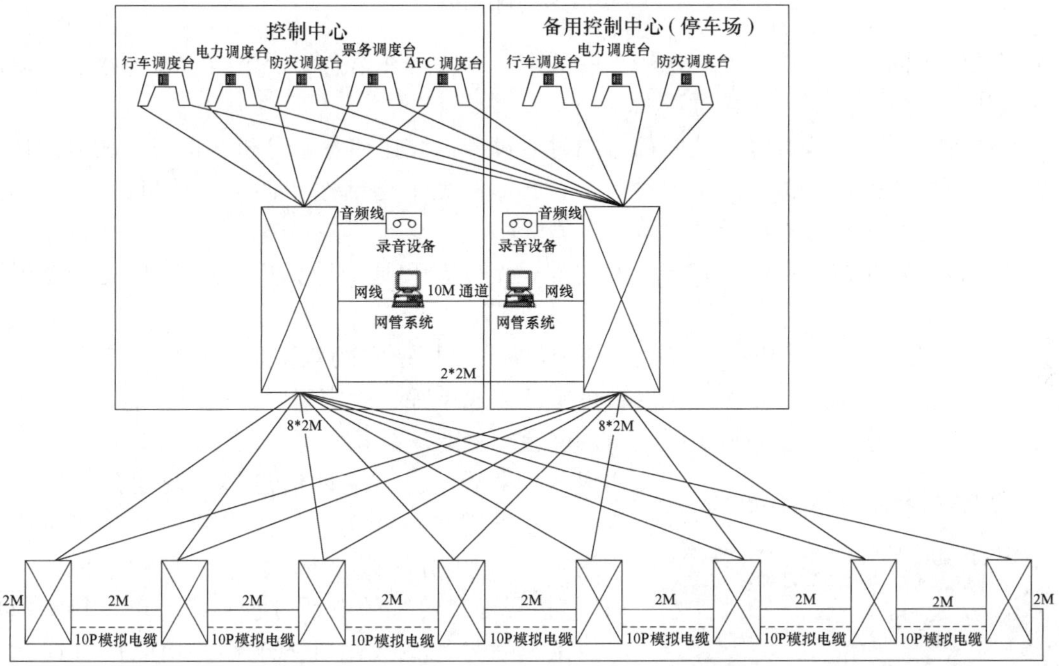

图 5-7 专用电话系统构成图

1. 专用电话主系统

专用电话主系统采用标准机柜，插箱式结构设计，单系统分为控制层和扩展层两种插箱。用户容量超过控制层能力时增加扩展层。专用电话主系统包括主控板、扩展板、驱动板、数字中继板、E1 数字用户板、接口板、铃流板等。某地铁控制中心通信机房专用电话主系统设备，如图 5-8 所示。

图 5-8 某地铁控制中心通信机房专用电话主系统设备

2. 调度台

调度台是调度电话的核心，由具有交换功能的交换机组成，设置在控制中心，为调度人员提供专用的通信服务，如图 5-9 所示。城市轨道交通中一般设置行车调度台、电力调度台、维修调度台、环控调度台、公安调度台等。

调度台在调度系统中处于核心地位。调度机是为调度台服务的。调度机硬件与程控

图 5-9 调度台

数字交换机相同，只是功能上有比较大的区别。调度台在紧急情况下要求快速接通。调度台的操作要求简单，如“一键通”等。

调度台选叫某一分机时，选叫信号同时通过传输线送往各个分机，但只有相应被选的分机才能接通总机而振铃。分机振铃后，拿起话筒按下送话按钮便可对总机讲话。此时，总机如处在受话状态可直接听到分机的应答。

调度台配置在控制中心，有传统的按键式调度台和基于计算机（PC）屏幕的触屏调度台。

（1）传统的按键式调度台。有的调度台提供互相独立的双主柄，可由两个调度员共用一个调度台进行调度。按键式调度台可单键完成单呼、固定组呼及全呼功能，并有会议功能，能对分机进行任意的编组呼叫。调度台配置有液晶显示屏，用以显示时间、引导操作提示、来话信息、通话信息等。调度台一般有热线键、拨号键和功能键，热线键的一个热键对应一个用户、一组用户或全部用户，可以实现“一键通”。拨号键和传统的电话号盘一样，可在热键损坏时拨出电话号码或拨出外线电话；功能键有通话保持、重拨、免提、翻页等，如图 5-10 所示。

图 5-10 按键式操作台

（2）基于 PC 屏幕的触屏调度台

基于 PC 屏幕的触屏调度台是在 PC 机中加入调度台应用软件，外接扬声器和电话手柄等。触屏调度台可通过改进软件和增加摄像头而组成多媒体调度台，提供可视调度电话，如图 5-11 所示。

图 5-11 基于 PC 屏幕的触屏调度台

3. 录音设备

录音设备应确保地铁控制中心调度员与车站运营人员之间调度指令和安全指令的正确保存，可对每个话路进行录音、监听、回放及识别来电号码，并运用信息化、网络化的技术，为地铁调度提供现代化的管理手段，提高管理部门的信息收集、处理能力，提升联动及反应速度，为各级管理人员提供准确、及时的分析数据，提高工作效率。

录音设备采用控制中心综合设备室的集中录音方式，使用带各种接口的双机热备数码式录音设备，在控制中心综合设备室设置集中录音设备网管服务器和录音查询终端，车辆段通信信号车间设置集中录音设备远程维护网管终端。各车站、车辆段和停车场需录音的电话（含公务、专用、无线电话）和广播语音通过 PCM 音频通道上传至控制中心，进行集中录音。

4. 调度分机

调度分机配置在车辆段和各车站，通常采用普通话机或数字话机，某车站综控室调度分机，如图 5-12 所示。调度总机与分机间点对点连接，分机接到中心调度员的选叫时铃响，业务员拿起话机手柄按下送话按钮即可与调度员通话。分机若呼叫总机，摘机后无须按键即可直接接通。分机设有单工通话按钮和紧急呼叫按键。

图 5-12 调度分机

5. 站内和区间电话分机

在车站内的站厅、站台、售票厅、客服中心和站控室等不同的工作地点，工作人员通常会频繁通信，若通过公务电话会加重公务电话交换机和传输系统的负荷，此外拨号连接的方式也不适合站内通信，所以在车站内部应配置相对独立的电话交换系统。

站内电话通常由车站电话交换机、车站值班台和电话分机组成。站内电话可以用普通拨号方式建立连接，各分机与车站值班台采用热线通话方式，分机间的通话由车站值班室转接。还有延时热线方式，分机摘机后等待 5s 不拨号即呼叫车站值班室，若摘机后 5s 内拨了其他号码则与其他分机通话。

站内电话可提供车站内部人员的直接通话和本站值班员与相邻车站或大区间值班员的双向热线通话，同时也能使乘客或车站工作人员在紧急情况下使用紧急电话。

站间电话是供相邻车站值班员之间联系的直通电话，也称闭塞电话。行车电话机的任何一方摘机即可与另一方通话；站间行车电话通话范围局限于两个车站值班员之间，不允许越站通话。站间电话可直接呼叫上行或下行车站值班员。站间电话具有紧急呼叫邻站及邻站呼入显示功能，站间电话不得出现占线或通道被其他用户占用等情况。站间电话系统和实物图，如图 5-13 所示。

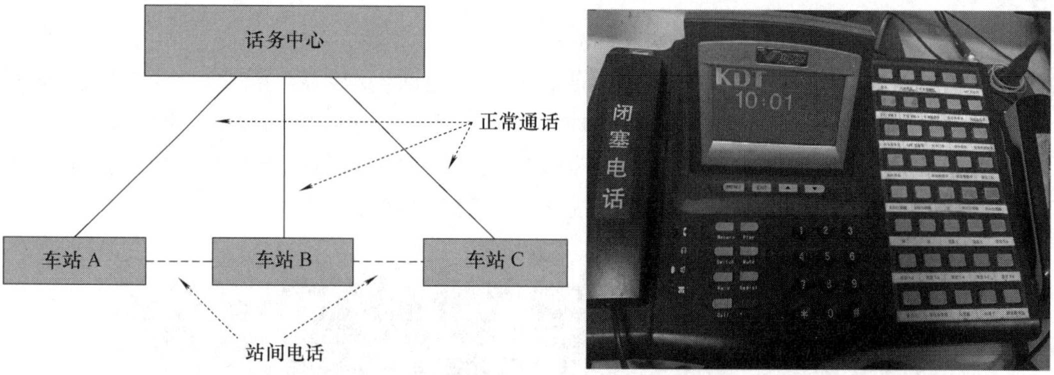

图 5-13　站间电话系统和实物图

区间电话是为系统运营和维护及应急需要，安装在隧道里的电话，它是列车司机和维修人员在紧急情况下及时联系车站及相关部门的一种电话。轨旁电话由轨旁电缆连接于站内交换机。轨旁电话机具有抗冲击性和防潮等特性，区间内 150~200m 安装一部轨旁电话，3~4 部轨旁电话机并接使用同一号码，并且用多部电话交叉配置的方式以增加其可靠性。轨旁电话可同时接听站内电话和公务电话，通过插座或开关实现号码转换，如图 5-14 所示。

图 5-14　轨旁电话、区间通话柱、紧急电话

二、专用电话系统的功能

专用电话完成城市轨道交通运营的语音通信，具备调度，自动交换，中继组网，显示、终端，维护、测试等功能。

1. 调度功能

(1) 调度台与调度分机可以实现优先通话或无阻塞通话。

(2) 调度员可通过按键或摘机，呼叫或应答某个被调用户，也可同时呼叫或应答多个被调用户。

(3) 调度员可以通过监听、插话或强插，实现对被调用户通话状态的干预，必要时可以直接催挂，甚至强行插除正在进行的通话。

(4) 调度员可通过紧急呼叫方式，以长振铃急呼被调用户，并可用此功能启动广播呼叫系统，广播寻找被调用户。

(5) 调度员可根据预先设置的分组用户进行组呼，按下组呼键一次性呼出该组所有的用户，实现对多个被调用户的通信，有的调度机可以进行全呼，即一次呼出所有被调用户。

(6) 调度员可以召集多方的大、小型电话会议。调度员可预先设置和编辑多个会议组及其参加成员，根据会议组编号一次呼出所有参加会议的成员，亦可召开全部被调用户的大型会议。

2. 自动交换功能

以下的自动交换功能不需要全部具备，可根据实际需求有所增减。

(1) 调度员与被调用户之间、调度用户与调度用户之间、调度用户与外线之间均可直接拨号；可根据用户服务等级限拨外线或长途通话等。

(2) 能实现调度用户之间的呼叫、调度用户呼叫外线、外线呼叫调度用户，必要时可经调度台人工转接。

(3) 当调度机与市话交换机的中继以 E1 连接时，占用市话的号码资源。公共电话网用户可以直接拨叫调度用户；调度用户亦可直接拨叫外线。

3. 中继组网功能

调度机具有中继组网功能。中继组网功能如下：

(1) 调度机具有数字、模拟兼容的组网能力，配备数字、环路、微波、特高频等中继接口，可组成模拟或数字调度专网。

(2) 多台数字调度机可以互联，组成无级或多级的自动数字调度网。

(3) 调度机配置有标准的 E1 接口，可以直接与传输系统的 E1 接口相连接，通过传输系统中 PCM 一次群链路的传输，可以实现中继线或用户线的延伸。

(4) 某些具有组网能力的调度机，可按用户组网需求设置中继汇接或迂回功能，以确保调度专网的安全与畅通。

4. 显示、终端功能

(1) 调度台显示屏可显示用户状态、中继状态、会议状态、引导操作提示、键盘自检等；按键可显示对应用户的状态。

(2) 调度机可配接 2B+D 数字终端，可直接进行数传。有时指定的某些 2B+D 数字终端既是上级调度台的调度用户，又具有二级调度台功能，可以对指定区域的调度用户进行区域调度。

(3) 调度机可配接会议终端设备，会议终端设备配备有微音器和扬声器，要求该设备具有回音抑制功能，以避免扬声器与微音器之间的声音回授产生啸叫。

5. 维护、测试功能

为提高设备可靠性和方便维护、测试人员的工作，调度系统具有下列维护、测试功能：

（1）可以通过计算机维护终端，采用人机交互（MMI）进行用户、中继、业务、配置等数据的设置或修改。还可采用人工或自动方式，对各种电路板、中继接口电路、用户接口电路以及外线等进行测试、诊断，自动判定并显示故障电路板或电路。

（2）为提高设备可靠性，不少调度机公共部分冗余热备，设备能自动监测，故障时自动切换——为保证备用部分正常工作，可定期自动切换。

6. 特殊功能

（1）计算机显示功能。除了调度台显示外，增设计算机显示功能，以显示调度系统的工作状态，如调度用户忙闲、中继忙闲、线路忙闲、呼叫调度员的调度分机号或外线号、通话起止时间等。

（2）与移动通信接续功能。可利用计算机选发或群发移动短信；故障情况下可自动拨叫相关维护人员的手机。

（3）有线、无线用户的连接功能。某些调度机通过用户或中继接口可以连接无线基站，调度员可通过调度台直接呼叫无线用户。有线、无线调度分机之间可通过拨号进行通话。

任务总结

本任务主要分析了城市轨道交通专用电话系统的组成及功能。专用电话为轨道交通运营、电力供应、日常维修、防灾救护提供指挥手段。行车调度员和车站（车辆段）值班员可以通过相应的专用电话系统指挥列车运行，轨道交通维护人员可以通过相应的专用电话系统指导使用人员操作设备。

配套视频

广播系统

任务三　广播系统

任务引入

城市轨道交通广播系统要求能在紧急情况下，立即由广播控制台通过各车站广播控制设备向全线所有乘客和工作人员发布列车到站、离站、线路换乘、时刻表变化、列车晚点、安全状况等信息；在突发事故或紧急情况时，作为事故抢险、组织指挥的防灾广播，对乘客进行及时有效的疏导和指引，从而提高快速应急响应能力。广播系统还可对运营人员广播有关通知信息，便于协同配合工作，从而提高服务质量。

知识课堂

一、广播系统结构

城市轨道交通广播系统是城市轨道交通通信系统中的一个专用子系统，在城市轨道交通行车组织、客运服务、防灾救险、设备维护等方面具有十分重要的作用。

城市轨道交通广播系统采用控制中心与车站两级控制结构。控制中心和车站之间通过网络进行连接。控制中心的指令和音频均经过网络传输至车站，实现中心对车站的控制和广播操作。广播系统在控制中心配备了网管计算机，实现对整个系统的遥测、遥控。

广播系统拓扑结构图，如图 5-15 所示。

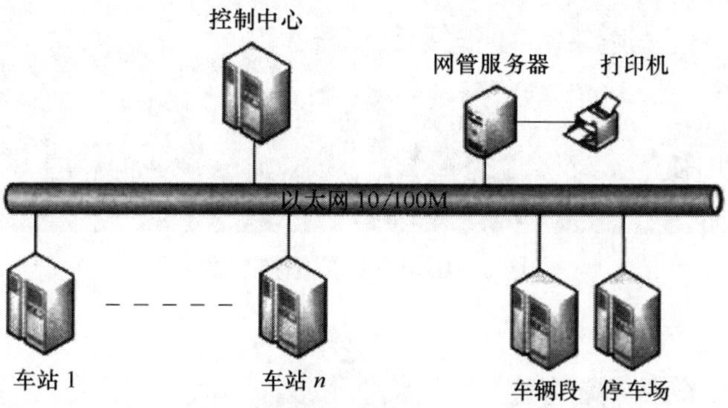

图 5-15　广播系统拓扑结构图

1. 车站广播系统

车站广播系统示意图，如图 5-16 所示。

图 5-16　车站广播系统示意图

车站广播系统主要包含音源、功率放大器、输出控制设备等组成。车站广播系统采用总线制结构、模块，板卡形式设备设计。所有模块，板卡均能在线进行更换，具有配置灵活、维护方便、扩展性好等优点。车站通信机房的广播设备实物如图 5-17 所示。

图 5-17　车站通信机房广播设备

车站广播系统中所有模块和设备均连接在内部的总线之上。由中央控制模块对总线资源进行统一协调管理。当操作员在人机界面进行相关操作后，中央控制器将统一协调广播系统的各功能模块配合动作完成广播功能。

音源输入方式有多种，包括话筒实况广播、预录制语音端广播、线路广播等，并且能够将其他系统提供的音频广播到目标广播区。地铁车站广播控制盒，如图 5-18 所示。扬声器如图 5-19 所示。

2. 控制中心广播系统

控制中心广播系统拓扑图，如图 5-20 所示。控制中心广播系统由调度大厅设备（操作终端、广播控制盒、话筒），网管室设备（网管工作站、打印机），交换机及连接附件等组成。

控制中心广播系统能够完成对全线各站的选站选区进行广播或者监听。控制中心广播

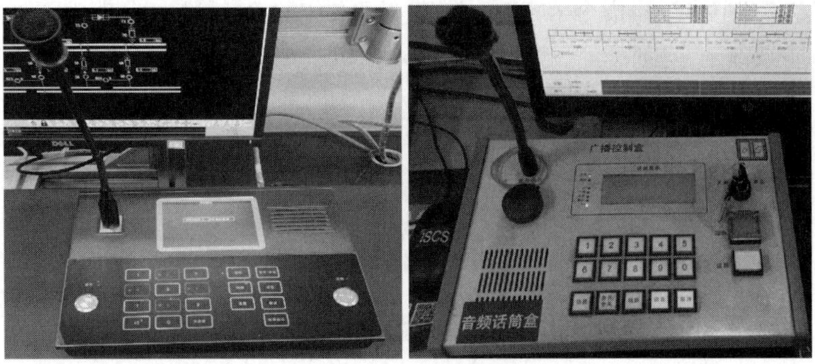

图 5-18　车站广播控制盒

图 5-19　扬声器

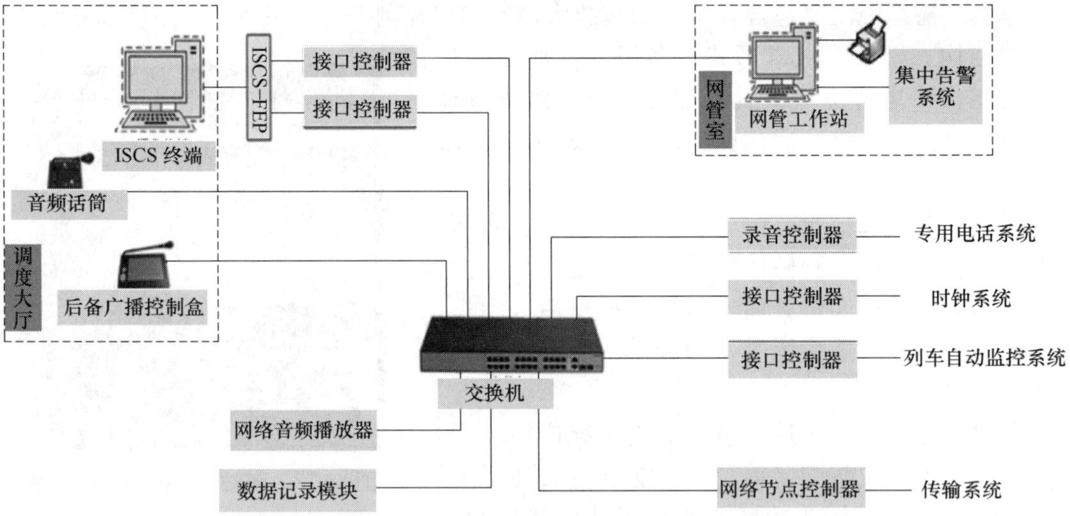

图 5-20　控制中心广播系统拓扑图

系统能与专用电话系统，时钟系统、ATS、传输系统等进行通信。目前广播系统的控制界面多由综合监控系统进行集成。

3. 车辆段、停车场广播系统

车辆段和停车场广播系统的结构与车站相同由于广播分区较少，相应的设备数量也随之减少。控制中心广播系统对车辆段、停车场广播系统只进行网管操作，不进行广播操作。车辆段广播系统拓扑如图 5-21 所示，车辆段运转室广播控制盒如图 5-22 所示。

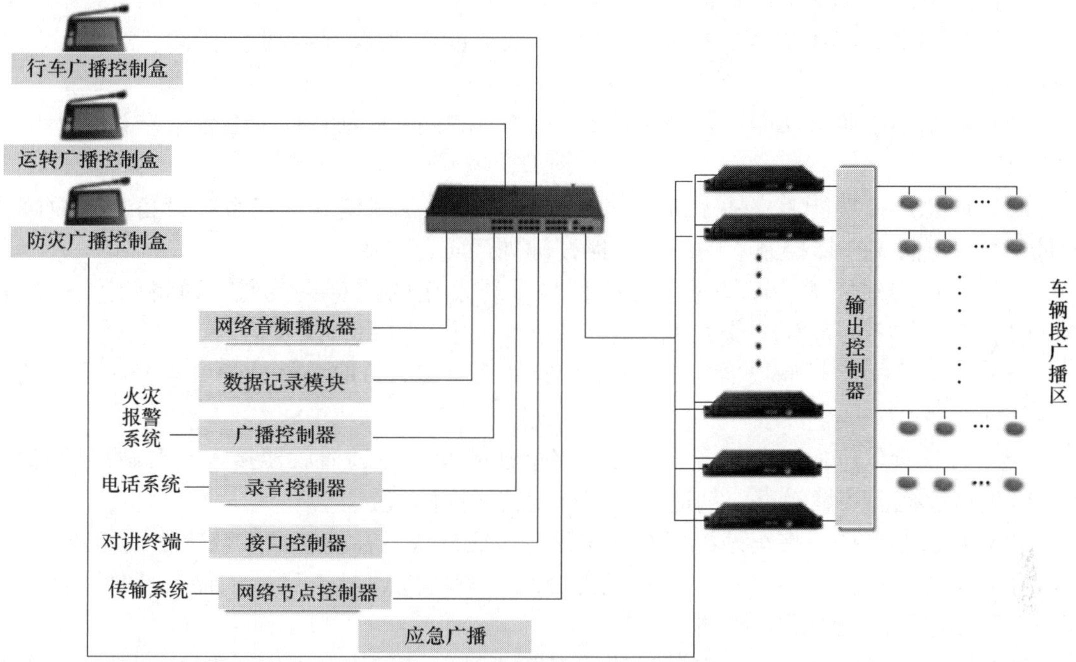

图 5-21　车辆段广播系统拓扑图

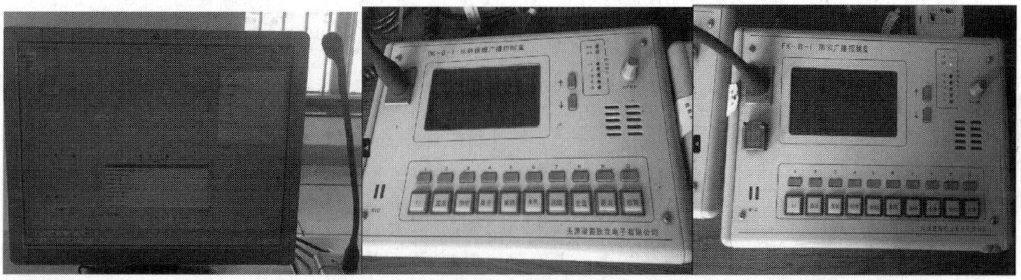

图 5-22　车辆段运转室广播控制盒

4. 接口

广播系统接口方案灵活多样，可选择的方式有 I/O 干接点、RS-422、以太网等方式实现与综合监控、电话、无线、集中告警、FAS 等系统连接，将必要的音频引入到广播系统，方便运营人员对场、站的管理。

二、广播系统的功能

广播系统平时在城市轨道交通车站的不同区域为售票、检票、进站、候车、乘降、出站、换乘等播报不同的服务用语和有关注意事项，为提供各项服务，维持车站秩序，有效疏导乘客乘车先下后上，缩短列车停站时间，确保列车正点。在车辆段车场、隧道区间等城市轨道交通作业场所为调度指挥、车场调车、车辆调试、设备检修、线路维护、供电轨停/送电、设备送断电等提供安全提示及告知等作业广播服务。当遇重大活动、节日等引起城市轨道交通客流激增时，为大客流运营组织提供保障。当遇事故灾害等突发事件时，作为紧急疏导、指挥救灾的重要工具。具体如下：

（1）控制中心广播功能。控制中心操作人员能够在权限内对所辖站、场进行广播操作。

（2）控制中心监听功能。控制中心操作员可以在权限内监听下辖各个车站广播区的广播内容。

（3）应急广播功能。广播系统中配置有应急广播控制模块，当系统设备出现故障情况时，可按下防灾广播控制盒的应急广播按键进行应急广播。

（4）自动进站广播。广播系统接收信号系统发送的信息，在列车即将到达、到站、离站时，启动数字语音合成模块内的预存储语音内容，进行自动广播。

（5）实况广播（话筒口播）。广播系统通过话筒实时拾取操作员的口播音频实时的播放到目标广播区。

（6）背景音乐广播。背景音乐作为一路单独的音频通过播放器接入到车站广播机柜。背景音乐可以掩盖环境噪声，创造与室内环境相适应的气氛。

（7）预录制广播。在车站配置有数字语音合成模块，存储、播放数字格式的音频。

（8）优先级广播功能。系统具有优先分级广播功能。对于目标广播区叠加、冲突的操作按照设定的优先级进行协调。

（9）功放故障自动检测、自动切换主备机功能。广播系统能够实时检测功率放大器的状态。当功放出现故障时，中央控制器发出切换控制信号，用备用功放替代故障功放的工作，此过程不中断广播。并将故障信息发送到网管终端。

（10）网管功能。网管终端可对全线广播设备进行统一监控和管理，具有集中维护和自诊断功能．可进行故障管理、性能管理、配置管理、安全管理，实时监测中心、车站、车辆段广播设备的运行状态。

三、车载广播系统

地铁车载广播系统通过贯穿所有司机室和各个客室的广播线路、专用通信线路来完成广播音频信号及对讲音频信息的传输，并在现场设备进行同步显示或广播。

1. 车载广播系统组成

车载广播系统由司机室车载广播主机、广播控制盒、客室广播分机、噪声检测器、紧急报警器、显示器、通信网络、司机室扬声器、客室扬声器等组成。车载广播系统，如图5-23 所示。

司机室车载广播主机、广播控制盒各设置 2 台，两端司机室各 1 台；客室广播分机共6 台，分别分布于 6 节客车车厢里。司机室内车载广播主机与客室分机通过 RS485 通信网络相连，进行通信与语音信号的传输，同时还与本节司机室中的无线电台主机、列车控制诊断系统 TCDS 等广播以外部设备相连。每台客室广播分机与本节客室的扬声器、噪声检测器、紧急报警器相连。司机通过司机室广播控制盒进行广播、对讲等功能的设置和操作。

2. 车载广播系统主要结构功能

（1）司机室车载广播主机。司机室车载广播主机是车载广播系统的核心控制设备，它可完成车载广播系统对客室广播音频信号的输入、对讲音频信号的输入输出以及控制信

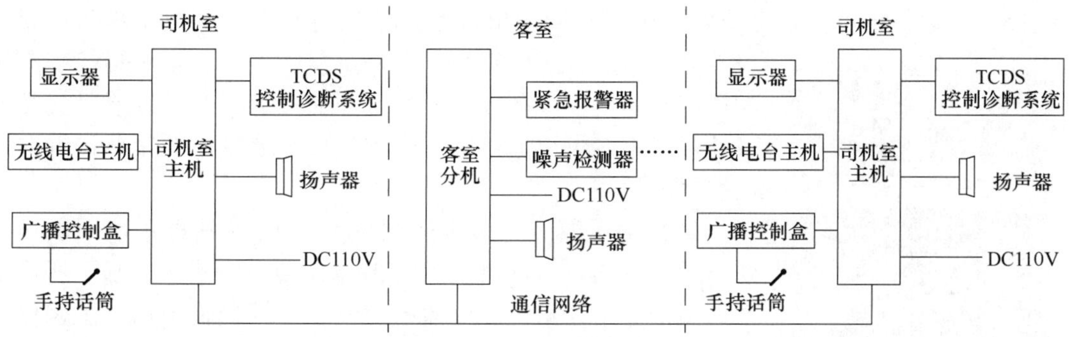

图 5-23　车载广播系统图

号的传输；主机中央控制器中集成有多路通信功能，能够与列车管理系统、车载控制器、无线数据台、媒体播放器等设备的通信。

车载广播主机中，激活端司机室的车载广播主机为主用设备，未激活端司机室的为备用设备。在正常使用中各种广播、对讲等控制命令均由主用设备执行，当主用设备发生故障时，系统可以自动切换至备用设备工作。司机室车载广播主机设计为机柜的形式。

（2）广播控制盒。广播控制盒分别在列车两端的司机室内，位于已激活司机室的作为主控制盒，位于未激活司机室的控制盒作为副控制盒，车载广播系统保证只有一个控制盒起控制作用。广播控制盒由外盒、主电路板、键盘、工作指示灯和 LCD 显示屏等组成，如图 5-24 所示。

图 5-24　车载广播盒

广播控制盒功能有：利用手持话筒向乘客广播，司机之间对讲，与报警乘客对讲等。其中，广播对讲默认优先级顺序由高到低依次为：OCC（控制中心）广播、乘客紧急报警、人工广播、司机对讲、列车自动广播、媒体伴音广播。广播操作分为无线电台语音广播、人工口播和数字语音条目广播三种操作模式。

（3）客室广播分机。客室广播分机的作用为将司机室传输过来的语音信号放大输出到扬声器，并且采集客室噪声值，根据噪声值大小自动控制广播音量输出的大小。传输司机与乘客之间的对讲语音信号。

（4）噪声检测器。噪声检测器在每个客室安装有两个，它是由噪声采集器、放大器、电压电流变换器组成。当进行 OCC 广播、人工口播、数字语音条目广播时，噪声监测器实时采集客室内噪声并且回传到客室控制器中，控制器通过读取检测值来控制调节车厢广播音量，使广播音量小于90dB但不低于70dB，比室内噪声高10dB。

（5）紧急报警器。紧急报警器用于车厢内出现紧急情况时乘客向司机室报告。紧急报警器由机盒、主电路板、报警及复位按键、指示灯、麦克风和扬声器组成，如图5-25所示。在客室出现紧急情况或突发事件时，乘客可以通过客室内紧急报警装置上的紧急按键向司机室报警。

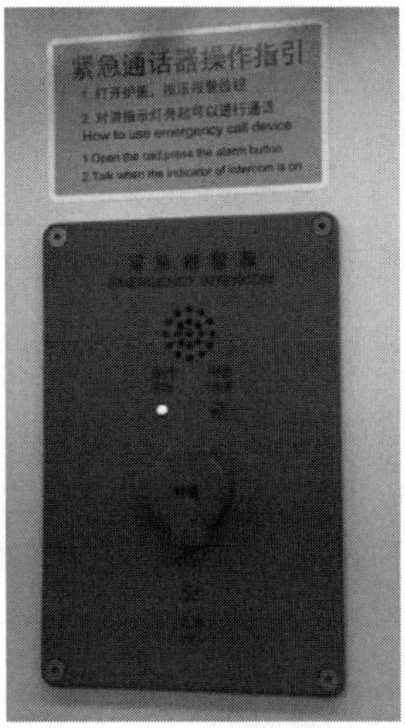

图5-25　紧急报警器

（6）显示器。司机室前端设LED终点站显示器用以显示列车运行方向。显示器采用LED显示点阵，中英文显示所需信息。当信息指令从车载广播系统或手动控制输出后，正确信息于1s内显示。终点站显示器可进行地址设置以区分主、从设备终点站显示器上端有黄色LED灯，当列车到站时以1Hz频率进行闪烁。

（7）扬声器。司机室及客室广播/对讲监听扬声器形式设计为锥形直线放射式，适合于车载；额定功率3~5W；输入方式为定阻、平衡；从70Hz到20Hz的频率响应：≤-7dB，1kHz；从100Hz到10kHz的频率响应为±1dB。客室扬声器保证客室内的每个角落都能听到广播的内容。当一路扬声器出现故障时，另一路扬声器仍然可以继续工作，从而保障客室广播的正常进行。

四、广播词

广播要根据监控CCTV或站台岗、站厅岗报告，观察分析和掌握站台、站厅、扶梯、出/入口的乘客实时动态，选择适当时机，确定广播内容和广播区域。无恰当的录音广播时，人工口播要先组织好语言再播放。进行广播时，严禁突然中断，严禁广播与运营服务无关的内容。车站广播主要是安全广播、末班车广播、非正常情况下广播、人工广播以及其他广播等。

1. 安全广播

候车广播："乘客您好，为了您的安全，请站在黄线以外候车，谢谢合作！"

列车进站广播："乘客您好，列车即将进站，请注意安全，站在黄线以外候车，上下列车时，请先下后上，注意站台与列车之间的空隙。谢谢合作！"

列车关闭车门广播："乘客您好，车门即将关闭，请不要越出黄线，不要手扶车门，谨防夹伤，谢谢合作！"

列车客满广播："乘客请注意，由于列车满载，请未上车的乘客注意安全，站在黄线以外，耐心等候下一趟列车，不便之处，敬请原谅！"

2. 末班车广播

末班车出发预报广播："乘客请注意，开往××方向的末班车即将出发，请抓紧时间上车。"

停止购票进站广播："乘客请注意，今天的列车服务已经结束，请停止购票进站。"

关站广播："乘客请注意，今天的列车服务已经结束，车站即将关闭，请尽快出站，感谢您乘坐本次列车，欢迎下次光临。"

3. 非正常情况下广播

列车故障清客广播：“乘客请注意，本趟开往××方回的列车因故需要退出服务，请耐心等候下一趟列车，赶时间的乘客，请改乘其他交通工具，不便之处，敬请原谅！”

列车延误广播：“乘客请注意，开往××方向的列车因故延误，请耐心等候。赶时间的乘客，请改乘其他交通工具。”

列车通过本站广播：“乘客请注意，本趟开往××的列车因故在本站通过不停车，请大家注意安全，站在黄线以外，耐心等候下一班列车，谢谢合作！”

车站拥挤广播：“乘客请注意，由于车站比较拥挤，请出站的乘客尽快出站，不要在站内逗留，谢谢合作！”

4. 人工口播

当无恰当的录音广播或者有其他紧急情况时，须进行人工口播。

5. 其他广播

安全广播：“乘客您好，为了您和他人的健康，请不要在车站内吸烟、吐痰和乱扔废弃物。如果您不慎有物品落入通道，请不要自行拾取，请与工作人员联系，以免发生危险。”

出闸广播：“乘客您好，出站时请将单程票投入右手侧闸机上方回收孔内，绿色指示灯亮后出闸。”

进闸广播：“乘客您好，进站检票时，请每人持一张车票放在右手侧闸机上方的绿色感应区内验票，绿色箭头亮后进闸。乘车过程中请妥善保管车票，以免丢失。”

自动扶梯安全广播：“乘客您好，为了您的安全，在乘坐自动扶梯时请站稳、扶好，不要将身体倚靠在扶梯上；不要在扶梯上玩耍、逆行，以免发生危险。”

购票须知广播：“乘客您好，单程票仅限本站当天使用，请不要提前购买车票，谢谢合作！”

任务总结

本任务主要分析了城市轨道交通广播系统的组成及功能。广播系统为城市轨道交通客运、行车、防灾、设备维护等部门提供功能完善的先进作业工具，提高了城市轨道交通客运服务质量和处理突发事件的能力。

配套视频

无线调度系统

任务四　无线调度通信系统

任务引入

随着城市轨道交通行车间隔不断缩小及行车密度不断增加，为保证安全的行车组织工作，要求行车调度员在正常和紧急情况下，能有效地与车站值班员和列车驾驶员保持通信。有线通信方式便于固定体与固定体之间通信，而对于固定体和移动体、移动体和移动体之间的通信就只能依靠无线通信来完成，所以行车调度员需要借助无线通信手段完成与列车驾驶员、线路抢修人员的指挥和应急抢险工作联系。那么什么是无线调度通信系统呢？地铁中常用的无线通信有哪些？

知识课堂

一、无线调度系统组成

无线调度系统由控制中心设备、车站设备、移动台设备及无线覆盖等组成，如图5-26所示。车辆段设备主要由双载频数字集群基站、车辆段远端调度台、固定台、天线等组成。线路区间设备主要由直放站、漏缆等组成。

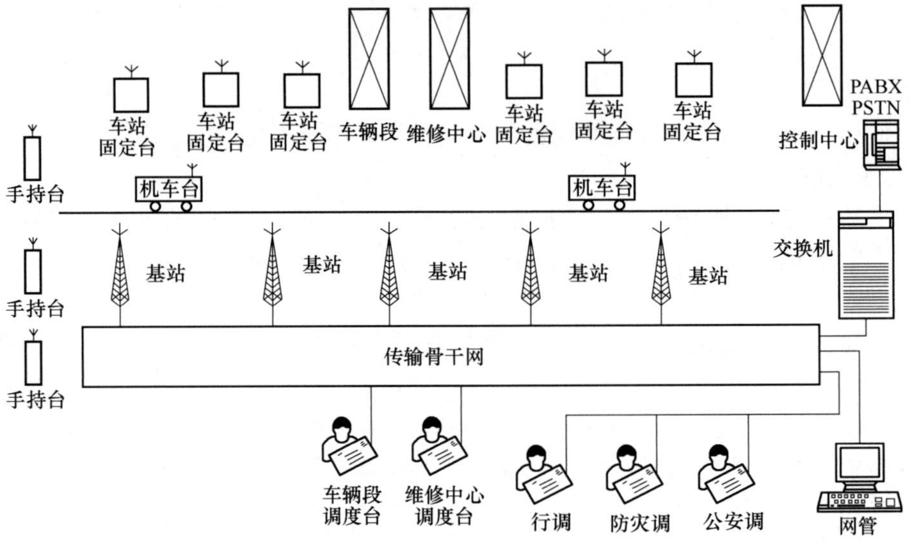

图5-26　无线调度系统组成

1. 控制中心设备

控制中心设备包含调度台、网管及配套设备。

（1）调度台。调度台设备由基于调度计算机的调度终端组成。调度员通过调度台能呼叫本部门移动用户，并具有最高优先权，无线调度系统的4台调度台分别由行车调度员、防灾调度员、维修调度员、车辆段调度员值守。行车调度员通话权限仅限于车载电台、固定电台、部分有权限的手持台。维修调度员通话权限仅限于维修作业人员，同时具有行车调度台通话功能和修改列车位置的管理功能。防灾调度员通话权限仅限于本部门移动作业人员。车辆段调度员通话权限仅限于车辆段内移动台。

（2）网管。网管可为用户提供不同的图形用户界面。网管终端可以位于主站或远端站。网管终端通过以太网接口连接到中心无线设备机柜内的以太网交换机上。网管具有故障管理、配置管理、统计管理、性能管理、安全管理，以及对方线调度系统实现资源管理和用户控制等功能。

2. 车站设备

车站设备主要由双载频基站、车站值班员固定台及车站广播台等设备组成。

（1）双载频基站。双载频基站提供无线覆盖、空中信令、空中数据传输等业务。

（2）固定台。固定台与调度子系统配合工作向车站值班人员提供满足城市轨道交通无线通信子系统需求的专门调度和通话功能。固定台安装在车站值班室，能使车站值班员轻松接入无线系统，如图 5-27 所示。

图 5-27　固定台

（3）车站广播台。车站广播台与广播系统的接口，用于手持台向广播系统发送数据信息，同时广播系统在接收信息后，打开相应的音频通道给无线系统，在优先级允许的状态下，对相应的上下行站台进行广播。

3. 移动台设备

移动台设备包括车载台和手持台。

（1）车载台。无线调度系统在每列电客车的车头和车尾及轨道车驾驶室内各设置车载台一个，车载台控制盒是列车司机操作的人机界面，实现列车司机与控制中心调度员、车站值班员、车辆段值班员之间的呼叫、状态报告的发送和接收以及数据传输，如图 5-28 所示。

（2）手持台。无线调度系统配置一定数量的手持台，实现车站工作人员或者移动作业人员与车站值班员或控制信息调度员之间联系，如图 5-29 所示。

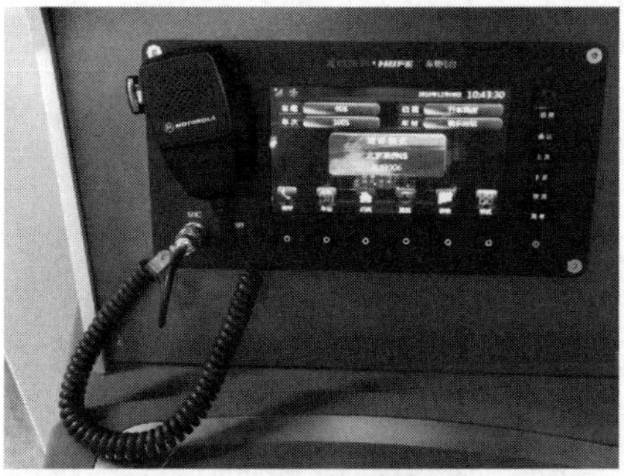
图 5-28　车载台

图 5-29　手持台

4. 无线覆盖

无线覆盖采用多基站小区制方式。在全线各车站及车辆段设置双载频无线集群基站，完成对全线车站、车辆段区间的无线场强覆盖。无线调度系统场强应覆盖地铁的全部范围，包括双正线区间以及车辆段与正线的出入线，车辆段内地面的整个区域包括信号楼、维修基地、办公楼、停车列检库等，还应覆盖全线车站各车站站台、站厅、出入口、安全/消防通道、设备用房及办公用房区域。

无线调度系统在隧道区间一般采用漏缆方式进行覆盖，每条隧道敷设一条漏缆，漏缆敷设在隧道顶或者弱电侧上部，地下区间车站站台借助隧道漏缆覆盖。车站的站厅、办公区域采用无源小天线加射频电缆的方式进行覆盖，收发天线共用。车辆段设置无线调度系统天线，采用全向天线用于车辆段内的场强覆盖。某地铁线路无线调度系统组网，如图 5-30 所示。

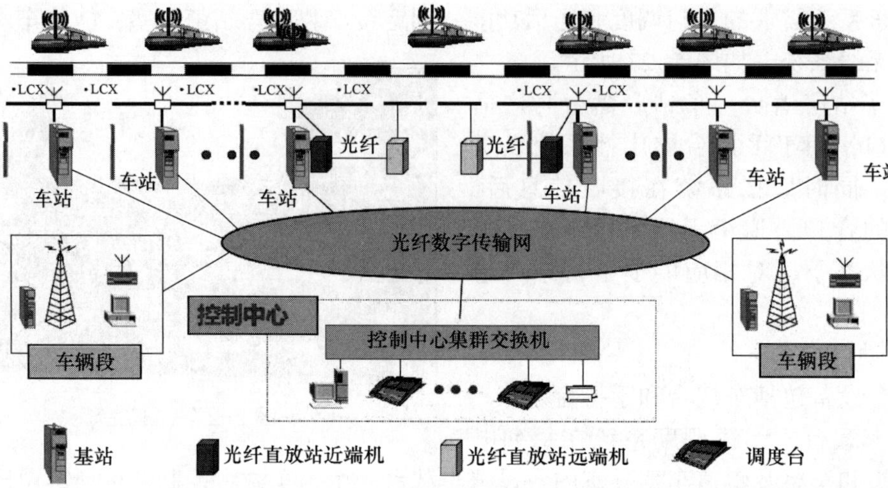

图 5-30 某地铁线路无线调度系统组网

二、无线调度系统的功能

无线调度系统的用户应包括控制中心行车调度员，沿线各站的车站值班员、站内移动值班人员，以及运行线路上的列车司机；控制中心环控调度员、线路和车站内的相关移动人员；控制中心维修调度员、线路和车站内的移动维修人员；车辆段值班员、车辆段内列车司机、列检，以及车辆段移动工作人员等。无线调度系统的主要功能如下。

1. 通话功能

（1）控制中心调度员与在线列车司机之间的通话。

（2）车站值班员与在线列车之间、车站值班员与站内移动值班人员之间的通话。

（3）列车司机之间的通话。

（4）控制中心防灾/环控调度员与相关移动人员之间，相关移动人员与相关移动人员之间的通话。

（5）控制中心维修调度员与移动维修作业人员之间、移动维修作业人员与移动维修作业人员之间的通话。

（6）车辆段值班员与车辆段内列车司机之间的通话。

2. 呼叫功能

（1）通播组呼叫。本部门的调度员向所管辖的全体成员（多组组员）发起呼叫，被呼叫的成员无须手动转组即能自动纳入通播组的通话中，此呼叫为双向通信。

（2）单呼。移动、固定用户和调度台间能进行一对一的选择呼叫，移动用户间能进行一对一的选择呼叫。

（3）组呼（半双工）。向预先定义的通话组用户发起一点对多点的呼叫。

（4）紧急呼叫。当移动用户对调度台发起紧急呼叫而系统资源被全部占用时，系统将中断权限为最低级的用户通话，并向发起紧急呼叫的用户立刻分配信道资源。

（5）电话互联呼叫（全双工）。公务电话用户向被授权的移动用户或者被授权移动用户向公务电话用户发起呼叫。

（6）车组号呼叫。控制中心调度员、车站值班员在调度台上能利用车组号呼叫运行列车。

（7）车次号呼叫。控制中心调度员、车站值班员利用车次号呼叫运行列车。

（8）站管区呼叫。车站值班员呼叫本站管区的列车移动用户，处于站管区内的列车移动用户呼叫该站管区车站的行车值班员。

3. 数据传送功能

（1）状态信息传送。无线调度系统的移动用户和调度员之间能发送预先设置的状态信息。

（2）短数据信息传送。移动用户之间、移动用户与调度员之间能进行双向数据信息传送。

（3）分组数据传送。车载电台与调度台之间能传送分组数据，车载电台接收来自控制中心的分组数据，并具备向列车内相关显示设备的输出功能。

4. 故障弱化功能

无线调度系统支持单站集群的工作模式，当基站和控制中心设备之间的线路连接出现故障时，基站自动进入单站集群工作模式，一旦连接恢复正常，基站自动返回正常集群模式。在单站集群模式下，基站能为其服务区内的用户提供登记和组呼功能，在组呼模式下支持紧急呼叫、迟后接入、呼叫方显示等功能。

5. 系统管理功能

（1）系统配置管理。无线调度系统的系统管理员根据业务需要能对系统的结构配置、网络配置及参数配置进行管理，在进行系统配置管理的过程中不得中断对应的业务。

（2）用户管理。无线调度系统的系统管理员能进行系统用户的管理，包括建立、修改、删除系统数据库的用户信息，用户接入时监视用户的数据，并对用户设备进行管理。

（3）故障管理。无线调度系统能对系统内的设备（控制中心的控制及网络设备、基站设备等）进行故障检测报警和管理。

三、无线调度系统运行方式

1. 调度台与移动台之间的呼叫

（1）调度台单呼下属移动台。在调度台终端人机界面上选中该移动台的名称，系统就会将其转变为用户的无线标识号，经中心交换机处理后传输到用户注册的基站，经泄漏电缆或天线发射出去。移动台接收到控制信号后与自身标识号作比较，若比较一致可确定自己为调度台呼叫用户，则控制移动台振铃，用户按压通话键即可建立通话。

（2）调度台呼叫下属移动台。调度台向下属移动台发起组呼，被呼组内用户不经振铃与任何操作，可直接收听调度员讲话或同组其他用户（按下 PTT 开关）讲话。

（3）移动台呼叫调度台。有两种方式：一种是移动台直接单呼调度台；另一种是以数据传送方式向调度台发出呼叫请求短消息，调度台收到短消息后再回叫该移动台。

2. 手持台之间的呼叫

（1）本组内的组呼。移动台的组选择旋钮选择在本组组号位置，按下 PTT（随按即说）开关即可发起组呼，本组其他用户无须任何操作，即可听到组呼发起者的讲话。

（2）呼叫另一组用户。把移动台组选择旋钮调到对方组号位置，按下 PTT 开关即可发起组呼，对方组用户同样无须操作即可收听，实现此种通话的前提是本机应先设置好对方组号。

（3）监听其他组用户的呼叫。保持在本组组号旋钮位置，利用扫描功能可监听到其他组用户的呼叫，前提是移动台先设置好扫描功能。

3. 移动台单呼移动台

当移动台单呼另一移动台时，若两移动台拥有私密通信的权限，则直接拨出对 ID 号，或利用提前编写好的对方别名发出呼叫，都可完成单呼。

4. 车载台与车站用户间的呼叫

（1）车载台呼叫车站用户，可有三种方式。

① 车载台单呼车站固定台。

② 采用组呼方式，提前编制好通话组，需要通话时，把车载台的组选择旋钮调到要呼叫的车站组位置，按下 PTT 开关即可通话。

③ 把线上所有车站台编为一组，在所有车载台上都设置好此通话组的组号，不需要呼叫车站台时调至自身通话组，当需要和车站固定台通话时将选择旋钮调至该组号位置。

（2）车站用户呼叫车载台，主要有两种方式。

① 将所有车载台编为一个通话组，在所有车站固定台和手持台上都设置好此通话组组号，当不需要呼叫车载台时调至自身通话组，当需要呼叫车载台时将选择旋钮调至该组号位置，当发生呼叫时会造成所有车载台都被呼叫到，影响无关车载台的正常工作。

② 将所有车载台编为一个通话组，车载台设优先监视功能，所有车载台都设置通话组扫描功能，并在所有车站固定台和手持台上都设置为车载台通话组组号。当车站需呼叫列车时先选择此组旋钮，按下 PTT 开关呼叫，车载台监听到呼叫后，退出当前呼叫组转向扫描功能接受呼叫。

四、TETRA 数字集群通信

陆地集群无线电（TETRA）数字集群通信系统，是欧洲通信标准协会（ETSI）为了满足欧洲各国的专业部门对移动通信的需要而设计、制定的一种统一标准的开放性系统。TETRA 是基于数字时分多址技术的专业移动通信系统，如今已成为欧洲通用的标准，像全球移动通信系统（GSM）一样，在国际上也被很多国家采用。

TETRA 在城市轨道交通无线调度系统中使用非常广泛。系统可在同一技术平台上提供指挥调度、数据传输和电话服务，它不仅提供多群组的调度功能，还可以提供短数据信息服务、分组数据服务以及数字化的全双工移动电话服务。

1. TETRA 的技术特性

TETRA 系统频谱效率高，采用 TDMA 技术，使每 25kHz 信道复用 4 时隙。与其他数字集群系统比较还具有下列特点：

（1）反应快速。TETRA 系统的呼叫建立时间非常短，实际小于 0.3s，而 GSM-R（欧洲铁路综合移动通信系统）实际测试数据最快为 3s。

（2）调度业务丰富。TETRA 有多种指挥调度功能，如退后进入、区域选择、监听、动态重组、多种优先级配置方案，功能齐全，可以按需选配。

（3）加密方式灵活。除公共密钥加密外，还有空中接口加密、端到端加密等方式，可满足普通、商业、秘密、机密等不同级别需要。

（4）安全性高。TETRA 的鉴权较 GSM 更为严密，有单向双向空中接口鉴权，在专业网中可以防止各种威胁，使得专业网正常运行更有保障。

（5）可脱网直通。TETRA 在直通（DMO）工作模式中，无线用户可以不通过网络基础设施，使用不受基站和交换机控制的无线频率，直接进行相互间的通信。

（6）话音质量好。在严重噪声环境下，GSM 手机通话质量会变差，而 TETRA 终端则不受环境因素影响，听不见噪声干扰，话音清晰。

（7）多频段选择。可提供多频段系统，如 350～400MHz、410～470MHz 和 806～870MHz 不同频段的系统。

（8）通信模式多样。可提供全双工通信、半双工通信及数据通信服务。

2. TETRA 的基本通信方式

基本通信方式有以下 4 种，适用于在不同用途和不同场合的使用。

（1）语音加数据通信方式（Voice+Data，V+D）。提供许多与语音和数据传输相关的用户终端业务、承载业务和补充业务。使用 25kHz 信道的 TDMA 系统，每射频信道分 4 个时隙，能同时支持话音、数据和图像的通信。与单个移动台相结合，可减少阻塞及互调干扰问题，数据传输速率最高可达 28. 8kb/s。

（2）优化分组数据通信方式（Packet Data Optimised，PDO）。使用 25kHz 信道的 TDMA 系统，每射频信道分 4 个时隙，主要面向宽带、高速数据传输。PDO 只支持分组数据业务，其有效数据传输率可高达 36kb/s。

（3）直通通信方式（Direct Mode Operation，DMO）。DMO 是脱网直通模式，直通模式就是终端机之间直接通过空中接口通信，不需要网络基础设施。当移动台处于网络覆盖范围外，或即使在覆盖范围之内，需要安全通信时可采用 DMO 方式，实现移动台和移动台之间的通信。如果终端处于网络覆盖范围内，通过入网终端，就可以在 ISO 第三层上提供集群方式与直通方式的相互转换。

（4）集群模式（Trunked Mode Operation，TMO）。集群模式就是终端机之间需要中转站（网络基础设施）才能通信。其具有完善的调度业务，可支持半双工和全双工两种模式通信。但是通话距离远，需要网络，在没有建立基站的地方不能使用。

3. TETRA-Motorola MTP850 对讲机的使用

（1）MTP850 对讲机的按钮和指示灯，如图 5-31 所示。

专用紧急呼叫键：按下紧急呼叫键，对讲机将进入紧急呼叫模式；紧急呼叫模式既可在集群模式下使用，也可在直通模式下使用。发起紧急呼叫的对讲机 ID 或用户别名将显示在所有接收对讲机的屏幕上，包括调度对讲机。

多功能旋钮：用户可以调节音量/查看通话组列表，按下旋钮可在音量调节功能和滚动查看列表功能之间切换。按下并按住旋钮可实现锁定；再次按下并按住旋钮可实现解锁；关机后再开机将自动解锁。

通话按钮（PTT）键：一键呼叫到目标被叫不摘机接听，是专用调度指挥通信中最重要的功能。

待机屏幕：在空闲时，屏幕显示分别表示设备处于集群和直通模式。

开关/结束/返回键：按下并按住开关/结束/返回键，对讲机开关机。

菜单键和星形键：先后按下菜单键和星形键锁定和解锁键盘。

图 5-31　MTP850 对讲机

LED 指示灯：绿灯保持亮着表示正在使用；绿灯闪烁表示在系统覆盖范围内；红灯保持亮着表示不在系统覆盖范围内；红灯闪烁表示对讲机在开机时正在连接网络/进入 DMO；橙色灯闪烁表示有呼叫正在呼入；没有指示灯显示表示关机。

（2）MPT850 的呼叫。

集群模式 TMO 组呼是用户与自己选择的通话组中的其他成员之间的即时通信。组呼参与者可以在组呼过程中加入和退出该组呼。通话组是预先规定的一组用户，可以加入或发起组呼。在对讲机的屏幕上，以号码和名称表示通话组。选择通话组，按下并按住 PTT 键通话，松开 PTT 键接听。

私密呼叫也称为点对点呼叫或个呼，是两个用户之间的呼叫，其他对讲机均无法听到通话内容。同一通话组或不同通话组之间的用户均可进行这种呼叫。

任务总结

本任务主要分析了城市轨道交通无线集群调度系统的组成、功能及运行方式。城市轨道交通无线集群调度系统为控制中心调度员、车辆段调度员、车站值班员等固定用户与列车司机、防灾、维修公安等移动用户之间提供了重要通信手段，满足了行车安全、应急抢险的需要。目前我国城市轨道交通无线集群通信系统均采用 TETRA 数字集群通信系统组网。

实践技能

实训一　广播系统操作

㊣ 本实训项目对标 1+X 城市轨道交通站务职业技能等级证书技能要求，能够运用广播系统按要求完成乘客引导和疏散工作。

一、实训目的

（1）能够对车站广播系统进行操作设置。

（2）能够对车载广播系统进行操作设置。

二、实训准备

车站广播实训系统一套。

三、实训内容

学生两人一组，依托城轨实训中心车站广播和车载广播实训系统，完成以下实训任务。

1. 车站广播系统基本操作

（1）打开视图。打开广播系统控制菜单控制页面，如图 5-32 所示。广播控制页面下有广播区编组、广播区单选、广播区组选、音源选择、定时广播设置、广播监听、广播控制状态等功能按钮。

图 5-32　广播系统操作设置界面实例

（2）广播区选择。控制页面上勾选广播区可实现对任意广播区域的选择。

（3）广播编组操作。可进行新建、修改、删除广播编组。

（4）预录广播操作。选择广播区、预录信息、点击预录制广播启动按钮，进行预录制广播。

（5）话筒广播操作。选择广播区、话筒、点击话筒广播启动按钮，进行语音广播。

（6）线路广播操作。选择广播区、线路、点击线路广播启动按钮，进行线路广播。

（7）定时广播操作。选择定时广播，进行启动定时广播、停止定时广播、新建定时广播、修改定时广播、删除定时广播等操作。

2. 车载广播系统

如图 5-33 所示，基本操作如下：

（1）半自动广播操作。在列车显示操作屏 HMI 上设定好起始站和终点站后，广播系统可根据列车控制系统发送的速度信号自行计算距离进行报站。

（2）手动广播操作。先在 HMI 上选择线路并设置好起始站和终点站，在每一站都可通过 HMI 上的软按键触发离站广播和预报站广播。

（3）人工广播操作。按下司机台广播控制盒上的“广播”按钮，按键上的指示灯亮

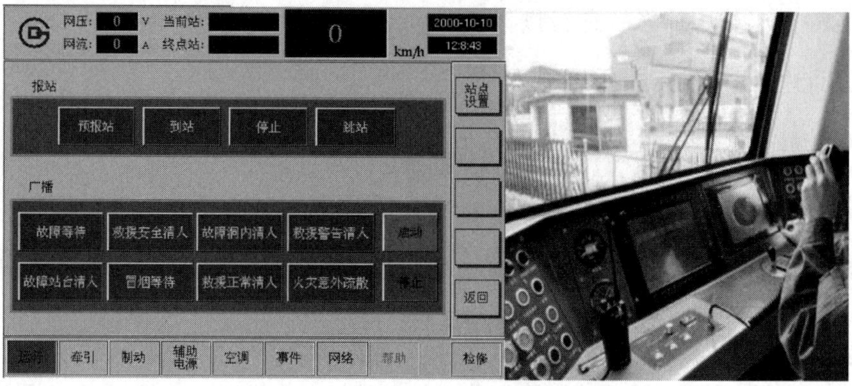

图 5-33　车载广播系统

后，按下手持话筒的 PTT 按钮对着麦克风进行人工广播。

图 5-34　人工广播

3. 广播语言选择播报

设定车站紧急情况、列车紧急情况下的情景，练习使用合适的广播语言进行人工广播，如图 5-34 所示。

四、实训考核标准

本实训考核包含过程考核、实操考核和结果考核，考核标准及分值分配见实训考核评价表。其中实操过程中着重考核小组成员对车站广播系统、车载广播系统等的熟练程度。

五、注意事项

（1）不同地铁线路广播设备操作不同。
（2）不同列车车载广播设备操作不同。

实训二　无线调度电话实训

一、实训目的

（1）能够熟练使用无线调度台设备。
（2）熟悉无线调度的规范通话语言要求。

二、实训准备

无线调度台、对讲手台。

三、实训内容

学生五人一组，进行角色分配，可分别扮演行车调度员、司机、综控员、值班站长、站务等角色，进行无线电话通信练习，可进行多场景的设置：

（1）行车调度与综控员实训练习；
（2）行车调度与司机实训练习；
（3）值班站长与站务实训练习。
一般标准通话格式有：
开始通话：自己呼号-对方呼号-请回话；
应答：自己呼号+请回话；
每次通话：自己呼号-内容-请回话；
结束通话：自己呼号-内容-通话完毕。

四、实训考核标准

本实训考核包含过程考核、实操考核和结果考核，考核标准及分值分配见附录 B　实训考核评价表。其中实操过程中着重考核小组成员对无线调度台、手台使用熟练程度、用语的规范程度。

五、注意事项

（1）每次通话时一定要注意发送者和接收者身份，信息传递正确。
（2）紧急事件具备优先发送权。

思政课堂

轨道交通通信工抒写责任与担当

通信系统是轨道交通运营指挥、服务乘客、公共安全治理的综合网络平台，是轨道交通正常运转的神经系统，为列车有序运行、乘客便捷乘车、企业高效管理提供了根本保障。

通信系统的正常运转离不开轨道交通通信工。通信工白天巡视检查，晚上维修检测。他们对车站通信终端和广播线路的各种“疑难杂症”进行诊治；对站台闭路电视监控系统摄像头进行清扫维护；保证地铁里的每一台时钟都分秒不差；监测无线信号传输质量是否正常；保证传输系统信息进行安全传递等。通信工往返在不同的车站站点，用双手“呵护”着每台通信设备，保障设备正常运行，实现通信顺畅，网络运行稳定。

课堂讨论：通过对地铁通信工日常工作的了解，谈谈对“努力奋斗、勤恳兢业”的认识。

应知应会试题

一、填空题

1. 电话系统主要分为________系统和专用电话系统。

2. 公务电话系统主要由设置于控制中心的________、停车场备用程控数字交换机、车站程控数字交换机、________、电话终端和计费系统构成。

3. 根据地铁企业运营需要和业务性质，专用电话系统包括________、站内电话、________、专用维修电话等。

4. 专用电话系统由________、停车场备用控制中心系统和车站系统等独立节点组成。

5. 调度台配置在控制中心，有传统的按键式调度台和基于________调度台。

6. 城市轨道交通广播系统采用目前主流的________与车站两级控制结构。

7. 车载广播系统由司机室车载广播主机、________、客室广播分机、噪声检测器、惊爆报警器、显示器、通信网络、司机室扬声器、________等组成。

8. 无线调度系统由控制中心设备、________、移动台设备及无线覆盖等组成。

9. 移动台设备包括车载台和________。

10. 移动台呼叫调度台有两种方式，一种是移动台直接单呼调度台，另一种是________。

二、选择题

1. 公务电话系统的核心设备是（　　）。

A. 程控数字交换机　　B. 电话机　　C. 网管　　D. 录音设备

2. 录音设备采用（　　）方式。

A. 话机录音　　B. 集中录音　　C. 车站录音　　D. 车站集中录音

3. （多选）站内电话通常设置在（　　）地点。

A. 站厅　　B. 站台　　C. 售票厅　　D. 客服中心和站控室

4. （多选）TETRA 数字集群通信基本通信方式包括（　　）。

A. V+D　　B. PDO　　C. DMO　　D. TMO

三、简答题

1. 简述城市轨道交通广播系统的功能。

2. 简述城市轨道交通车载广播的组成。

3. 简述城市轨道交通无线调度系统主要功能。

4. 简述无线调度系统的运行方式。

四、综合分析题

1. 某地铁线路公务电话系统组网如图 5-35 所示，请分析公务电话系统的组网形式。

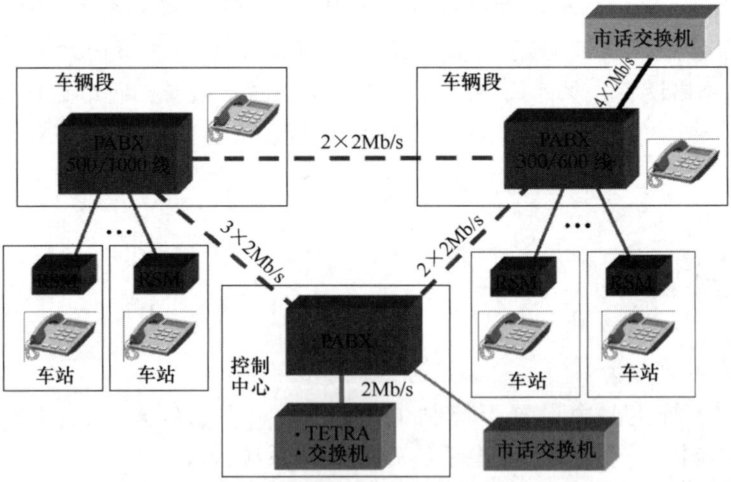

图 5-35　某地铁线路公务电话系统组网

（PABX：程控数字交换机；　RSM：远端交换模块）

2. 某地铁线路专用电话系统网络如图 5-36 所示，请分析专用电话系统的组网形式。

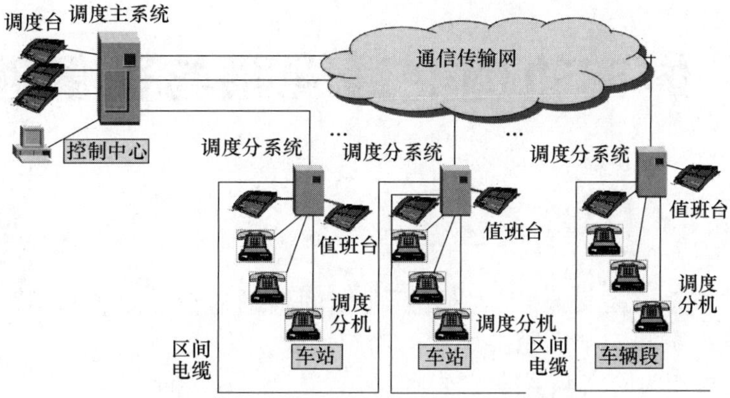

图 5-36　某地铁线路专用电话系统组网

项目六　城市轨道交通视频与图像通信系统

配套课件

城市轨道交通视频与图像通信系统

项目导入

闭路电视监控系统是提高行车指挥透明度的辅助通信工具，是确保地铁行车组织和安全的重要手段。当车站发生灾情时，闭路电视监视系统可作为防灾调度的指挥工具。

乘客信息系统在正常情况下，提供乘车须知、服务时间、列车到发时间、列车时刻表、管理者公告、政府公告、出行参考、股票信息、媒体新闻、赛事直播、广告等实时动态的多媒体信息；在火灾、阻塞及恐怖袭击等非正常情况下，提供动态紧急疏散提示。

本项目主要介绍城市轨道交通闭路电视监控系统和乘客信息系统的具体应用情况。

项目结构关系图

城市轨道交通视频与图像通信系统知识分析（图6-1）。

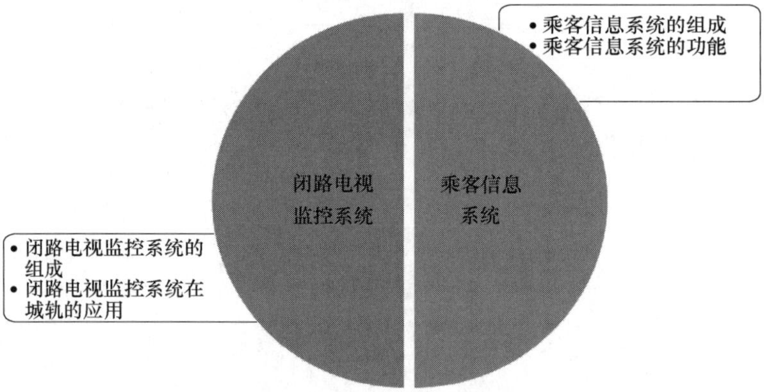

图6-1　项目六结构关系图

项目六内容紧密对接城市轨道交通客运服务岗位、司机岗位、通信信号岗位的基本知识与技能要求进行目标设定、理论与实训任务划分与编写，涵盖了闭路电视监控系统构成、功能及操作、乘客信息系统的组成、功能及操作等内容。

教学目标

一、知识目标

（1）掌握闭路电视监控系统的构成及功能。

（2）掌握闭路电视监控系统在城轨的应用。

（3）掌握乘客信息系统的构成。
（4）理解乘客信息系统的主要作用。

二、能力目标

（1）会查询使用闭路电视监控系统。
（2）会通过乘客信息系统进行信息发布。

三、素质目标

（1）培养安全第一、严谨、爱岗敬业等优良的工作作风。
（2）培养良好的团队合作精神、理论联系实际的良好学习习惯。

理论知识

配套视频

闭路电视
监控系统

任务一　闭路电视监控系统

任务引入

闭路电视监控系统能够在第一时间以图像、文字形式告知管理、维护和安保人员现场所发生的任何情况，从而做出快速反应，并将所发生事件的全过程进行备份，对重要数据进行记录，为处理事故提供切实依据。城市轨道交通闭路电视监控系统，是调度员和车站值班员监视列车运行、掌握客流大小和流向、提高行车指挥透明度的辅助通信工具，也是列车司机在车站停车后监视旅客上下车、掌握开关车门时间的重要手段。当车站发生灾情时，闭路电视监控系统还可作为防灾调度员指挥抢险的指挥工具。

知识课堂

一、闭路电视监控系统概述

城市轨道交通中，闭路电视监控系统（CCTV）是城市轨道交通运行、管理、调度的配套设备，使各工种的管理和调度人员能实时看到现场情况，并可以根据实际情况分析判断，下达调度、指挥命令。闭路电视监控系统能为控制中心调度管理人员、车站值班员、列车驾驶员及站台工作人员等所辖车站的站厅、站台、出入口、机房等主要区域提供实时视频监控服务，以确保城市轨道交通系统正常安全地运行。闭路电视监控系统如图 6-2 所示。

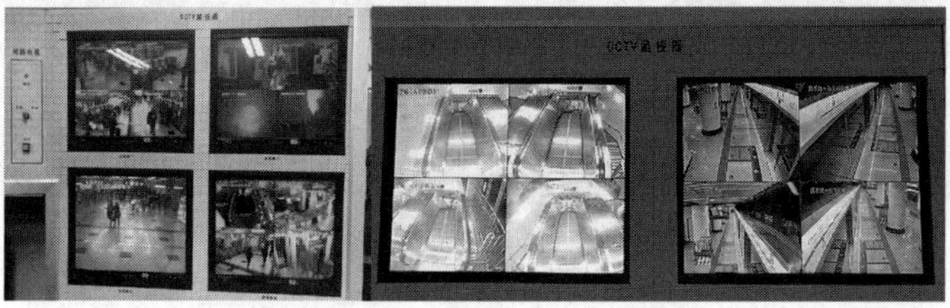

图 6-2　闭路电视监控系统

1. 主要作用

（1）向调度中心一级行车人员（行车调度员、环控调度员、公安值班员、值班主任等）提供各站台区行车情况和站厅区乘客流向的图像信息。

（2）向车站行车值班员提供本站列车停靠、启动、车门开闭以及售票机、闸机出入口等处的现场实时图像信息。

（3）向列车驾驶员和站台工作人员提供相应站台乘客上下车的图像信息。

城市轨道交通闭路电视监控系统采用了车站和控制中心两级相互独立的监控方式。平时以车站值班员控制为主进行视频监控，控制中心调度员可任意选择各车站的任意一个摄像头的监控画面。在紧急情况下，可以切换为以控制中心调度员控制为主进行视频监控，在一个城市有多条线路的情况下，上层的线网管理中心可以设置为线网闭路电视监控中心，根据需要调取各线路的监控画面，从而形成车站、控制中心和线网管理中心的三级视频监控系统。

2. 基本需求

（1）城市轨道交通闭路电视监控系统监控画面的质量，需要达到广播级标准清晰度电视的质量标准。车站值班人员、控制中心调度员应能对监控图像进行选择显示，以自动循环显示方式或画面分割方式调取已设置分组的图像，或调取某一监控点的图像。

（2）闭路电视监控系统可为控制中心、车站和司机监控使用，应该自成系统，控制中心应有权调取车站级的监控点图像或回放历史图像。

（3）车站一级的用户包括车站值班员和防灾值班员，应能任意地选择、控制本车站中任意一台或是一组摄像机的图像，并切换到相应的监视器上。

（4）控制中心的用户包括行车调度员、环控（防灾）调度员、电力调度员、维修调度员和公安值班人员应能选择、控制全线所有车站（含机房）内的任意一台或一组摄像机的图像，并切换到其相应的监控器上。

（5）控制中心和车站的监控画面能进行选择与控制，可采用人工切换或自动扫描方式，以多分割画面的形式显示。

（6）城市轨道交通闭路电视监控系统的车站监控区域，需要按照上、下行站台区域、站厅区域（出/入口、电梯口、闸机处、自动售票机范围等）划分，分别布置相应数量的摄像设备。某车站站厅和站台上设置的摄像机，如图 6-3 所示。

图 6-3　某车站站厅区和站台区摄像机

（7）闭路电视监控系统应该具有自测试、自诊断、故障报警等自检功能，并可上传故障报警信息，或由控制中心集中采集检测结果。

二、闭路电视监控系统组成

典型的城市轨道交通闭路电视监控系统包括摄像装置、传输部分、控制部分、监视部分等。闭路电视监控系统的拓扑图，如图 6-4 所示。

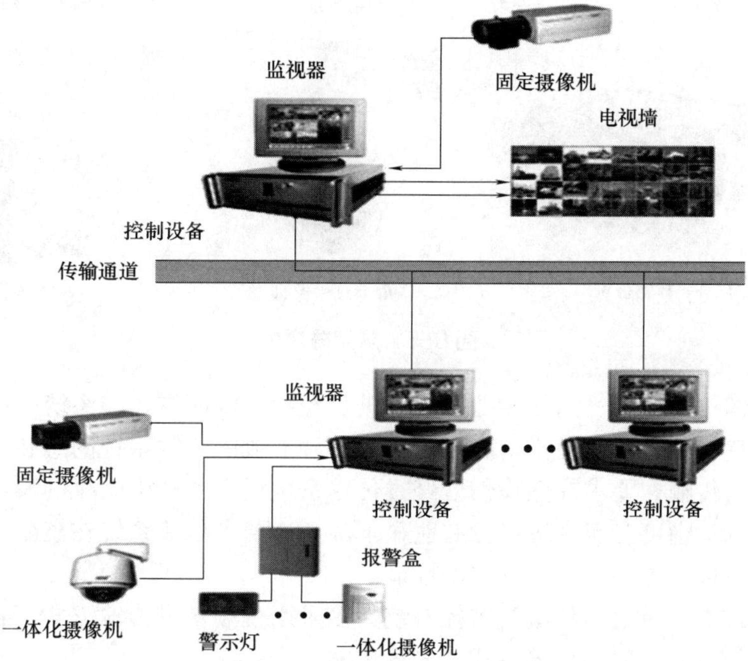

图 6-4　闭路电视监控系统的示意图

1. 摄像部分

摄像部分是电视监控系统的前沿部分，是整个系统的“眼睛”，它把监视的内容变为图像信号，传送给控制中心的监视器。它被布置在使其尽可能覆盖到整个被监视场面的位置上。有时被监视场所面积较大，为了节省所用的摄像机数量，简化传输系统、控制与显示系统，在摄像机上加装电动的可变焦距镜头，使摄像机所能观察的距离更远，更清楚；有时还把摄像机安装在电动云台上，通过控制器的控制，可以使云台带动摄像机进行水平和垂直方面的转动，从而使摄像机的观察角度、面积更大。由于摄像部分是系统的最前端，并且被监视场所的情况是由它变成图像信号传送到控制中心的监视器上，所以从整个系统来讲，摄像部分是系统的原始信号源，因此，摄像部分的好坏以及它产生的图像信号的质量将影响着整个系统的质量。

视频监控系统中所采用的摄像机分为一体化摄像机和固定摄像机两大类。一体化摄像机是受控摄像机，其摄像头安装在云台上，可以上下左右 4 个方向受控移动，还可以根据场景和图像精度的需要调节镜头的焦距和光圈。常用摄像机如图 6-5 所示。

2. 传输部分

传输部分指的是闭路电视监控系统的图像信号传送的通路。一般来说，传输部分指的是传输图像信号，由于某些系统中除图像外，还要传输声音信号，有时需要由控制中心通

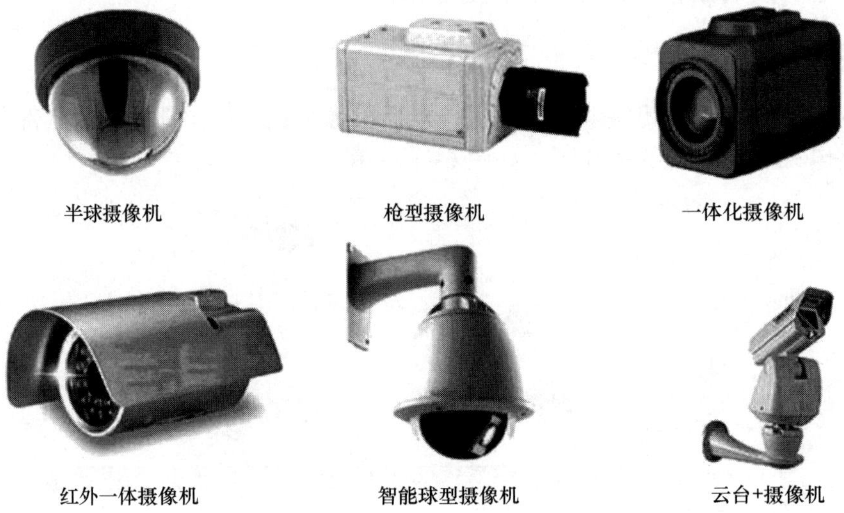

图 6-5　常用摄像机

过控制台对摄像机、镜头、云台、防护罩等进行控制，因而在传输系统中还包含控制信号的传输，所以传输部分通常是指所有要传输的信号形成的传输系统的总和。

图像信号的传输，要求在图像信号经过传输系统后，不产生明显的噪声、失真，保证原始图像信号的清晰度和灰度等级没有明显下降。这要求传输系统在衰减、引入噪声、幅频特性和相频特性等方面都要有良好的性能。

在传输方式上，目前闭路电视监控系统大多采用视频基带传输方式。若摄像机与控制中心距离较远，可采用射频传输方式或光纤传输方式。

3. 控制部分

控制部分是整个系统的“心脏”和“大脑”，是实现整个系统功能的指挥中心。控制台主要的功能有视频信号放大和分配、图像信号的矫正与补偿、图像信号的切换、图像信号的记录、摄像机及其辅助设备（如镜头、云台、防护罩等）的控制等。总控制台能对摄像机、镜头、云台、防护罩等进行遥控，以完成对被监视的场所全面监视或跟踪监视。总控制台上设有录像机，可以随时把被监视场所发生的情况记录下来，以备事后查看或作为重要依据。

控制部分包括视频切换器、视频网络控制器、视频分配器、画面分割器、帧（场）切换处理器、自动顺序切换器、录像机、时间/日期发生器、字符叠加器、远端解码器等。控制部分如图 6-6 所示，通信机房闭路电视监控设备，如图 6-7 所示。

控制部分设有“多画面分割器”，可以在一台监视器上同时显示 1 个、4 个、9 个、16 个的监控画面。控制部分设有时间和地址字符发生器，可以在图像上显示出时间（年、月、日、时、分、秒）、监控地点、名称等信息，并可以随时在录像机上把监控场所的图像记录下来，以便日后查证。画面分割器，如图 6-8 所示，录像设备，如图 6-9 所示。

4. 监视部分

监视部分用于显示由各监控点摄像机送来的视频信号，是视频监控系统中不可缺少的设备。对于具有几个摄像机的小系统，通常只需要一个监视器，通过人工/自动选择画面，或

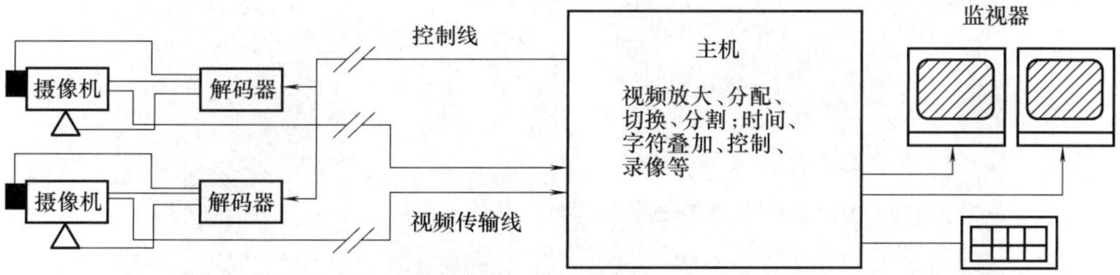

图 6-6　控制部分

图 6-7　闭路电视监控设备

图 6-8　画面分割器

图 6-9　录像设备

分割多窗口显示。对于具有数量较多监控点的闭路电视监控系统而言，通常需要数个监视器。在大型闭路视频监控系统的控制中心大厅中，还配置有庞大的电视墙。现在借助网络技术的广泛应用，可直接利用 PC 机的显示器浏览所选择的摄像画面。监视器如图 6-10 所示。

5. 报警部分

视频监控系统通常还具有环境监控信号的采集、编码、传输与报警等功能，并具有联动的功能。

闭路电视监控系统可配置各种安防报警装置，如红外线、超声波、微波、激光报警器，电子围栏、报警开关等。报警信号可以直接输入前端编码器。系统还可以配置各种消防报警器，如等离子、光电烟雾探测器，温感报警器等。报警信号可直接输入报警主机，

图6-10 监视器

也可接入专用消防主机，消防主机再通过串行通信口将报警信号传输到报警主机。有的闭路电视监控系统还具有视频报警功能，一旦摄像机因损坏、被窃或断纤等引起视频信号丢失，就会触发报警；对于设定的视频报警区域，一旦有运动目标进入或图像发生变化，也会触发报警。

三、闭路电视监控系统在城轨的应用

1. 控制中心闭路电视监控系统

控制中心调度员可手动对全线范围内各车站、车辆段及换乘站进行监视，也可以进行群切换，既可按设定的程序自动循环切换监视，也可选择某个车站的某个摄像机摄取的图像进行固定监视，以及根据用户要求确定群切换的图像组合。它们之间的操作相互独立，互不干扰。

2. 车站（车辆段）闭路电视监控系统

车站（车辆段）综控室值班员可通过本站（车辆段）范围内摄像机摄取的图像监视本站（车辆段）相关处所的情况，既可自动循环切换监视，也可选择某个摄像机摄取的图像进行固定监视，可根据用户要求确定群切换的图像组合。

3. 闭路电视监控系统的监控范围

车站图像摄取范围为站台层、站厅层、售票厅、检票口、自动扶梯、各出入站口、厕所通道、楼梯、楼梯通道、通道拐弯、隧道口和高压设备室门口等处；车辆段的图像摄取范围为停车列检库、架修库、定修库、联络线等处；并根据需要在高压设备室、低压设备室、通信机械室、信号机械室以及 AFC 机械室等处设置视频采集点。

地铁站入口处人群相对稀少，架设彩色快球摄像机，采用广角镜头以获得大的视角，对进站的人员进行图像监控。

闸机、检票口和售票大厅，人行进出速度较慢，尤其是自动检票闸机必须单人次顺序经过，架设彩色固定摄像机进行监控，容易获得乘客清晰的五官图像。采用高倍变焦镜头，可对锁定目标随时放大或抓拍，提供清晰的图像资料。

楼梯通道，在经过楼梯和通道时，人员在楼梯上容易取得摄像的有力角度，在楼梯口架设摄像头分别监控出站人群和进站人群。

站台上，人群再次分散，在站台和候车大厅架设摄像机进行随机摄像和定点摄像，尽量做到无盲区。

厕所通道、隧道口以及高压设备机房入口处等重要部位设置摄像机，增加监视区域。

在摄像机的架设角度和朝向上，要求迎着人流涌动的方向，如下车的主要出口、换乘站的几条入口通道、进站前的购票窗口及厕所通道等，特别是换乘中下楼梯时，可以捕捉可疑人员的面部图像作为图像证据。

某地铁闭路电视监控系统组网图，如图 6-11 所示。

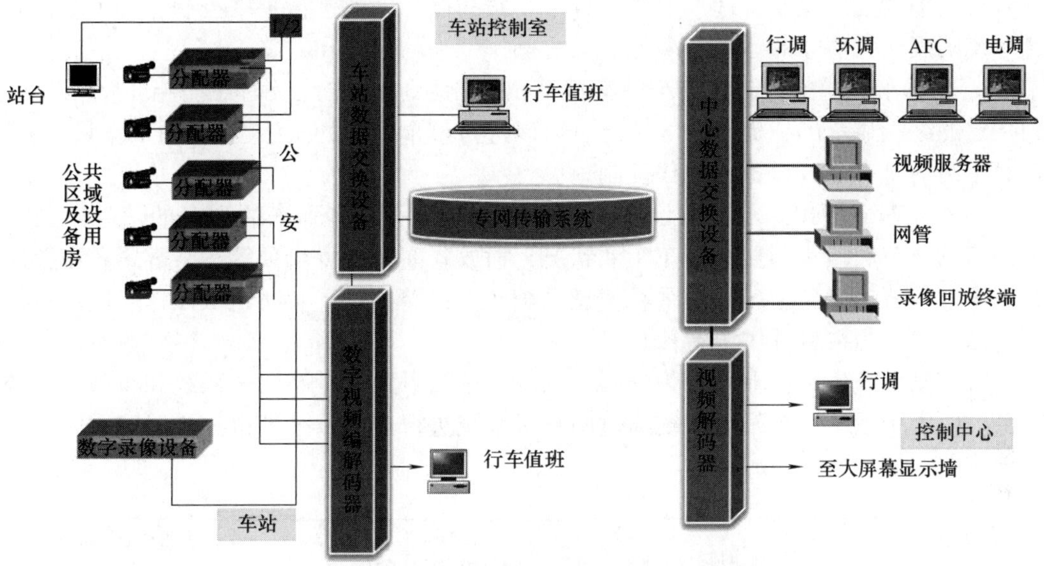

图 6-11　某地铁闭路电视监控系统组网图

任务总结

闭路电视监控系统是为了加强地铁运营和管理，以及辅助处理应急突发事故。满足控制中心调度员监视、车站值班员、设备管理、电力调度、应急管理等监视需要，以及为车站治安防控远程报警提供基础平台。闭路电视监控系统成为保障城市轨道交通安全运营组织的重要手段之一。

配套视频

乘客信息系统

任务二　乘客信息系统

任务引入

乘客信息系统（Passenger Information System，PIS）是以计算机及多媒体应用为平台，以车站和车载显示终端为媒介向乘客提供信息的系统。PIS 系统在正常情况下提供乘车须知、首末车服务时间、列车到站时间、列车时刻表、管理公告等运营信息及媒体新闻、广告等公共媒体信息。紧急情况下本着运营信息优先的原则，提供动态辅助性提示。

知识课堂

一、乘客信息系统组成

乘客信息系统从控制功能上分为 4 个层次：信息源、中心播出控制层、车站车载播出控制层和车站车载播出显示终端设备。

（1）信息源。信息源主要设备为视频流和数据服务器，信息源向整个系统发放网络视频和数据，能够同时提供多种标准的视频。

（2）中心播出控制层。该层主要负责信息的采集、编辑和播出以及对系统内的播出设备进行集中的播出控制管理。通过对各个车站的播出设备进行集中控制，各个车站乘客信息系统实现无人值守的运行，降低了人为操作带来的失误和故障。

（3）车站车载播出控制层。车站车载播出控制层可以在此及时编辑指定的信息并发布到指定的终端显示屏，提示乘客注意，可以进行整个车站的某一/某组的工作状态切换，实行对车站的所有播放设备的操作控制。

（4）车站车载播出显示终端设备。站台显示器显示即将到来的列车的信息以及车站状况的信息；车厢显示器显示列车车厢状况，播放新闻、注意事项等。乘客紧急报警通信装置，即乘客遇到紧急情况，为乘客信息系统产生报警信息，有防止误操作功能；扬声器提供车内产播，为乘客提供语音信息。

乘客信息系统从结构上可分为中心子系统、车站子系统、网络子系统和车载子系统四个部分。中心子系统、车站子系统通过网络子系统进行连接。某城市地铁线路乘客信息系统的结构图，如图 6-12 所示。

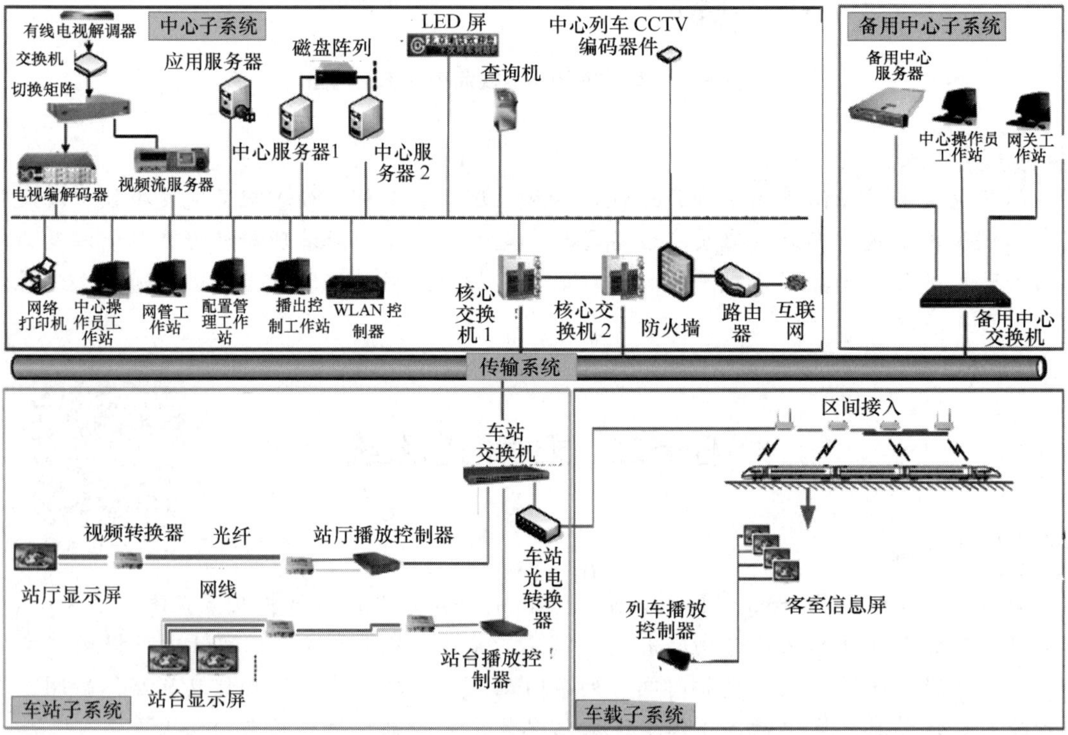

图 6-12　某城市地铁线路乘客信息系统结构图

1. 中心子系统

中心子系统主要采集外部信息流，经编辑处理手段，生成内部信息并按既定规则或版式播出，达到向乘客传递信息的目的。

中心子系统负责视频流的转换及各类信息的播放。监视控制网络及终端设备的工作状态。负责系统故障维修的集中管理，确保系统正常运营。中心子系统可作为与外部信息源的接口；可采集信息、处理系统内各类数据；可管理控制系统设备；可编辑生成播出版式；可制定播放优先等级；可进行信息的统计分析；可提供系统安全机制；可制定系统岗位操作规程。

中心子系统设备放置在控制中心通信机房，同时在中心设播出控制工作站，由中心值班员控制。在控制中心设置视频监控终端，可调用车载 CCTV 系统视频图像，并可设置轮巡监视等复杂功能。由于受无线带宽的限制，正常情况下，控制中心可同时调用每列车上的 2 路 CCTV 视频图像，如发生紧急情况时，系统将自动停止车载视频的下载功能，全部带宽用来保证 CCTV 视频图像的上传，同时可将同一列车所有 CCTV 视频图像上传至控制中心。

中心子系统的设备主要由中心操作员工作站、网管及监控工作站、无线管理工作站、多媒体素材管理工作站、播出控制工作站、中心监视终端、中心服务器、视频流服务器、资讯应用服务器、直播数字电视编码器、中心存储设备、有线电视解调器、音视频切换矩阵、上/下变换器、打印机、有线电视传输制式转换设备、外部信号源和中心集成化软件系统等构成。整个中心子系统设备构成了一个完整的播出、集中控制及集中监控系统，同时中心子系统还将提供多种连接其他系统的接口。中心子系统服务器，如图 6-13 所示。

图 6-13　中心子系统服务器

2. 车站子系统

车站子系统由车站服务器、车站操作终端、媒体控制器、网络系统和集成化软件系统等组成。车站子系统通过传输通道转播来自控制中心的数据，实时播放和本地播放，媒体控制器通过模板播出显示，并在模板划分的不同区域显示本站的信息，如列车运行信息和各类个性化信息等。某城市车站乘客信息系统的结构图如图 6-14 所示。

车站子系统分为控制和现场显示两部分。控制部分包括车站服务器、车站操作终端、网络系统。现场显示部分包括所有 LCD/LED 屏以及相应的媒体控制器。车站操作终端安装在车站的综控室内，根据车站规模及客流量的大小，在车站每侧站台设置不等数量的 LCD 显示屏。车站子系统各种类型的显示屏，如图 6-15 所示。

车站子系统负责接收并下载控制中心下传命令、各类信息内容及系统参数等。车站子

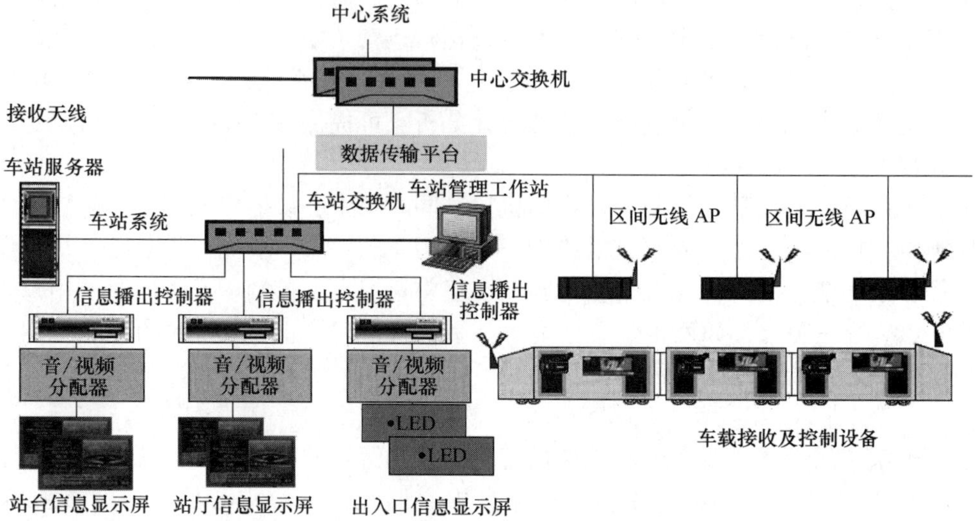

图 6–14　某城市车站乘客信息系统的结构图

图 6–15　车站子系统各种类型显示屏

系统原则上无须人工干预，只有特殊或紧急情况下需要通过车站权限操作员登录将需要发布的信息、发布信息显示屏组以及发布申请提交控制中心，由控制中心审核后将相关信息发布至指定显示屏组。播出版面在正常运营期间自动定时切换而不需人工干预，以避免固定显示的文字或图像对显示终端的灼伤（烧屏）现象。

3. 网络子系统

网络子系统设备，如图 6-16 所示。网络子系统分为有线网络子系统和无线网络子系统。

有线网络子系统为 PIS 系统提供控制中心到各车站的视频和数据信号传输通道。控制中心和所有车站的设备连接到传输网络提供的传输通道上，PIS 系统在每个车站和车辆段、停车库设置 PIS 系统车站交换机，从而构成一个完整的 PIS 系统的信息传输路径。

图 6-16　网络子系统

无线网络子系统实现控制中心与车载子系统之间的数据信息传输，根据车载乘客信息系统的功能，要求移动的列车与地面之间具有实时双向数据传输的能力。作为有线网络的延伸，无线网络子系统提供地面与列车的通信设备，包括设置在控制中心的无线控制器、沿途隧道内的光缆、无线接入点设备、车载的无线单元和天线。

无线网络应充分考虑列车在高速情况下的切换问题，采取有效措施减少切换时间和降低因切换带来的数据损失，在列车高速运行时，不应丢失连接和引起画面质量降低。正常情况下，列车能到达的地方都应进行全面的网络覆盖测试，并满足覆盖要求，以保证数据在车上的实时播放不中断，且播放质量不受影响。

无线接入点（AP）是使无线设备用户进入有线网络的接入点，作为无线局域网的中心点，供其他装有无线网卡的计算机通过 AP 接入无线局域网。地铁常用无线网络设备，如图 6-17 所示。

图 6-17　无线网络设备

4. 车载子系统

随着无线传输的成熟，很多的城市轨道交通乘客信息系统设置了车载的乘客信息系统。中心子系统与各车站子系统通过传输系统相连，车载子系统与各车站子系统通过无线网络相连，接收相关的信息并在列车的显示屏上显示。车载信息显示系统的建设是为了更好地提高服务质量，通过此系统，中心能快捷方便地将一些热点新闻、资讯信息、交通状况、体育赛况、天气预报、时政要闻、股票、广告和公告等信息，通过视频、音频或文字的方式传播到列车上，供乘客消遣、娱乐。

车载 PIS 系统包括车载乘客信息显示系统（Passenger Information Display System，PIDS）和视频监控子系统（CCTV）。车载乘客信息显示屏，如图 6-18 所示。

图 6-18　车载乘客信息显示屏

车载 PIS 采用先进的、成熟的多媒体信息处理技术和计算机通信网络技术，在编组列车上构建一个多媒体信息处理与传输平台，为列车乘客提供更多的高质量的信息服务。

车载 PIS 视频无线接收/发送以及播放控制装置，均设置在驾驶室。LCD 视频传输、分屏和客室视频监控、编解码及传输装置，设置在客室。

车载监控系统通过安装在客室的摄像机和安装在驾驶室顶部的摄像机，分别用于监控乘客在整个乘客室内的活动情况和记录列车司机的在司机操作台上的操作过程，并使司机能够通过安装在驾驶室中的 CCTV 监视触摸屏实时监视或录像回播客室内乘客的活动情况。

车辆上的车载客室摄像机如图 6-19 所示，输出的信号经过视频编码后，视频流通过以太网传输到驾驶室媒体主机中保存，每个驾驶室内安装驾驶室媒体主机，拥有监控视频存储功能。驾驶室媒体主机自带以太网络接口可连接各客室网络交换机。

图 6-19　车载客室 CCTV 监控摄像头

驾驶室内 CCTV 监控触摸屏内集成 CCTV 系统控制模块，模块支持网络接口，可实时监视列车以太网上的视频流，也可以从驾驶室媒体主机内读取硬盘内的视频文件。即使驾驶室媒体主机出现故障，也不影响在触摸屏上观看监视视频。监控软件支持多种监控功能，能够自动轮巡显示一路或四路实时画面或由司机手动调看指定摄像机画面，如图 6-20 所示。

二、乘客信息系统功能

1. 应急功能

乘客信息系统可以预先设定多种紧急灾难告警模式。通过设置在调度大厅的紧急信息

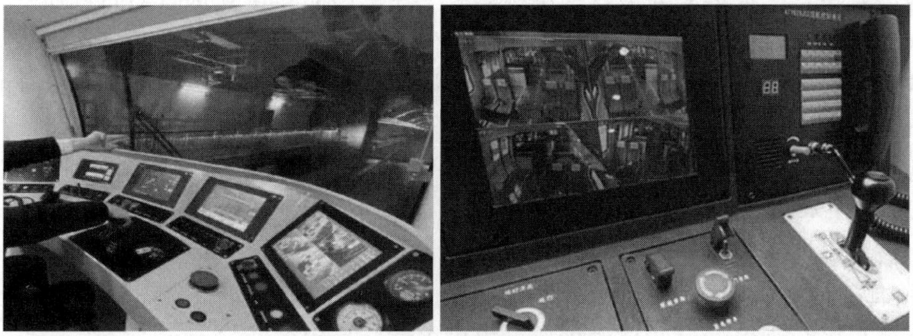

图 6-20　驾驶室视频监控

发布工作站，设定每种模式的告警信息及各种告警信息发布参数。在发生火警、恐怖袭击等紧急情况时，由相应的接口系统或人工触发，进入紧急灾难告警模式。此时，相应的终端显示屏显示发布乘客告警信息及人流疏导信息。

当车站发生非预期的灾难且需要乘客信息系统实时发布灾难告警信息时，乘客信息系统软件可以即时编辑发布紧急信息，通过中心紧急信息发布工作站，由相应权限的操作员即时编辑各种告警信息，并送至指定的终端显示屏，使乘客及时看到告警信息及人流疏导信息。

2. 宣传及广告发布功能

乘客信息系统通过形象视频、图片、文字的播出，可以为城市轨道交通进行更多的形象宣传。乘客信息系统还可作为广告的发布平台。广告的类型可以为短片视频广告，也可以播出图片和文字等灵活多样的广告，更能够吸引乘客的注意。PIS 终端播放的宣传信息，如图 6-21 所示。

图 6-21　PIS 终端播放宣传信息

3. 区域屏幕分割功能

终端显示屏幕模板可根据要求分割为多个区域，不同区域可同时显示不同的各类资讯，包括文字、图片和视频信息；不同区域的信息可采用不同的显示方式，以吸引更多的观众。播出的版面可以根据不同需要而进行调整。各子窗口可以独立指定时间表，通过时间表的控制，每一子窗口可以单独用于显示列车服务信息、乘客引导信息、商业广告信息、一般站务信息及公共信息、新闻、天气、通告等，同时也可对某个信息进行全屏播放。

4. 显示列车服务信息

车站子系统的信息播放控制器直接从信号系统实时接收 ATS 列车服务信息，再控制指定的终端显示器显示相应的列车服务信息，如列车的到站时间、列车时间表、列车阻塞/异常、特别的列车服务安排等信息。

5. 车载信息播放功能

列车能实时接收、存储并播放中心下发的新闻、公告、商业广告等。车载信息的播放是由播放控制设备根据播放列表自动进行播放，播出版面在正常运营期间自动定时切换而不需要人工干预，以避免固定显示的文字或图像对显示终端的灼伤现象；在接收故障、中心故障或通道故障等情况下，应能自动切换，播放存储信息，不应让乘客有突允的感觉。

6. 时钟显示功能

乘客信息系统可以接收时钟系统的时钟信号，确保终端显示屏幕显示时钟的准确性。屏幕可以在播出各类信息的同时提供显时服务和日期显示。通过时间表可以设定终端显示屏的全屏或指定的子窗口显示多媒体时钟。

7. 与其他设备的接口功能

乘客信息系统为多种设备提供接口，提供多种信息服务。

乘客信息系统与传输系统之间设有接口，传输系统为乘客信息系统和闭路电视监控系统提供一路共享的以太网通道。

乘客信息系统与 CCTV 之间设有接口，乘客信息系统在中心将列车视频监控信息传送给 CCTV 车站交换机系统，CCTV 系统接收列车视频监控信息后提供给相关人员进行调用显示。

乘客信息系统与时钟系统之间设有接口，PIS 与时钟系统进行时间同步。

乘客信息系统与 FAS 之间设有接口，乘客信息系统能够接收并解释 FAS 发送的命令，并回送乘客信息系统的状态给 FAS 系统。

乘客信息系统与 ATS 之间设有接口，乘客信息系统能够接收并解释 ATS 发送的命令，进行列车进站、位置等信息的显示。

任务总结

乘客信息系统一般按照“两级管理，三级控制”方式来组织。两级管理：第一级是控制中心系统 OCC，第二级是车站子系统和车载子系统。三级控制：中心播出控制层、车站播出控制层对下辖范围内的其他设备的控制、播出终端控制层。乘客信息系统为乘客提供了利于出行的运营和乘车信息，有效地保障了城市轨道交通的正常组织和运行。

实践技能

实训一　闭路电视监控系统操作实训

㊣ 本实训项目对标 1+X 城市轨道交通站务职业技能等级证书技能要求，能够通过电视监控系统监控站台安全。

一、实训目的

（1）能够通过闭路电视监控系统监控车站安全。

（2）能够规范操作闭路电视监控系统。

（3）能够进行录像的调取与设置。

二、实训准备

车站闭路电视监控实训系统一套。

三、实训内容

学生两人一组，依托城轨实训中心车站闭路电视监控实训系统，完成以下实训任务。

1. 闭路电视监控系统基本设置操作

（1）打开视图。打开 CCTV 系统监视器操作画面，如图 6-22 所示。

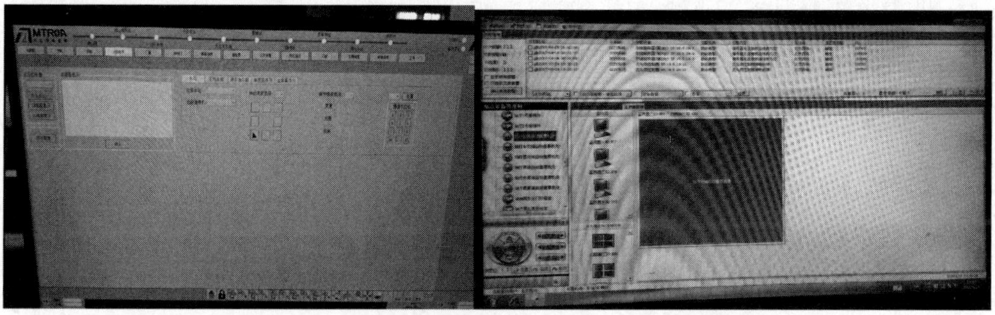

图 6-22　闭路电视监控系统基本设置界面实例

（2）画面切换操作。监视器上设有单画面显示、四画面显示、九画面显示功能切换按钮，可以进行画面切换显示。

（3）单画面操作。单画面控制下选择某个车站，进入车站平面地图，可以看到车站平面地图上所有的摄像机布置。选择某个摄像机后，可进入该摄像机下的监控画面。

（4）四画面、九画面操作。设置摄像机的播放序列，监视器进行所选画面显示。

2. 闭路电视监控系统录像调取查询

（1）打开视图。打开闭路电视监控系统录像视图界面，如图 6-23 所示。

（2）查询录像。选择设置摄像机、时间，可查询到对应的录像列表信息。

（3）播放录像。播放列表中的录像文件，可进行正常播放、暂停、继续录像等控制。

（4）下载录像。选中下载的录像文件进行下载。

图 6-23　闭路电视监控系统录像调取

四、实训考核标准

本实训考核包含过程考核、实操考核和结果考核，考核标准及分值分配见附录 B 实训考核评价表。其中实操过程中着重考核小组成员对闭路电视监控系统画面切换显示，录像调取等操作的熟练程度。

五、注意事项

（1）小组进行分工合作时，分工合理且协调。

（2）注意不同地铁线路闭路电视监控系统操作方法不同。

实训二　乘客信息系统操作实训

一、实训目的

（1）能够规范操作乘客信息系统。

（2）能够在乘客信息系统上进行信息发布设置。

二、实训准备

乘客信息实训系统一套。

三、实训内容

学生两人一组，依托城轨实训中心乘客信息实训系统，完成以下实训任务。

（1）显示屏状态监视。开屏、关屏、离线状态监视。

（2）视频流状态监视。监视视频流的播放内容，点击设备监管、视频流状态监视，选择视频流。

（3）播放器控制。对播放器进行远程操作，包括切换节目、重启播放器、调整音量等。

（4）显示屏控制。通过显示屏控制，打开或关闭远程播放器的显示屏。点击设备监管、显示屏控制，选择相关屏，点击相应按钮进行播放控制器。选择控制屏可点击开屏、关屏进行操作。

（5）信息发布操作。选择目的设备、消息类型、消息模板，编辑选定的信息，输入消息的播放时间，点击立即发送或加入队列，完成操作。

四、实训考核标准

本实训考核包含过程考核、实操考核和结果考核，考核标准及分值分配见附录 B　实训考核评价表。其中实操过程中着重考核小组成员对乘客信息系统控制界面的熟悉程度，基础操作的规范程度。

五、注意事项

（1）小组进行分工合作时，分工合理且协调。

（2）注意不同地铁线路乘客信息系统操作方法不同。

思政课堂

神奇“魔镜”引领智慧出行

2020 年，智能列车乘客服务系统（Train-Intelligent Passenger Service System，T-IPSS）在北京地铁 6 号线进行试验应用。该系统是面向最优出行体验的全新一代地铁乘客服务系统，采用大量新技术，具有更智能、更高效、更安全等显著优势，代表乘客服务系统的未来发展方向。

T-IPSS系统使用使得列车车厢内充分利用新媒介方式，为乘客提供更丰富、多元化的信息服务。车门上方、通道上方新增4K高清屏幕，乘客可以在车厢的不同位置获取下一站、前方车站洗手间、扶梯、换乘路线、出口位置分布、前后车厢的拥挤度。

列车车窗“摇身一变”成为一面55in“魔镜”，列车起步后，分别播放列车当前位置、线网图以及前方车站三维示意图，如图6-24所示。

车厢内设有保护乘客安全的“眼睛”，利用车内感知摄像头、运用先进的图像识别和智能分析技术，首次实现对于车内乘客晕倒、挥手求助等的检测和报警。同时，司机前方也加设感知设备，利用司机面部特征推断驾驶状态，一旦检测到疲劳、分心，系统就会语音提示。

课堂讨论：通过对智能列车乘客服务系统的了解，谈谈对“科技成就精彩，创新引领未来”的理解。

图6-24　北京地铁六号线智能列车乘客服务设备

应知应会试题

一、填空题

1. 典型的城市轨道交通闭路电视监控系统包括________、传输部分、控制部分、监视部分等。

2. 城市轨道交通闭路电视监控系统的车站监控区域，需要按照________区域、站厅区域（出/入口、电梯口、闸机处、自动售票机范围等）划分，分别布置相应数量的摄像设备。

3. 乘客信息系统从控制功能上分为四个层次：信息源、中心播出控制层、________和车站车载播出显示终端设备。

4. 乘客信息系统从结构上可分为中心子系统、________、网络子系统和________四个部分。

5. 网络子系统分为有线网络子系统和________网络子系统。

6. 车载 PIS 系统包括________和视频监控子系统（CCTV）。

二、简答题

1. 简述闭路视频监控系统的主要作用。

2. 简述闭路电视监控系统的监控范围。

3. 简述乘客信息通系统的主要功能。

4. 简述乘客信息系统的组成。

三、调研作业

调研某地铁线路车站，观察摄像头的安装位置，撰写调研报告。

项目七　城市轨道交通传输与服务系统

配套课件

城市轨道交通
传输与服务系统

项目导入

城市轨道交通通信系统是指挥列车运行、公务联络和传递各种信息的重要手段，是保证列车安全、快速、高效运行不可缺少的综合通信系统。通信系统的服务范围涵盖了控制中心、车站、车辆段、停车场、地面线路、高架线路、地下隧道与列车。对城市轨道交通专用通信系统的要求是能迅速、准确、可靠地传递和交换各种信息。因此城市轨道交通设备之间大量的信息传递，需要使用有线或者无线方式传送所需要的信息，同时城市轨道交通通信系统需要传输系统、时钟系统等支持系统。

本项目介绍城市轨道交通传输系统、无线通信系统和时钟系统的具体应用情况。

项目结构关系图

城市轨道交通传输系统与服务系统知识分析（图 7-1）。

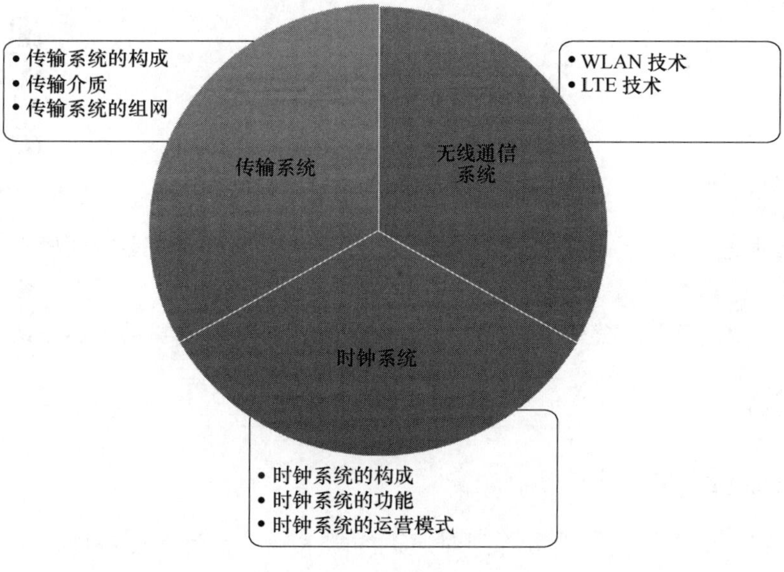

图 7-1　项目七结构关系图

项目七内容紧密对接城市轨道交通客运服务岗位、司机岗位、通信信号岗位的基本知识、能力和职业道德素养要求内容进行目标设定、理论与实训任务划分与编写，涵盖了传输系统构成及组网、无线通信技术、时钟系统的构成与作用等内容。

教学目标

一、知识目标

（1）理解通信传输系统的构成、接口及系统组网。
（2）掌握无线通信系统的标准及在城轨中的应用。
（3）理解车–地通信的结构及组网。
（4）掌握时钟系统的组成、功能及运营模式。

二、能力目标

（1）能认识传输系统常用的传输介质。
（2）会进行传输系统网络配置和操作。
（3）能够对时钟系统进行正确设置。

三、素质目标

（1）培养安全第一、严谨、爱岗敬业等优良的工作作风。
（2）培养良好的团队合作精神、培养理论联系实际的良好学习习惯。

理论知识

配套视频

传输系统

任务一　传输系统

任务引入

为满足地铁通信各子系统、信号、电力监控、防灾、环境与设备监控系统和自动售检票等系统各种信息传输的要求，应建立以光纤通信为主的传输系统网络。传输系统宜采用光同步数字系列传输设备或其他宽带光数字传输系统，同时还需要满足各系统接口的需求。

知识课堂

一、传输系统的组成

传输系统容量应根据地铁业务部门对通道的需求确定。为保证各种行车安全信息及控制信息不间断地可靠传送，传输系统宜根据需要尽量利用不同径路的两条光缆组成自愈保护环。光缆容量应满足光同步数字传输系统或其他宽带光数字传输系统、无线基站中继和闭路电视视频信号传输等需要。传输系统应配置传输网络管理系统和公务联络系统。传输网络管理中心设备应设置于控制中心。

传输系统一般由车站设备、控制中心设备和传输线路三部分组成。车站设备用来将车站各系统需要上传的电信号转换成光信号，通过光缆线路传输到控制中心。控制中心设备将车站上传的光信号转换成各通信子系统或其他系统需要的电信号，一般包括网络管理系统，用来监测整个网络设备运行状态，具有系统参数设置、故障统计、报表输出、系统用户权限设置等功能。传输线路主要指传输系统传递信息的介质，主要包含金属导体介质、光导纤维介质和无线介质。传输系统组网示意图如图 7-2 所示，地铁常用的传输设备如图 7-3 所示。

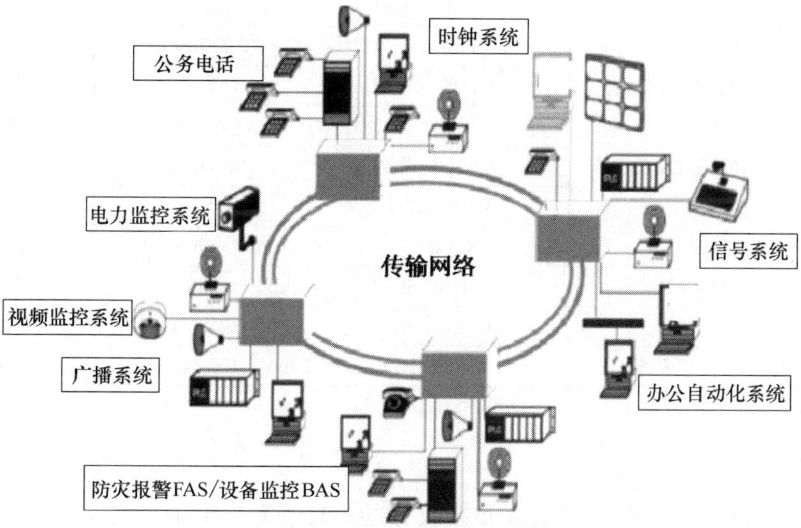

图 7-2　传输系统组网示意图

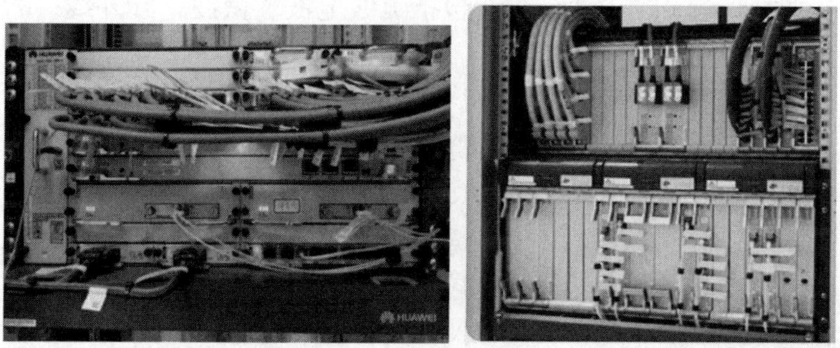

图 7-3　传输设备

传输系统为通信和信号等系统提供信息传输，因此，传输系统必须对各系统带宽和接口进行计算和预留。一般情况下，公务与专用电话数字中继、用户自动交换机局间中继及无线基站链路采用 2Mb/s 数字通信接口。专用通信、广播、时钟等其他系统采用以太网，且要求各种业务对以太网通道相互独立。某地铁传输系统业务通道需求，如表 7-1 所示。

表 7-1　　传输系统业务通道需求

序号	业务类别	接口类型	传输速率	信道方式
1	公务电话	E1	1Mb/s	点对点
		10/100BASE-T	2Mb/s	共线以太网

续表

序号	业务类别	接口类型	传输速率	信道方式
2	专用电话	E1	1Mb/s	点对点
		10/100BASE-T	2Mb/s	共线以太网
3	无线通信系统	E1	1Mb/s	点对点
		10/100BASE-T	2Mb/s	共线以太网
		10/100BASE-T	2Mb/s	共线以太网
4	广播音频	10/100BASE-T	2Mb/s	共线以太网
5	时钟信号及网管	10/100BASE-T	1Mb/s	共线以太网
6	闭路电视监控系统	10/100BASE-T	1Mb/s	共线以太网
		1000BASE-T	100Mb/s	共线以太网
		100BASE-T	10Mb/s	共线以太网
7	电源网管	100BASE-T	1Mb/s	共线以太网
8	信号系统	10/100BASE-T	10Mb/s	共线以太网
9	AFC	10/100BASE-T	2Mb/s	共线以太网
10	综合监控系统	1000BASE-T	100Mb/s	共线以太网

二、传输介质

传输介质是连接通信网络发送方和接收方的物理通路。共有三种类型的传输介质。第一种是金属导体介质，包括双绞线、同轴电缆等；第二种类型是光纤，包括多模光纤、单模光纤等；第三种类型是无线传输介质，包括无线电波、微波、红外线、激光等。

1. 金属导体介质

（1）双绞线。双绞线由规则螺旋状扭在一起的两根绝缘导线组成，如图 7-4 所示。线缆对扭在一起可以减少相互间的辐射电磁干扰。双绞线是最常用的传输媒体，可用于电话通信中的模拟信号传输，也可以用于数字信号的传输，其数据传输率的高低与传输距离有密切关系。为了提高双绞线的抗干扰能力，可以在双绞线的外面增加金属屏蔽层，所以双绞线根据有无屏蔽层可以分为非屏蔽双绞线（UTP）和屏蔽双绞线（STP）。

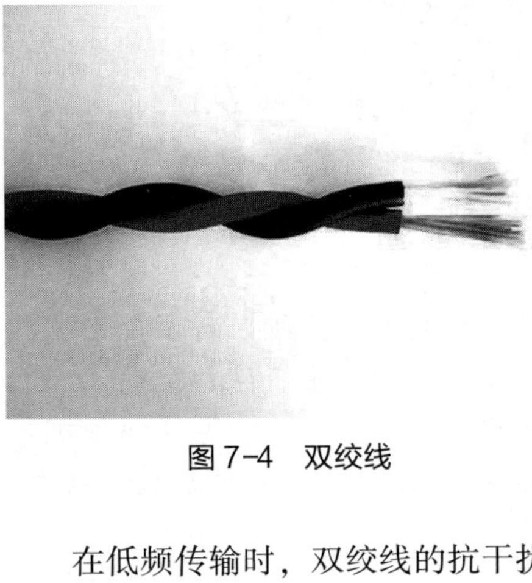

图 7-4 双绞线

双绞线芯一般是铜制的，能提供良好的传导率。双绞线普遍用于点到点的连接，也可以用于多点的连接，作为多点介质使用时，双绞线比同轴电缆的价格低，但性能较差，而且只能支持很少的几个站。

在低频传输时，双绞线的抗干扰性相当于或高于同轴电缆，但在超过 10~100kHz 时，同轴电缆明显优于双绞线。双绞线的优点是价格便宜、使用方便、安装容易，因此常作为用户和本地中心站及中心站与中心站之间的连线。

（2）同轴电缆。同轴电缆常用于设备与设备之间的连接，或应用在总线型网络拓扑中。同轴电缆中心轴线是一条铜导线，外加一层绝缘材料，在这层绝缘材料外层由一根空心的圆柱网状铜导体包裹，最外一层是绝缘层。它与双绞线相比，同轴电缆的抗干扰能力强、屏蔽性能好、传输数据稳定、价格也便宜，而且它不用连接在集线器或交换机上即可使用。同轴电缆实物图如图 7-5 所示。

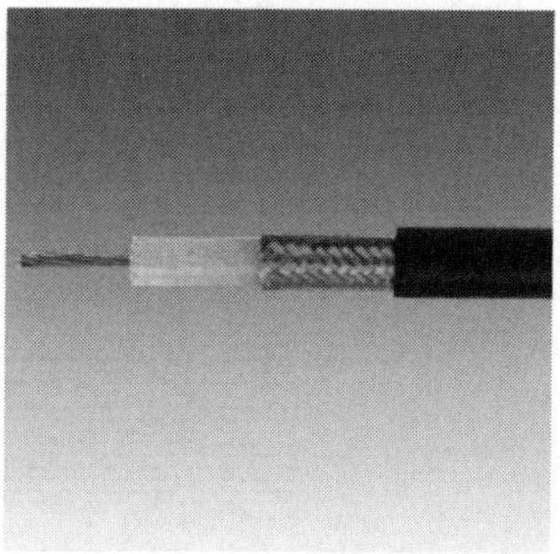

图 7-5 同轴电缆

单根同轴电缆具有足够的可柔性，能支持 254mm 的弯曲半径。中心导体是直径为 2.17mm±0.013mm 的实心铜线。绝缘材料必须满足同轴电缆的电气参数。屏蔽层是由满足传输阻抗和 ECM 规范说明的金属带或薄片组成，屏蔽层的内径为 6.15mm，外径为 8.28mm。外部隔离材料一般选用聚氯乙烯（PVC）或类似材料。

同轴电缆阻抗特性主要可以分为两大类，即 50Ω、75Ω。在早期的局域网中，传输介质几乎全部采用 50Ω 基带同轴电缆和 75Ω 宽带同轴电缆。基带电缆每段可支持几百台设备，在大系统中还可以用转接器连接起来；宽带电缆可以支持数千台设备，但在高速数据传输率下使用宽带电缆时，设备数目限制在 20~30 台。同轴电缆的抗干扰性能比双绞线强。

2. 光纤介质

光纤介质即光导纤维（简称光纤）是一种透明的玻璃纤维丝，直径只有 1~100μm。它是由内芯和外套两层组成，内芯的折射率大于外套的折射率。光由一端进入，在内芯和外套的界面上经多次全反射，从另一端射出。光导纤维为混合物，属于非晶体。目前，光导纤维的主要成分是二氧化硅。光纤实物图，如图 7-6 所示。

图 7-6 光纤

根据传输模数，光纤可以分为两大类：单模光纤和多模光纤。单模光纤是只有一种波长的广播传输，特点是纤芯细、色散小、效率高、价格贵，适合长距离与高速场合。多模光纤是有不同钟波长的光波传输，其特点是纤芯粗、色散大、效率较低、价格较便宜，用于短距离与低速场合。按照工作波长，光纤可以分为三大类：多模通信用的 0.8~0.9μm 短波段，单模或多模通信应用的 1.25~1.35μm 长波段和单模通信所用的 1.53~1.58μm 的长波段。

光纤非常细，单模光纤芯线直径一般为 4~10μm，外径也只有 125μm，加上防水层、加强筋、护套等，用 4~48 根光纤组成的光缆直径还不到 13mm，比标准同轴电缆的直径（47mm）要小得多，加上光纤是玻璃纤维，密度小，具有直径小、重量轻的特点，安装十分方便。

3. 无线传输介质

无线传输介质是指利用各种波长的电磁波充当传输媒体的传输介质，目前多采用无线电波、微波、红外线和激光等。

（1）无线电波。无线电波是指在自由空间传播的射频频段的电磁波。无线电波（频率范围在 10~16kHz）是一种能量的传播形式，电场和磁场在空间中是相互垂直的，且都垂直于传播方向，在真空中的传播速度等于光速 300000km/s。直线传播和反射传输的无线电波，如图 7-7 所示。

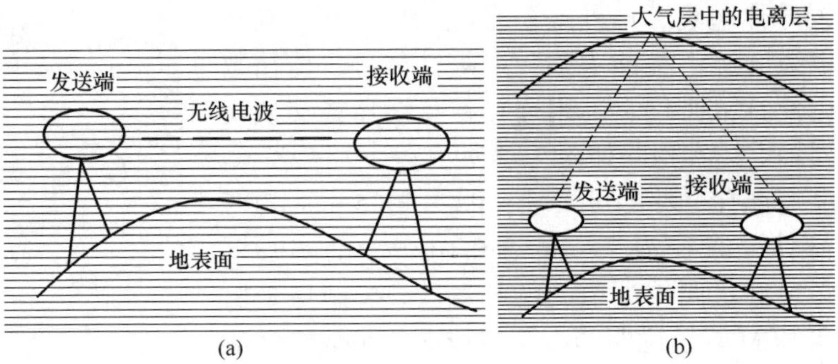

图 7-7　无线电波

（a）直线传播　（b）反射传播

（2）微波。微波是指频率为 300MHz~300GHz 的电磁波，是一种定向传播的电波。频率在 1000MHz 以上时，微波沿着直线传播，因此可以集中于一点，通过卫星电视接收器把所有的能量集中于一小束，便可以获得极高的信噪比，但是发射天线和接收天线必须精确地对准。除此以外，这种方向性使成排的多个发射设备可以和成排的多个接收设备通信而不会发生串扰。微波数据通信系统主要分为地面微波和卫星微波两种。

图 7-8　卫星微波

地面微波是将无线电信号的聚焦波束从一个地面微波传输天线传输到另一个天线。

卫星微波是利用地面上的定向抛物天线，将视线指向地球同步卫星，如图 7-8 所示。收发双方都必须安装卫星接收及发射设备，且收发双方的天线都必须对准卫星，否则不能收发信息。

（3）红外线。红外线作为一种无线局域网的传输方式，其最大优点是不受无线电波的干扰。如果在室内发射红外电波，室外就收不到，这可以避免各个房间的红外电波的相互干扰，并可有效地进行数据的安全性保密控制。但是红外线的传输距离有限，受太阳光的干扰大，而且不能穿透坚实的物体，一般只限于室内通信。

（4）激光。激光束也可以用于空中传输数据。和微波通信相似，至少要由两个激光站组成，每个站点都拥有发送信息和接受信息的能力。激光设备通常安装在固定位置上，如安装在高山上的铁塔上，并且天线相互对应。由于激光束能在很长的距离上聚焦，因此激光的传输距离很远，能传输几十千米，如图 7-9 所示。

图 7-9　激光

三、传输系统组网类型

随着城市轨道交通的发展，通信传输技术

在该领域得到广泛应用和发展，目前城市轨道交通传输系统承载的业务主要有 2Mb/s 中继业务、计算机以太网业务、视频业务、旅客信息多媒体业务、高清晰广播语言业务、各种控制接口业务等。

根据城市轨道交通传输系统业务特点，适合各种业务的传输网络系统主要有开放式传输网络（OTN）系统、基于 SDH 的多业务平台、异步传输模式（ATM）网络系统等。

1. 开放式传输网络（OTN）系统

OTN 系统是以波分复用技术为基础，属于同步传输体系。OTN 系统提供丰富的接口板卡业务，对于城市轨道交通传输系统承载的业务无须再加接口转换设备。OTN 系统兼容性好，开发了与 SDH 相连的接口节点设备，不仅提供了完全透明的通信协议，还为 WDM 提供端到端的连接和组网能力，它为可重构光分插复用器提供光层互联的规范，并补充了子波长汇聚和疏导能力。在城市轨道交通中应用案例很多，如北京地铁、天津轻轨、广州地铁、上海地铁、深圳地铁、重庆轻轨等均有应用。

2. 基于 SDH 的多业务平台

多业务平台技术源于同步数字传输系统 SDH，现已将准备同步数字传输（PDH）、SDH、基于 SDH 的数据包、以太网、ATM、数字数据网（DDN）等技术融为一体。该平台现在能够提供多点到多点的连接，具有用户隔离和带宽共享等功能，成为今后数字传输系统的主流。在城市轨道交通中应用案例较多，如广州地铁 3 号线和 5 号线。

3. 异步传输模式（ATM）网络系统

ATM 是一项数据传输技术，是实现 B-ISDN 业务的核心技术之一。ATM 是以信元为基础的一种分组交换和复用技术，是一种为了多种业务设计的通用的面向连接的传输模式，适用于局域网和广域网，具有高速数据传输率并支持许多种类型，如声音、数据、传真、实时视频、CD 质量音频和图像的通信，ATM 采用面向连接的传输方式，将数据分割成固定长度的信元，通过虚连接进行交换。ATM 集交换、复用、传输为一体，在复用上采用的是异步时分复用方式，通过信息的首部或标头来区分不同信道。

任务总结

本任务主要分析了城市轨道交通传输系统的组成、常用传输介质、传输系统组网类型。通信传输系统是一个基于光纤的宽带综合业务数字传输网络，为各种业务信息提供多种宽窄带传输通道，构成传送语音、文字、数据和图像等各种信息的综合业务传输网。因为担负着城市轨道交通几乎所有通信系统信息传输的重任。所以通信传输系统在城市轨道交通通信系统中的地位极其重要。

任务二　无线通信系统

任务引入

城市轨道交通列车控制需要上下行低速数据业务，需要提供双向、连续、高可靠的车-地无线传输通信。乘客信息系统业务以下行数据为主，向乘客提供各类信息及节目播放；车载闭路电视监控业务以上行数据传输为主，将列车实时监控图像上传到控制中心供调度指挥人员查看。目前比较常用的有无线局域网（Wireless Local AreaNet-work，WLAN）技术和长期演进（Long Term Evolution，LTE）技术两种。

知识课堂

一、WLAN 技术

1. WLAN 技术标准

WLAN 技术标准是 IEEE802. 11（Institute of Electrical and Electronics Engineers，IEEE，电气与电子工程师协会）。这种标准主要分 IEEE802. 11b、IEEE802. 11g、IEEE802. 11n、IEEE802. 11a 等，不同的标准有不同的优势。在地铁无线通信领域，IEEE802. 11g 和 IEEE802. 11n 应用得比较多，其次为 IEEE802. 11a。IEEE802. 11a 工作频率维持在 5. 150GHz 频段上，不重叠信道为 12 个，传输速率较高。使用期间，主要的调制传输技术为正交频分复用技术。为了在实现高传输速率情况下，没有任何障碍，可以将接入距离降低 30m 或者 50m。IEEE802. 11b; 的工作频率范围维持在 2. 400GHz 频段，含有 3 个不重叠信道，实现的共享速率比 IEEE802. 11a 低。IEEE802. 11g 工作频率范围维持在 2. 400GHz 频段，具备较高的传输速率，可以与 IEEE802. 11b 兼容。

2. 车-地无线 WLAN 的组网方式

车-地无线 WLAN 的组网使用一种相互组合的结构方式。组网期间所使用的设备主要为无线控制器、无线接入点、车载内部交换机等。在整个系统中，构建的组网方案是 IEEE802. 11b、IEEE802. 11g 标准的集合体现。因为车-地无线 WLAN 系统能够对控制中心、车载系统之间进行数据信息的有效传输，所以在工作中需要将一套完整的无线管理系统应用到控制中心，保证该系统能够对车-地无线 WLAN 组网系统中存在的网络、设备、性能、相关配置等各个要素实现统一化管理。这一工作的执行是整个组网工作中最重要的。

根据车-地无线信号的覆盖情况，沿各个车站的通信机房，实现分布式数据接入交换单位的设置，促进车站无线视频交换。这样不仅能与列车车厢内的车载数据控制单元实现无线数据通信，还能优化工作。光纤收发器能够将 100Mb/s 光纤与车站无线视频的交换机相互连接，并利用通信传输系统，将通道与控制中心无线控制器相互连接。在车-地无线 WLAN 组网系统中，控制中心、车站都是电视监控与乘客信息系统之间的主要接口。

二、LTE 技术

LTE 是 3G 的演进，是由 3GPP 组织制定的全球通用标准。LTE 制式分为 FDD-LTE 和 TD-LTE，分别采用频分复用和时分复用技术。LTE 与 WiMax 一起被称作第 4 代移动宽带标准。

2018 年，中国城市轨道交通协会发布了《城市轨道交通车地综合通信系统（LTE-M）规范》，正式定义了地铁行业应用的 TD-LTE 规范，因此 TD-LTE 开始在地铁行业大规模应用，新建地铁线路信号系统车-地通信开始逐渐用 LTE-M 方案替代 WLAN 方案。LTE 车-地无线通信方案遵循 LTE-M 标准协议，采用 TD-LTE 标准，在 1. 8GHz 专用频段（1785~1805MHz）进行车-地通信。

1. LTE-M 的优势

基于 WLAN 的无线通信网络存在使用公共频段信道有限、使用者多易受干扰、网络安全隐患大、列车在接入点间频繁切换、易造成车-地通信中断、AP 设备多、管理难度大、维护难度大、覆盖距离短等问题。LTE-M 无线系统具有以下优势：

(1) 专有频段，避免公众信号干扰。LTE 采用专有频段，与 Wi-Fi、蓝牙、公网等分开，避免受各类公众无线信号干扰，确保经过干扰区域时车载业务正常和行车安全。

(2) 专有技术，避免系统内部干扰。使用因特网中继聊天（IRC）、波束成形（BF）等技术避免同频干扰，解决了 LTE 同频组网时邻区干扰问题。

(3) 长距离覆盖，减少设备、简化维护。射频拉远单元（RRU）长距离覆盖，减少轨旁基站数量，隧道内设备大幅度减少，减少安装维护工作室内基带处理单元（BBU）部署，射频拉远单元则部署在车站靠近隧道处，维护检修方便，时间灵活选择。

(4) 统一管理，远程集中监控。车载终端和地面基站、核心网在同一套网管上统一管理，车载终端根据网管的配置，定期或当事件触发时上报终端状态，支持对原始数据、表格历史数据导出操作，方便用户分析网络质量、定位等问题。

2. LTE-M 典型组网方式

LTE-M 系统在不同频段宽度下可提供的速率与发射功率、子帧配比、天线设置、调制方式等因素相关。典型的组网方式，如表 7-2 所示（A 网综合承载网、B 网仅 CBTC）。基于 LTE 技术的 DCS 系统，如图 7-10 所示。

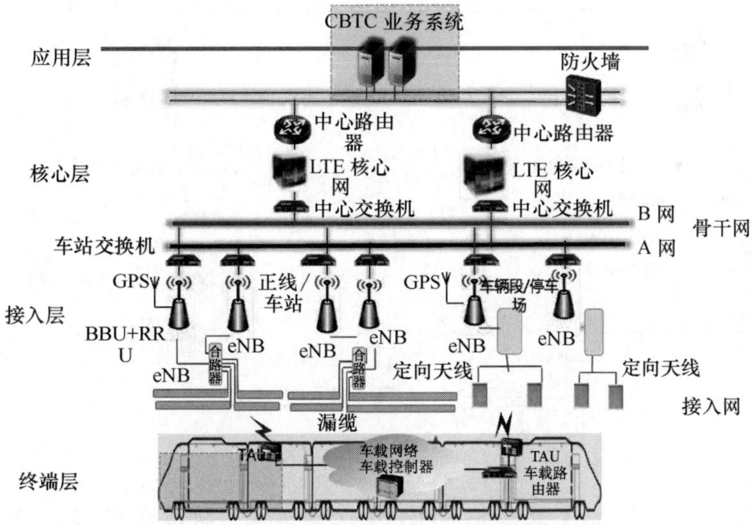

图 7-10　基于 LTE 技术的 DCS 系统

LTE-M 系统在城市轨道交通中需要承载 CBTC、PIS 和 CCTV 等业务，网络结构，如图 7-11 所示。

表 7-2　　LTE-M 组网及承载业务

序号	频率宽度	组网方式	可承载业务
1	5MHz	网络 A：3MHz	CBTC
		网络 B：1.4MHz	CBTC

续表

序号	频率宽度	组网方式	可承载业务
2	10MHz	网络 A:5MHz	CBTC+紧急文本+列车状态监控
		网络 B:3MHz/5MHz	CBTC
3	15MHz	网络 A:10MHz	CBTC+紧急文本+列车状态监控+ 1 路标清 PIS+1~2 路标清 CCTV+集群
		网络 B:3MHz/5MHz	CBTC
4	20MHz	网络 A:10MHz	CBTC+紧急文本+列车状态监控+1 路标清 PIS+ 1~2 路标清 CCTV+集群
		网络 B:5MHz/10MHz	CBTC

注：在实际组网中应考虑隔离频段。

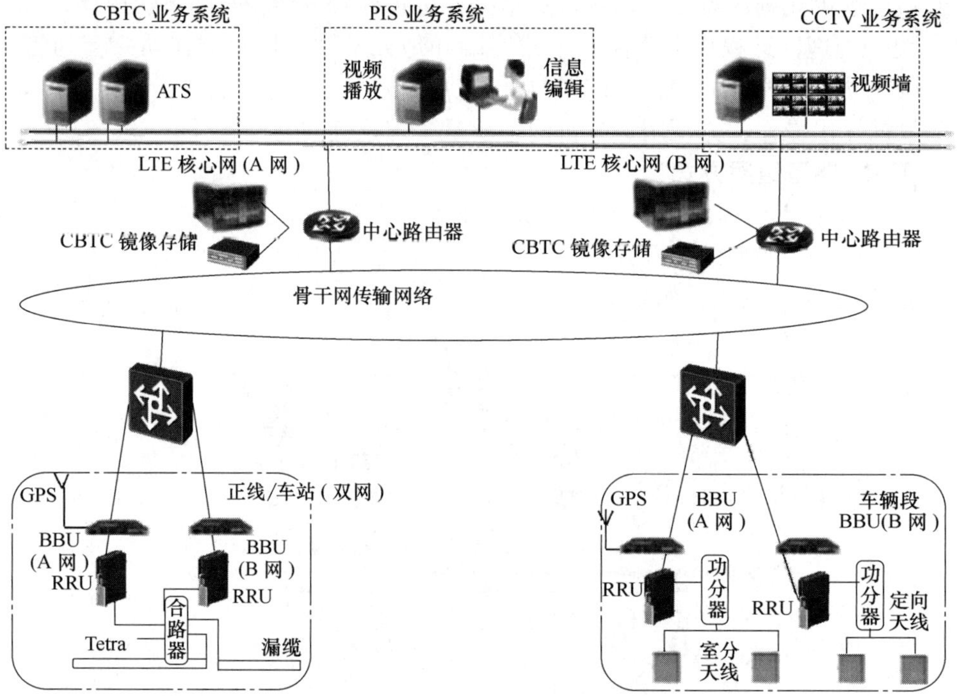

图 7-11　LTE-M 网络结构

任务总结

本任务主要分析了 WLAN 技术和 LTE-M 技术在城市轨道交通的应用情况。车-地之间的数据、图像、视频等多种业务的传输需要实时性和高可靠性的无线传输通道来实现。

配套视频

时钟系统

任务三　时 钟 系 统

任务引入

时钟系统向传输系统、无线通信系统、公务电话系统、专用电话系统、闭路电视监视系统、广播系统、信号系统、电力监控系统、自动售检票（AFC）系统、火灾自动报警系统（FAS）、环境与设备监控系统（BAS）等设备提供全线统一的时间基准，确保通信系统以及其他重要控制系统协调同步，保证了列车的运行安全、准时、畅通。

知识课堂

一、时钟系统的组成

时钟系统一般分为控制中心及车站/车辆段两级组网方式，控制中心设备与各车站间的信息传递由光传输系统提供的数据通道实现，采用共线方式，异步低速接口。时钟系统结构图，如图 7-12 所示。地铁车站常见的时钟设备，如图 7-13 所示。

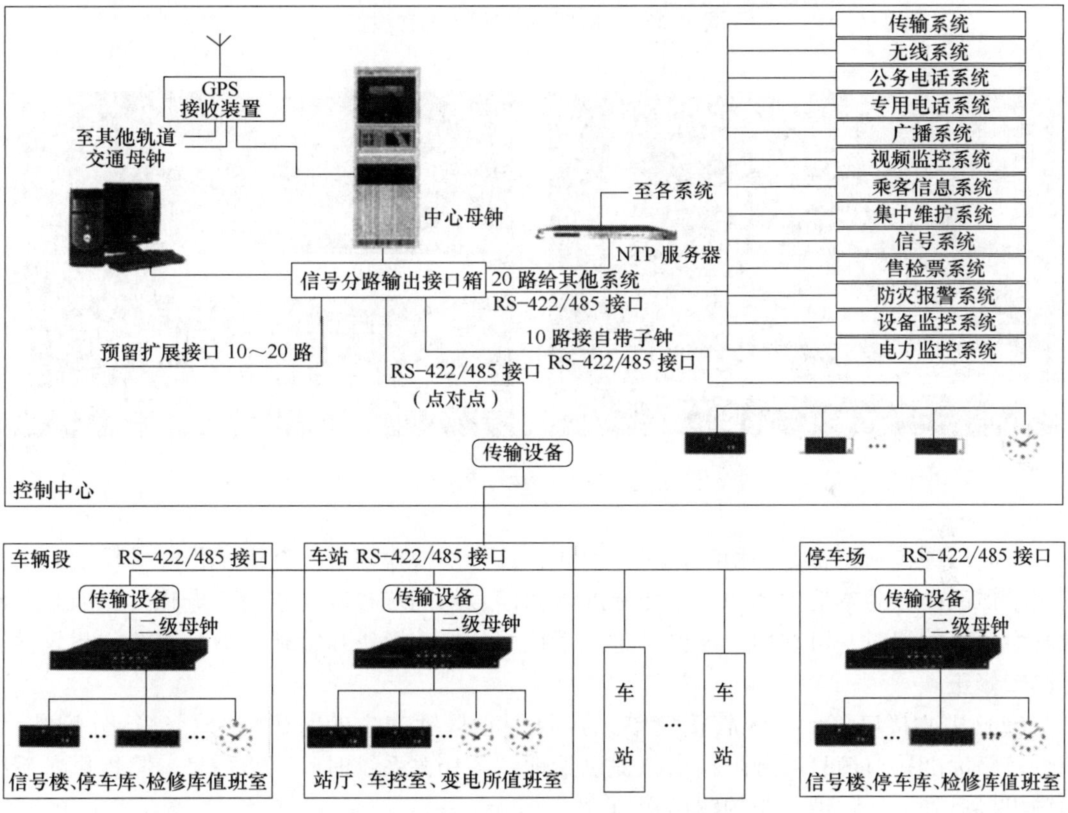

图 7-12　时钟系统结构图

1. 中心母钟控制系统

控制中心设备包括中心母钟、标准时间信号接收单元、中心接口单元和网络管理终端等。

（1）中心母钟。中心母钟作为整个时钟系统的基础主时钟，能够接收来自标准时间信号接收单元的信号，进行时间的校准，避免产生累计误差，同时中心一级母钟提供严格同步的时码输出，定时将校准后的时标信号，通过接口分配给各车站及车辆段的二级母钟以及其他需要标准时间的系统，作为各系统的时钟同步信号，使其按统一的时间标准运行，如图 7-14 所示。

图 7-13　地铁车站常见的时钟设备

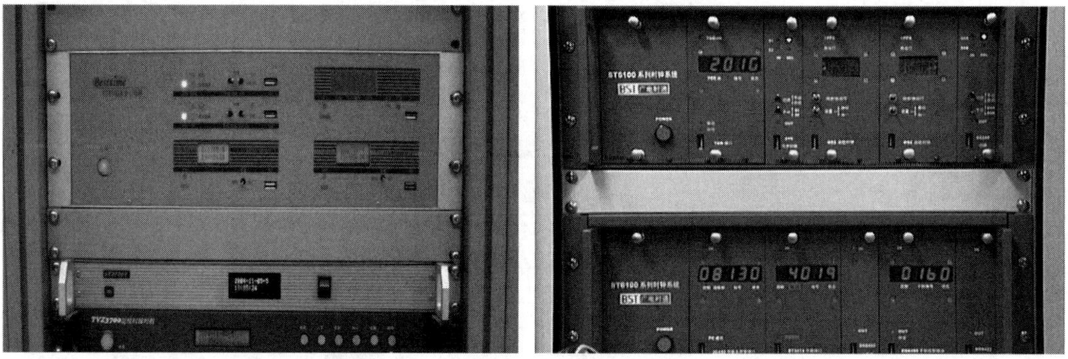

图 7-14　中心母钟

中心母钟包括主备用高稳工作时钟模块、信号切换模块等。其中工作时钟模块以高稳定度、恒温晶振为本地频率源，接受标准时间信号的同步校准。当由于老化等原因高稳晶振发生频率偏移时，可利用全球卫星定位系统（GPS）模块和管理维护终端的监测软件进行调校修正。

（2）中心接口单元。中心接口单元接收中心母钟产生的时码信号，进行分配放大，产生多路标准接口信号后分配输出，提供给地铁各相关系统时间同步信号。除提供各系统的输出接口外，还预留备用的输出接口。

中心接口单元接收二级母钟回送的各站时钟的运行状态信息，经单元面板简单显示后，送往中心监控计算机，由监控终端进行点对点监控。中心接口单元还接收中心管理维护终端的控制命令，与时间信号同时下传至各车站及车辆段二级母钟。

（3）标准时间信号接收系统。标准时间信号接收系统为中心母钟系统提供高精度的时间基准，以实现时间系统的无累积误差运行。一般地铁时钟系统采用的是 GPS 和 CCTV 接收方式。

（4）监控系统。监控系统通过数据传输通道，能够实时监测全线时钟系统主要设备的运行状态，可进行故障管理、性能管理、配置管理及安全管理等集中维护功能，同时设监测系统的声光告警指示器，对本系统的任何故障告警作同步传输，指示故障部位。

监控主界面直观友好，能够监控和显示的内容包括：系统网络的拓扑结构、信号接收单元、中心母钟、各车站的二级主备母钟、传输通道及所有子钟的工作状态。故障定位到任一母钟、子钟，并能显示基本故障排除原则等帮助信息，以便于全系统的集中管理。

（5）时间信号传输。时钟系统在控制中心依靠中心母钟的校准层和工作层获得了可靠的时间信息，这些信息如何有效地传输到不同地点、不同接口的设备，就要通过编码传输来实现。

传输层编码要考虑编码方式、码速率、信道冗余度等。随着通信技术、计算机技术和微芯片技术的不断进步，新的编码方式不断出现。地铁时钟系统采用对外提供的时间信号方式多为 RS422 或 RS485 时码。

2. 车站/车辆段二级母钟系统

车站/车辆段设备主要有二级母钟和子钟，如图 7-15 所示。

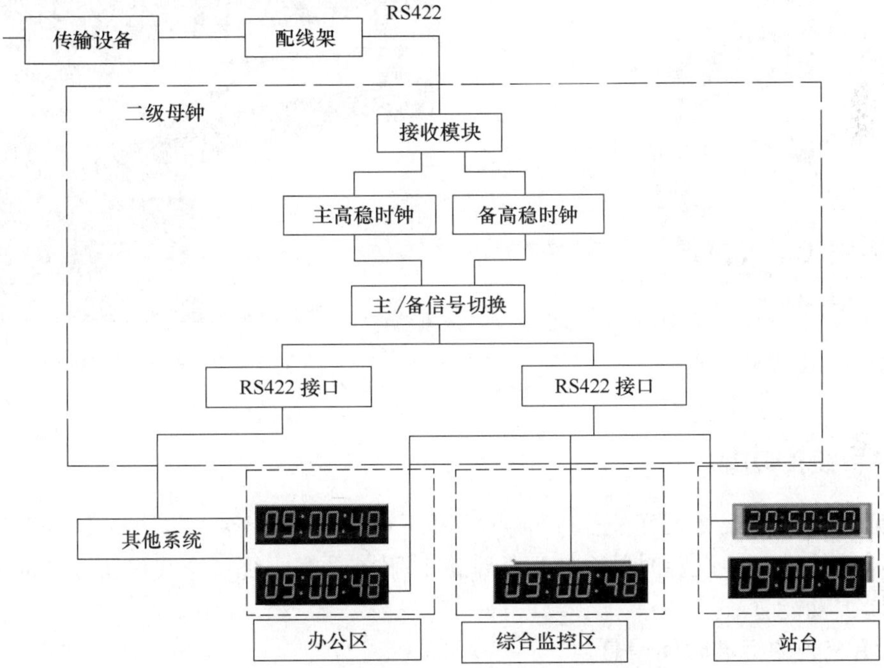

图 7-15　车站/车辆段二级母钟系统图

（1）二级母钟。二级母钟系统通过数据传输通道，接收中心母钟发出的标准时间码信号，用以自身系统校准，使二级母钟与中心母钟随时保持同步，并产生输出时间驱动信号，用于驱动本站所有的子钟，并能向中心设备回馈车站子系统的工作信息。

二级母钟包括车站接口模块和工作时钟模块。其中车站接口作为本站点二级母钟与中心母钟之间的接口，接收通道标准时间信号，对信号质量进行鉴别，并能监测二级母钟和所有子钟的主要工作状态，包括本站点时间信息、车站编号、二级母钟和子钟状态信息和通道状态信息等；同时将状态信息及故障信息，提供给传输接口，信息回传给中心监控终端，进行集中控制。

二级母钟通过车站接口模块，从光传输终端接收中心一级母钟的时间校准信号和控制命令信号，使二级母钟与一级母钟随时保持同步，并产生输出时间驱动信号。二级母钟具有长期独立的工作能力，在传输通道中断或中心母钟发生故障时，仍可依靠自身晶振指挥子钟运行。

（2）子钟系统。子钟通过接收二级母钟发出的时间编码信号，进行时、分、秒时间信息显示。在正常情况下，子钟接收二级母钟发送的标准时间信号，将自身精度校准，并可回送自身的工作状态信息；当子钟接收不到来自二级母钟发送的时间信号时，仍能依靠自身的晶振独立运行。

子钟分为指针式和数字式两种。指针式子钟如图 7-16 所示，数字式子钟如图 7-17 所示。一般在轨道交通公共区域（站厅、站台等）常年用数字式子钟。子钟外形及尺寸要依据周围环境进行选择。

图 7-16　指针式子钟

图 7-17　数字式子钟

二、时钟系统的功能

为保证城市轨道交通列车安全、准点、可靠运行，需要各部门、各专业之间密切配合，因此城市轨道交通设置时钟系统以保证准时服务乘客、统一全线设备标准时间。时钟系统具有以下功能：

1. 显示统一的标准时间信息

时钟系统提供全线统一的时间基准，由设置在全线各站、车厂的指针式和数字式子钟显示，为乘客和工作人员提供包括年、月、日、星期、时、分、秒等准确时间信息。

2. 向其他系统提供标准的时间信号

时钟子系统在控制中心可向其他通信子系统、ATS 自动信号系统、SCADA 电力监控系统、FAS 防灾报警系统、AFC 自动售检票系统等相关系统设备提供准确、统一的时间信息，在全线执行统一的定时标准，为轨道交通行车指挥、列车运行、设备管理提供时间基准，确保通信系统以及其他重要控制系统协调同步。

由于地铁时钟显示面向乘客和工作人员，要求清晰易辨、美观大方，与周围环境协调一致。因此，对时钟系统的要求是精确度高、可靠性高、组网灵活、操作简单、维护方便、美观环保，最大限度地满足各方面的要求。

三、时钟系统的运营模式

正常情况下，GPS 作为主时钟源，并为铷原子钟校时，中心母钟接收来自 GPS 的标准时间信号，通过传输系统将标准时间信号传输给设在各车站/车辆段的二级母钟。各车站、车辆段的二级母钟按照标准时间信号校准自身精度并给所辖的子钟校时，使所辖的子钟统一显示标准时间，为运营管理工作人员及乘客提供统一标准时间信息，同时在控制中心维护终端通过 10/100Mb/s 网卡与集中告警系统通信，报告时钟系统的运行状态。时钟系统工作原理，如图 7-18 所示。

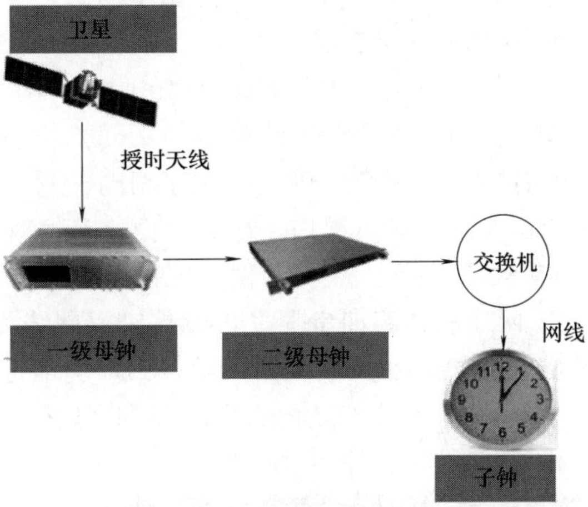

图 7-18　时钟系统工作原理图

中心一级母钟通过信号输入端口不断接收来自 GPS 信号接收专职发出的标准时间信号，对自身内部时钟信号源进行校准，使系统时限无积累误差运行，一级母钟不断接受来自 GPS 或铷原子钟的时间码及其代码，并对接收到的数据进行分析，判断这些数据是否真实可靠。

当一级母钟发生故障和传输通道故障时，二级母钟接收不到一级母钟的校时信号时，二级母钟立即转入独立工作状态，采用自身的高稳定晶振发出的时间信号作为时间基准，以“独立运行”模式运行，使其本身及附属系统保持连续性。

一级母钟的标准校时信号通过传输子系统传给车站、车辆段的二级母钟，二级母钟根据标准时间信号校准自身精度，再由二级母钟把标准时间信号发送给所辖子钟，子钟根据标准时间信号对自身校时，从而使所有子钟按统一标准显示时间信息，为各车站、车辆段的运行管理及各车站站厅等主要工作场所的工作人员提供统一标准时间信号。

任务总结

本任务主要分析了城市轨道交通时钟系统的组成、功能和运营模式。时钟系统为各系统提供统一的定时同步信号，使整个城市轨道交通系统执行统一的定时标准，确保了通信系统及其他重要控制系统协调一致。

实践技能

实训一　网线制作实训

一、实训目的

(1) 掌握网线的制作方法和流程；

（2）能够进行网线测试。

二、实训准备

网线，Rj45 水晶头，网线钳，网线测试仪。

三、实训内容

学生两人一组，依托网线制作实训套装，按照下面流程完成实训任务。

1. 认知材料及工具

网线制作材料及工具如图 7-19 所示。网线的制作标准如下：

交叉网线：两个头中线的顺序不同，即一头为 T568A，一头为 T568B。

直连网线：两个头中线的顺序相同，两头都为 T568B 标准或 T568A 标准。

T568A 的线序：绿白，绿，橙白，蓝，蓝白，橙，棕白，棕。

T568B 的线序：橙白，橙，绿白，蓝，蓝白，绿，棕白，棕。

2. 网线制作实训步骤（以制作交叉网线为例）

（1）剪断。利用网线钳的剪线刀口剪取适当长度的网线。

（2）剥线。用网线钳的剪线刀口将线头剪齐，再将线头放入剥线刀口，让线头触及挡板，稍微握紧压线钳慢慢旋转，用刀口划开双绞线的保护胶皮，拔下胶皮，如图 7-20 所示。

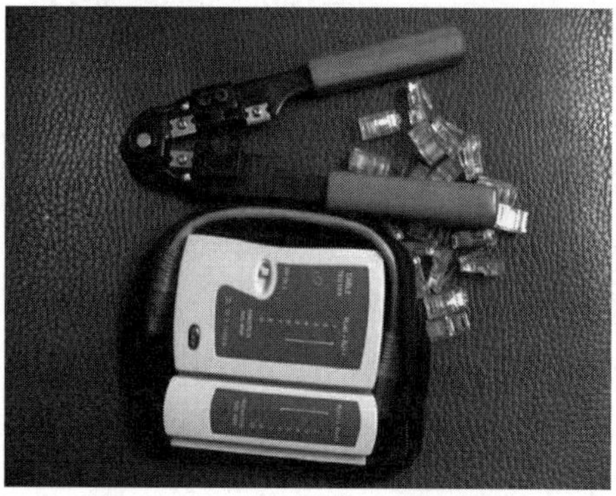

图 7-19 网线制作材料及工具

图 7-20 剥线

（3）排序。由于每对线都是相互缠绕在一起的，制作网线时要将 8 条导线一一拆开，然后按照规定的线序排列整齐。把网线尽量伸直、压平，将一端按照 T568A 标准从左向右依次为绿白、绿、白橙、蓝、白蓝、橙、白棕、棕的顺序排列好，如图 7-21 所示。

（4）剪齐。每根线都理直后，把线头剪齐，如图 7-22 所示。

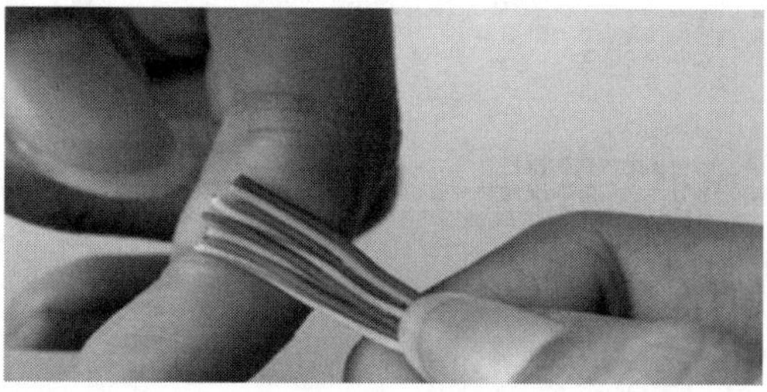

图 7-21 排序

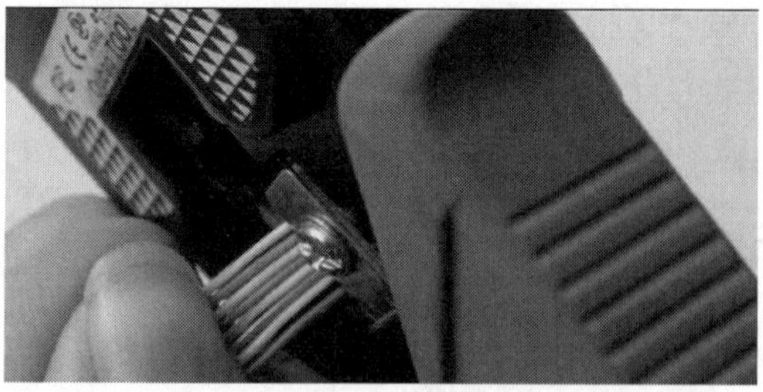

图 7-22 剪齐

（5）插线。用左手拇指和中指捏住水晶头，使有塑料弹片的一侧向下，针脚一方朝向远离自己的方向，并用食指抵住；右手捏住双绞线外面的胶皮，缓慢用力将 8 条导线同时沿水晶头内的 8 个线槽插入，一直插到线槽的顶端，如图 7–23 所示。

（6）压线。确认所有导线都到位，检查线序无误后，将水晶头推入压线钳夹槽，然后用力握紧线钳，将水晶头突出在外面的针脚全部压入水晶头内，受力之后听到轻微的“啪”一声即可，如图 7–24 所示。

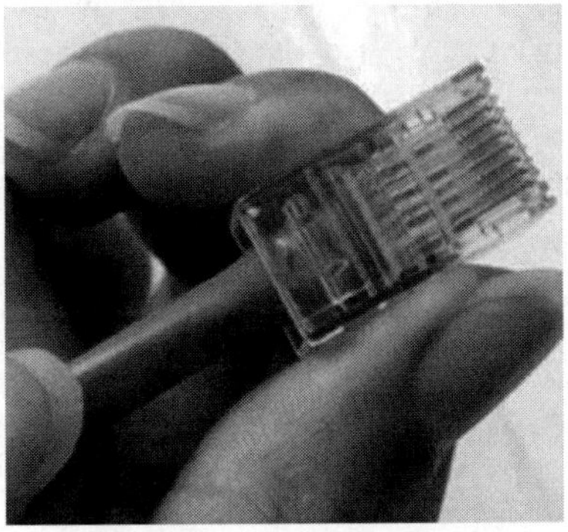

图 7–23　插线

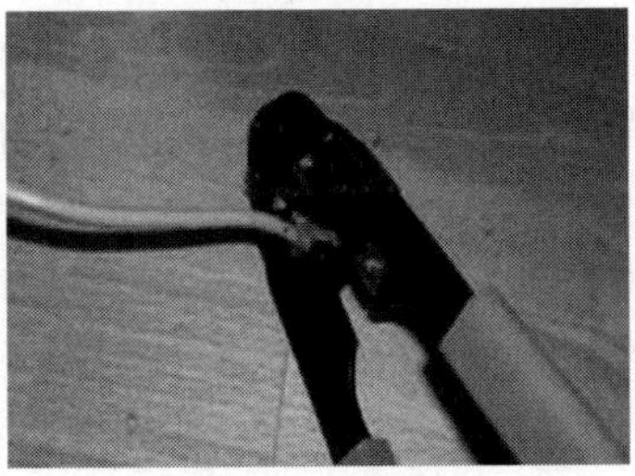

图 7–24　压线

按同样的方法可制作网线另一端，按照 T568B 标准制作。

3. 网线测试

把在 RJ–45 两端的接口插入测试仪的 2 个接口（图 7–25）之后，打开测试仪可以看到测试仪上的 2 组指示灯都在闪烁。若测试的线缆为直通线缆的话，在测试仪上的 8 个指示灯应该依次为绿色闪过，证明网线制作成功，可以顺利地完成数据的发送与接收。若测试的线缆为交叉线缆的话，其中一侧同样是依次由 1~8 闪烁绿灯，而另外一侧则会按照 3、6、1、4、5、2、7、8 的顺序闪烁绿灯。若出现任何一个灯为红灯或黄灯即证明存在断路或者接触不良现象。此时最好再用网线钳压一次两端水晶头，再测，如果故障依旧，再检查两端芯线的排列顺序是否一致，如果不一致，则剪掉一端重新按另一端芯线的排列顺序制作水晶头。

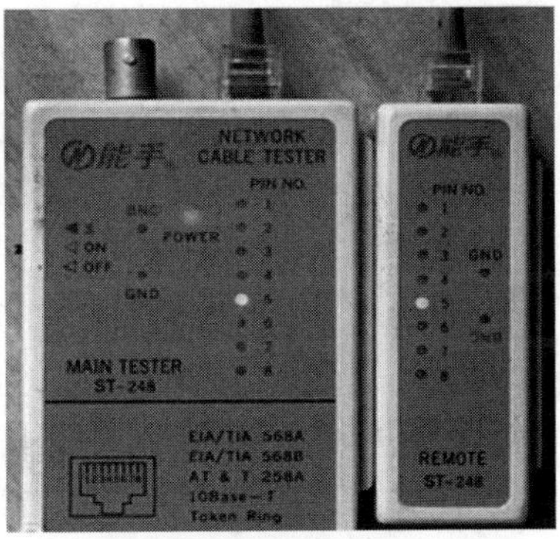

图 7–25　网线测试

四、实训考核标准

本实训考核包含过程考核、实操考核和结果考核，考核标准及分值分配见附录 B　实训考核评价表。其中实操过程中着重考核小组成员对网线制作的熟练程度和规范程度。

五、注意事项

（1）小组分工合作时，分工合理且协调。

（2）工具使用时，注意安全。

思政课堂

基于 EUHT 系统的地铁通信传输平台

为顺应通信系统发展趋势，抓住 5G 网络发展契机，充分展现“智慧地铁”优势，首都机场线在北京地区率先尝试基于 EUHT 系统的地铁通信传输平台，系统通过 1.8GHz+5.8GHz 双频网络实现基于通信的列车自动控制系统、车载视频监控系统、乘客信息系统、列车中心广播和乘客紧急对讲业务的综合承载，是结合高可靠性、高移动性、低延时等需求设计的超高速无线通信系统。

EUHT 超高速地车通信系统可实现综合承载 CBTC、CCTV、PIS、广播等多种业务，并向乘客提供多元化的乘车体验。车内新增的 LCD 动态地图界面具有多样性、可更改性和兼容性，可以根据不同需求变更画面布局、线路图、多媒体视频等信息。基于 EUHT-5G 技术的车-地无线通信系统解决了车-地通信带宽低、延时高的问题，探索了“一网双频、综合承载”的轨道交通车地通信新模式。列车高速运行情况下，网络系统丢包率小于 0.1%，平均传输延时小于 5ms。

课堂讨论：通过对智慧地铁通信新技术的了解，谈谈对“技术创新，科技赋能”的理解。

应知应会试题

一、填空题

1. 城市轨道交通传输系统一般由车站设备、控制中心设备和________三部分组成。

2. 常用的传输介质包括对绞线、同轴电缆、光纤及________等。

3. 根据城市轨道交通传输系统业务特点，适合各种业务的传输网络系统主要有开放式传输网络（OTN）系统、________、异步传输模式（ATM）网络系统等。

4. WLAN 技术标准 IEEE802.11 主要有 IEEE802.11b、________、IEEE802.11n、IEEE802.11a 等。

5. LTE 制式分为 FDD-LTE 和________，分别采用频分复用和时分复用技术。

6. 城市轨道交通时钟系统控制中心设备包括________、标准时间信号接收单元、中心接口单元和网络管理终端等。

7. 城市轨道交通时钟系统的车站/车辆段设备主要有二级母钟和________。

二、简答题

1. 简述城市轨道交通传输系统的组成。

2. 简述 WLAN 的组网方式。

3. 简述 LTE-M 无线系统的优势。

4. 简述城市轨道交通时钟系统的功能。

三、综合分析题

某地铁线路时钟系统的组网图如图 7-26 所示，简述城市轨道交通时钟系统的运营模式。

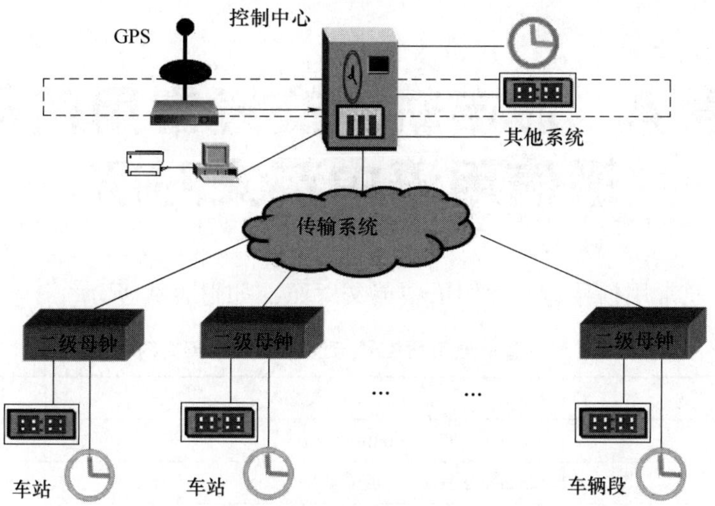

图 7-26　某地铁线路时钟系统的组网图

附录 A 城市轨道交通常用信号与通信用语中英文对照

城市轨道交通常用信号与通信用语中英文对照，如附表 A 所示。

附表 A　　城市轨道交通常用信号与通信用语中英文对照

中文	英文	英文简写
列车运行自动控制	Automatic Train Control	ATC
列车自动驾驶	Automatic Train Operation	ATO
列车自动防护	Automatic Train Protection	ATP
列车自动监控	Automatic Train Supervision	ATS
基于通信的列车控制系统	Comunication Based Train Control System	CBTC
数据通信系统	Data Communication System	DCS
计算机联锁	Computer Interlocking	CI
区域控制器	Zone Control	ZC
车载控制器	Vehicle On-Board Controller	VOBC
应答器传输模块	Balise Transmission Module	BTM
全自动运行系统	Fully-automatic operating System	FAO
振幅键控	Amplitude shift keying	ASK
频移键控	Frequency shift keying	FSK
相移键控	Phase shift keying	PSK
相对相移键控	Differential phase shift keying	DPSK
自动售检票	Automatic Fare Collection	AFC
闭路电视监控	Closed Circuit Television Monitoring	CCTV
广播系统	Public address system	PAS
乘客信息系统	Passenger information system	PIS
不间断电源系统	Uninterruptible power supply system	UPS
维护支持系统	Maintenance Support System	MSS
接入点主机	Access Point Master	APM
印刷线路板	Printed circuit board	PCB
控制中心	Operating control center	OCC
轨旁电子单元	Lineside Electronic Unit	LEU
计轴系统	Axle Counter System	ACS
应答器天线	Balise Antenna	BA
人机界面	Human Machine Interface	HMI

续表

中文	英文	英文简写
调度控制中心	Dispatch Control Center	DCC
车站控制中心	Station Control Center	SCC
数据库存储单元	Database Storage Unit	DSU
轨旁设备	Wayside Equipment	WE
屏蔽门	Platform Screen Door	PSD
数据采集和监控	Supervisory Control and Data Acquisition	SCADA
环境与设备监控系统	Building automation system	BAS
自动化等级	Grade of Automation	GOA
目视下列车运行	On-sight train operation	TOS
非自动列车运行	Non-automated train operation	NTO
半自动列车运行	Semi-automated train operation	STO
有人值守的列车运行	Driverless train operation	DTO
无人值守的列车运行	Unattended train operation	UTO
列车控制和管理系统	Train Control and Management System	TCMS
列车自动驾驶模式	Automatic train operation mode	AM
编码列车驾驶模式	Code train operating mode	CM
限制人工驾驶模式	Restricted manual driving mode	RM
非限制人工驾驶模式	Unrestricted manual driving mode	URM
自动折返	Automatic reverse	AR
联锁	Interlocking	IL
点式级别	Block based train control	BLOC
综合业务数字网	Integrated Services Digital Network	ISDN
脉冲编码调制	Pulse code modulation	PCM
火灾报警系统	Fire Alarm System	FAS
陆地集群无线电	Terrestrial Trunked Radio	TETRA
无线局域网	Wireless Local Area Network	WLAN
长期演进	Long Term Evolution	LTE

附录B　实训考核评价表

实训考核包含过程考核、实操考核和结果考核，考核标准及分值分配，如附表B所示。

附表B　　实训考核标准表

考核项目		考核标准	配分	学生自评	小组互评	教师评定
知识准备(5分)		掌握轨道交通信号、通信等基础知识	5			
项目实训	过程考核(20分)	(1)明确实训目标,能按要求完成实训任务	5			
		(2)遵守纪律,实训期间态度认真	5			
		(3)小组分工明确、合理,组员积极性高,全员参与	10			
	实操考核(60分)	(1)实训设备、工具等准备无误,使用正确	10			
		(2)熟悉实训作业流程和注意事项,操作正确、规范	40			
		(3)对实训中遇到问题,解决分析能力强	10			
	结果考核(15分)	小组合作协调,提交实训任务记录单,任务实施过程记录详细	15			
总分						

总成绩根据需要按照自评、互评、和教师评价做百分比计算，以学生为主、教师为辅。建议如下：总分=自评×20%+互评×40%+师评×40%。

应知应会试题答案

参 考 文 献

［1］ 张利彪．城市轨道交通信号与通信系统［M］．北京：人民交通出版社，2021.
［2］ 张喜．城市轨道交通信号与通信概论［M］．北京：北京交通大学出版社，2012.
［3］ 王燕梅，宋保卫．城市轨道交通信号与通信系统［M］．北京：中央广播电视大学出版社，2014.
［4］ 贾毓杰．城市轨道交通通信与信号［M］．北京：机械工业出版社，2011.
［5］ 王青林．城市轨道交通通信与信号系统［M］．北京：人民交通出版社，2021.
［6］ 林瑜筠．城市轨道交通信号［M］．北京：中国铁道出版社，2008.
［7］ 高嵘华，吴光荣．城市轨道交通信号基础设备维护［M］．成都：西南交通大学出版社，2011.
［8］ 朱济龙．城市轨道交通信号基础［M］．成都：西南交通大学出版社，2011.
［9］ 高宗余．城市轨道交通信号基础与设计［M］．北京：机械工业出版社，2019.